MW01717514

HARDPRESS.NET

ISBN: 9781313701860

Published by:
HardPress Publishing
8345 NW 66TH ST #2561
MIAMI FL 33166-2626

Email: info@hardpress.net
Web: http://www.hardpress.net

LIBRARY
OF THE
UNIVERSITY OF CALIFORNIA.
Class

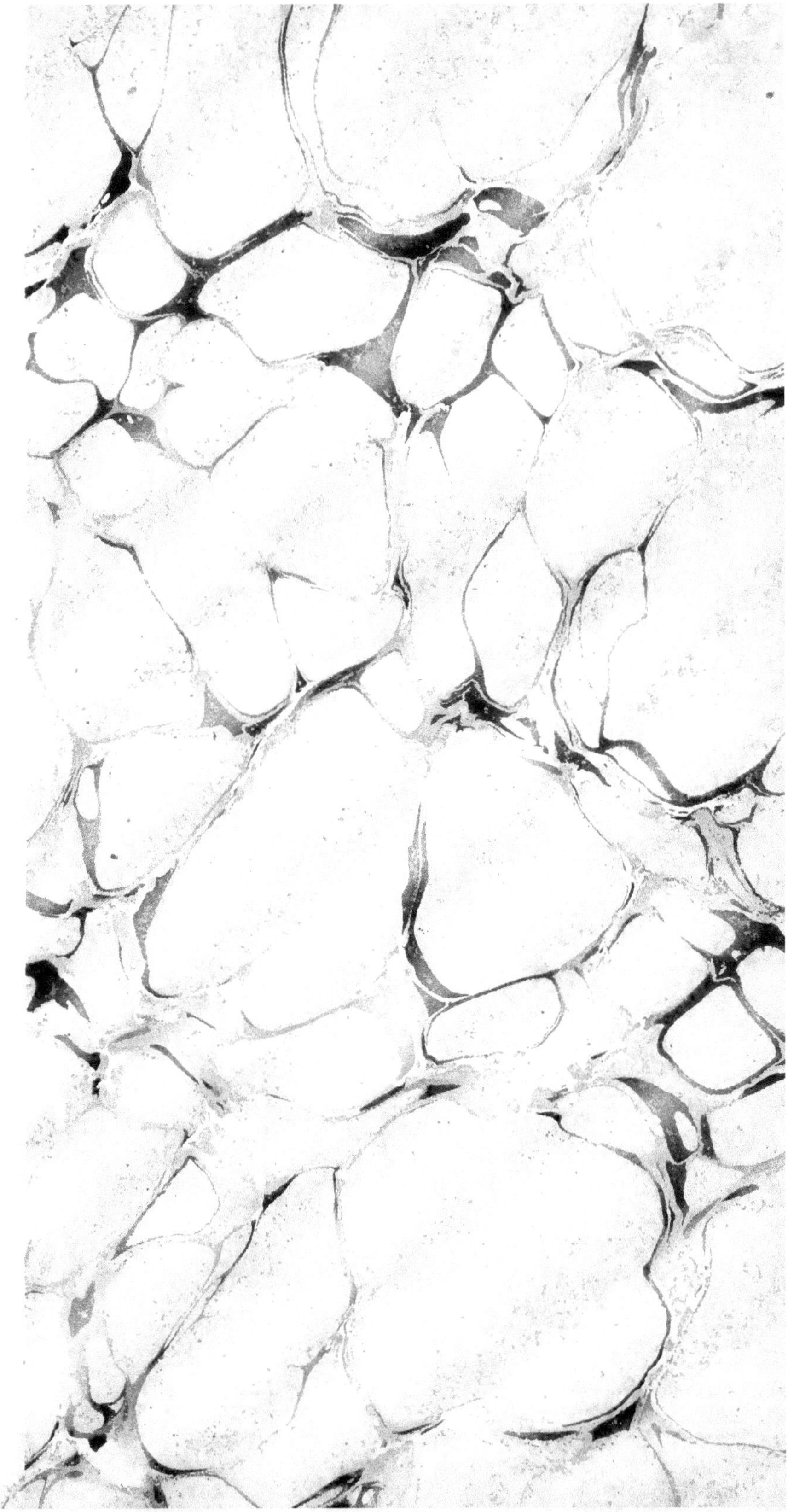

COLECCIÓN DE LIBROS
Y DOCUMENTOS REFERENTES
Á LA HISTORIA DE AMÉRICA.—TOMO VI

RELACIÓN
DE LOS
NAUFRAGIOS Y COMENTARIOS
DE
ALVAR NÚÑEZ CABEZA DE VACA
ADELANTADO Y GOBERNADOR DEL RÍO DE LA PLATA

ILUSTRADOS CON VARIOS DOCUMENTOS INÉDITOS

TOMO SEGUNDO

MADRID
LIBRERÍA GENERAL DE VICTORIANO SUÁREZ
Calle de Preciados, núm. 48
1906

COLECCIÓN

DE

LIBROS Y DOCUMENTOS

REFERENTES Á LA

HISTORIA DE AMÉRICA

TOMO VI

RELACIÓN

DE LOS

NAUFRAGIOS Y COMENTARIOS

DE

ALVAR NÚÑEZ CABEZA DE VACA

RELACIÓN

DE LOS

NAUFRAGIOS Y COMENTARIOS

DE

ALVAR NÚÑEZ CABEZA DE VACA

ADELANTADO Y GOBERNADOR DEL RÍO DE LA PLATA

ILUSTRADOS CON VARIOS DOCUMENTOS INÉDITOS

TOMO SEGUNDO

SEMPER EFVLGEAT

MADRID
LIBRERÍA GENERAL DE VICTORIANO SUÁREZ
Calle de Preciados, núm. 48

1906

LIBRARY OF THE UNIVERSITY OF CALIFORNIA

nf inst.
k. done
8/27/92

F1401
.C6
v.6

GENERAL

MADRID.— Establecimiento tipográfico de Idamor Moreno.
Calle del Tutor, 22.—Teléfono 2.000. 10.940

ADVERTENCIA

El presente volumen, cuyo contenido son varios documentos que sirven de ilustración á los *Comentarios de Alvar Núñez Cabeza de Vaca,* escritos por el secretario Pero Hernández bajo la inspiración de aquél, comienza con la *Relación general* que el desdichado Gobernador del Río de la Plata compuso de sus hechos, como apología de su conducta y censura de sus enemigos; fin que, si la priva de aquella serenidad y desapasionamiento que han de resplandecer en el historiador, hace que abunde en noticias que entonces mal podían ser dadas en letras de molde á los cuatro vientos, cuando el fuego de las pasiones humeaba todavía; breve en su primera parte dicha *Relación,* se explaya luego en referir y condenar los abusos que cometían, no ya solamente rudos conquistadores y avarientos oficiales, mas graves religiosos de San Francisco, obligados á ser ejemplo de costumbres, y pondera las diabólicas maquinaciones de Irala, recargadas por Alvar Núñez con tétricos colores; buen arsenal para que el P. Las Casas hubiese ampliado su libelo de *La destruición de las Indias.*

Las informaciones de servicios y otras hechas en los tribunales no suelen ser documentos tan

181124

fidedignos que merezcan la autoridad de cosa juzgada: verdad es que en aquéllas intervenía el Fiscal, con derecho á nombrar testigos que pudiesen rectificar las declaraciones de los que presentaba el interesado; pero es también cierto que no siempre hacía uso de esta facultad, quedando la prueba á merced del solicitante, quien no había de buscar testimonios que le pudiesen perjudicar. Por tal motivo es prudente no hacer uso exclusivo de semejantes documentos, debiendo examinarlos á la luz que arrojen otros, ó cuando menos someterlos á una crítica severa. No obstante, los datos contenidos en las informaciones de Alvar Núñez en su pleito con el Fiscal de S. M. parecen exactos en líneas generales; tratóse en ellas, como era lógico, de aquellos hechos por los que se hacían cargos á Cabeza de Vaca, y todos los testigos anduvieron conformes en sus dichos.

Lo del viaje por tierra á la Asunción desde la costa cercana á Santa Catalina quedó probado hasta la saciedad, y al mismo tiempo la conveniencia de abrir tal camino, cuyo uso habría asegurado á España todo el país que limita el Uruguay, mermado luego por las usurpaciones de Portugal. Justificados quedaron los castigos hechos en los indios guatos, guaxarapos y agaces, y el suplicio de Aracaré, traidor á los españoles, como también que los desmanes atribuídos á Núñez Cabeza de Vaca fueron leves comparados á otros de Domingo de Irala que constan en informaciones verídicas según todas las apariencias (1).

---

(1) Véase, en prueba de esto, la *Relación de las cosas que han pasado en la provincia del Río de la Plata, desde que prendieron al Gobernador Cabeça de Vaca*. Publicada en la *Colección de documentos relativos á la*

Y, sin embargo, todas las justificaciones que alegó Alvar Núñez no evitaron una sentencia desfavorable, siendo condenado por el Consejo de Indias á privación de oficio, y destierro á Orán con seis lanzas á su costa, si bien dice Pero Hernández en los *Comentarios* que después de haber estado ocho años en la corte salió absuelto. Las mismas sombras ocultan los últimos años de Alvar Núñez; en los *Comentarios* se lee que no le dieron "recompensa de lo mucho que gastó„ (1), pero Ruy Díaz de Guzmán afirma que le asignaron 2.000 ducados anuales de sueldo. Este mismo dice que murió en Sevilla siendo presidente del Consulado, y los anotadores de las *Cartas de Indias* creen que se hizo religioso y falleció de prior en un convento de aquella ciudad.

No todos los documentos incluídos en este volumen son inéditos; la *Relación de las cosas sucedidas en el Río de la Plata,* por el secretario Pero Hernández, estaba ya publicada en la *Pequeña Bibliotèca histórica* (2), pero de un modo tan deficiente que hemos juzgado necesario reimprimirla con arreglo al manuscrito original; faltaban en aquella edición bastantes líneas por el descuido del copista, y había no pocos errores y lagunas por no entender éste muchas palabras, como puede verse cotejando ambos textos, cuyas principales variantes señalamos.

Historia de América y particularmente á la Historia del Paraguay. Asunción, 1899. Págs. 260 á 272.

(1) Capítulo LXXXIV.

(2) Volumen II, págs. 3 á 62. Lleva el título de *Memoria del escribano Pero Hernández, secretario del Adelantado y Gobernador del Río de la Plata Alvar Núñez Cabeza de Vaca.* De este volumen se tiraron solamente 50 ejemplares; rareza que justifica también nuestra edición.

Con los documentos mencionados publicamos dos cartas de Domingo de Irala: una tocante á la despoblación de Buenos Aires, hecho que fué muy censurado; otra, que puede considerarse como una apología de su conducta frente á las relaciones de Alvar Núñez y de Pero Hernández, todas las cuales nos dan á conocer en parte aquel estado caótico y de lucha que precedió á la formación de los actuales pueblos americanos (1).

M. S. y S.

---

(1) La primera edición de los *Naufragios* es ésta: *La relación que dio Alvar Nu- | ñez Cabeza de Vaca de lo acaescido en las Indias | en la armada donde yua por gouernador Pā | philo de Narbaez desde el año de veynte | y siete hasta el año d' treinta y seys | que boluia a Seuilla con tres | de su compañia.* (Colofón) *Fue impresso el presente tra- | tado en la magnifica, noble y antiquissima ciudad | de Zamora: por los honrrados varones Augu | stin de Paz y Juan Picardo compañeros im- | pressores de libros vezinos de la dicha ciu | dad. A costa y expensas del virtuoso va | ron Juan pedro musetti mercader | de libros vezino de Medina del | Campo. Acabose en seys dias | del mes de Octubre. Año | del nascimiento d' nro Sal | uador Jessu Christo de | mil y quinientos y | quarenta y dos | Años.*

Tanto los *Naufragios* como los *Comentarios* fueron reimpresos en Madrid, año 1736, por D. Antonio Ardoino, y luego incluídos por Barcia en sus *Historiadores primitivos de Indias.*

Los *Naufragios* fueron traducidos al italiano por Ramusio *(Navigationi et viaggi,* Venecia, 1556, t. III, págs. 311 á 330); al inglés, por Buckhingham Smith (Washington, 1851; 138 págs. en 4.° con 8 mapas); en 1905 se publicó en Nueva York otra versión de Fanny Bandelier con una introducción de Ad. F. Bandelier. Samuel Purchas hizo uso de los *Naufragios* para sus *Pilgrims* (Londres, 1625).

RELACION GENERAL

QUE YO

ALVAR NUÑEZ CABEÇA DE BACA

Adelantado y Gobernador y Capitan general
de la probincia del rrio de la Plata, por merced de Su Magestad,

HAGO PARA LE YMFORMAR,
Y Á LOS SEÑORES DE SU RREAL CONSEJO DE YNDIAS,
DE LAS COSAS SUBCEDIDAS EN LA DICHA
PROBINCIA DENDE QUE POR SU MANDADO PARTÍ DESTOS
REYNOS Á SOCORRER Y CONQUISTAR
LA DICHA PROBINCIA (1).

---

(1) Archivo General de Indias.—Simancas.—Justicia.—Consejo.—Distrito de la Audiencia de Charcas.—Autos Fiscales, año de 1552.—Est. 52. Caj. 5. Leg. $\frac{2}{10}$.

I

A dos dias del mes de diziembre de año pasado de mill é quinientos é quarenta años parti é me hice á la bela en la bayya de Cadiz, con quatro nabios, quatrocientos honbres y quarenta é seys cavallos y yeguas, para yr á la dicha provincia del rrio de la Plata.

II

A beynte nueve dias del meç de marҫo del año passado de mill é quinientos é quarenta é un años llegue con mi armada á la ysla de Santa Catalina, questá en beynte é ocho grados en la costa del Brasil.

III

En esta ysla de Santa Catalina desenbarqué toda la gente y caballos para poder certificarme del estado en que estava la gente española que residia en la probincia, y para poderles enbiar abiso como yba en su socorro por mandado de Su Magestad, y en su nonbre tomé la posesión de la dicha ysla.

IV

Otro sy, tomé la posesión en nombre de Su Magestad en la Cananea, que está en beynte é cinco grados, poco mas e menos, en la dicha costa de Brasil; este puerto de la Cananea está cinquenta leguas de la dicha ysla de Santa Catalina.

V

Luego como llegué á la dicha ysla de Santa Catalina, así á los naturales della como á todos los demás que biben en la dicha costa del Brasil, basallos de Su Magestad, les hice buenos tratamientos y les dí muchas dadibaç por los tener contentos, de los quales fuy ymformado que á catorze leguas de la dicha ysla, donde dizen el Biaça, estavan dos frayles franciscos, llamados el uno fray Bernaldo de Armenta, cordoves, y el otro fray Alonso Lebron, natural de las yslas de Canarias, y dende á pocos dias los dichos frayles binieron donde yo estava, muy atemorizados y escandalizados de los indios, que los querian matar porque ellos mismos digeron al dicho tiempo que les abian quemado á los dichos yndios sus casas, y que por esto se abian levantado é abian muerto dos crystianos, el uno de los quales se llamaba Simón Perera, que biuia en la dicha tierra; y yo recogi á los dichos frayles y los favoreci porque tuviesen cargo de yndustriar á los yndios de la dicha tierra.

é puse mucha diligencia en sosegarlos é hacerlos sus amigos.

VI

Luego por el mes de mayo del dicho año embié una carabela con el contador Felipe de Caceres para que entrasen por el rrio que dizen de la Plata á bisitar el pueblo que don Pedro de Mendoça alli asentó, que se llamaba Santa María de Buen Ayre, y por ser ynbierno, contrario tiempo para la nabegación del rrio, no pudo entrar y se bolvio á la dicha ysla de Santa Catalina, y despues de buelto el dicho Felipe de Caceres con la dicha carabela, en el dicho mes de mayo llegaron á la dicha ysla donde yo estava ocho ó nueve crystianos que benian en un batel del puerto de Buenos Ayres, huyendo por los malos tratamientos que dixeron que les hazian los capitanes que residian en la dicha tierra.

VII

Yo me quise ynformar de los dichos nuebe crystianos el estado en que quedava la gente española que en la dicha provincia resydia y las otras cosas que pasaban en la dicha tierra, y por la ynformazión que me dieron digeron que el puerto de Buenos Ayres estaba poblado y reformado de gente y bastimentos, y que Juan de Ayolas, á quien Don Pedro de Mendoça avia enbiado por su capitan general á descubrir, al tiempo de su buelta del dicho descubrimiento trayendo ciertas cargas de oro é de plata, lo mataron los yndios que se llaman payaguas, que abitan en el rrio de Paraguay, á el y á todos los crystianos, con ciertos yndios de una generación de la tierra á dentro que se llaman chaneses, que le trayan las cargas del oro y plata, y que solamente de la dicha generación abia quedado biuo un moço y se llama Gonçalo, y que esto abia subcedido por culpa del capitan que el dicho Juan de Ayolas abia dexado en los bergantines para que le aguardase en el puerto de la Candelaria.

VIII

Otro sy, dixeron que en el rrio del Paraguay, trezientas leguas el rrio arriva del dicho puerto de Buenos Ayres, resydia la mayor parte de la gente española que en la dicha provincia avia, que se llamaba la ciudad de las Asunción, y que estava por theniente de governador de la dicha tierra vn Domingo de Yrala, bizcayno, que es el que desamparó el puerto de la Candelaria, por quien subcedió la muerte y perdición de Juan de Ayolas y crystianos.

IX

Otro sy, dixeron que el dicho Domingo de Yrala, bizcayno, abia subido por el dicho rrio del Paraguay con ciertos bergantines y gente diziendo que yba á buscar é dar socorro al dicho Juan de

Ayolas, que avia entrado por tierra muy travajosas de aguas y pantanos, á cuya cabsa se abia buelto é abia tomado pressos seys yndios de la misma generación de los payaguas, de los quales avia sabido la muerte del dicho Juan de Ayolas, y asymismo se bino á su poder el yndio que escapó, llamado Gonzalo, y de esta entrada murieron cinquenta o sesenta hombres de enfermedades y malos tratamientos.

X

Otro sy, dixeron que los officiales de Su Magestad que en la dicha tierra resydian avian hecho é hazian muy grandes agravios á los pobladores é conquistadores é á los yndios naturales, y los capitanes, ni mas ni menos, hazian malos tratamientos á la gente.

Abida esta relación, contra la boluntad y parecer del contador Felipe de Caceres e del piloto Antonio lopez, que quisieron que fuera con toda mi armada al puerto de Buenos Ayres, enbie al factor Pedro de Orantes á descubrir la tierra y buscar camino por la tierra firme de la dicha ysla, para mas brebemente poder llegar á la dicha ciudad de la Asunción, donde resydian los dichos crystianos, porque se descubriese aquella tierra; no enbargante que avia sido avisado que en este mismo descubrimiento mucha gente que ynbió á la descubrir el rrey de Portugal se la abian muerto los yndios, lo enbié a descubrir con ciertos crystianos é yndios naturales que le sirviesen.

XI

A cabo de tres meses e medio quel dicho ffactor Pedro de Orantes ubo partido á descubrir la dicha tierra, bolbió y me dio relación que abiendo atravesado grandes sierras é montañas de tierra despoblada abia llegado á donde dizen el Canpo, que comienza la tierra poblada, y porque los naturales de la dicha ysla me dixeron que hera mas segura entrada por un rrio arriba que se dice Ytabucu, que está en la punta de la dicha ysla á veynte leguas ó á diez y ocho del puerto, enbie á Gonçalo de Acosta, lengua, á que fuese a ber é descubrir el dicho rrio y la tierra firme del por donde avia de caminar, el qual lo descubrio é bido por vista de ojos; y por el determiné facer la dicha entrada, asi para descubrir, como para socorrer.

XII

A los frayles Bernaldo de Armenta e fray Alonso Lebrón les dixe se quedasen en la dicha tierra á ynstruir é dottrinar los naturales en nuestra santa fee catholica é arreformar é sostener los que avian bautizado, y no lo quisieron hacer diciendo que se querian benir en mi compañia para residir en la ciudad de la Asunción, donde estaban los crystianos.

XIII

A diez y ocho dias del mes de otubre del dicho año de myll é quinientos é quarenta é un años mandé embarcar toda la gente que abia de yr al dicho descubrimiento, con beynte é seys yeguas y caballos que escapé de la nabegación de la mar, y los pasé al dicho rrio de Ytabucu, donde tomé la posesión en nombre de Su Magestad, y en la dicha ysla de Santa Catalina dexé ciento y quarenta personas para que se enbarcasen é fuesen al dicho puerto de Buenos Ayres por la mar, é mande á Pedro Estopiñan Cabeça de Baca, que dexé por capitan de la dicha gente, que antes que partiese de la dicha ysla se forneciese de bastimentos, asi para la gente que llebaba consigo, como para la gente que en el dicho puerto se allase, sy acaso tubiese nesecidad; y á los yndios de la dicha ysla, antes que de alli me partiese, les di muchas camisas y bonetes y otras cosas por los dexar contentos, y de su boluntad se ofrescieron cierta cantidad dellos a yr en mi conpañia, asy para enseñarme el camino, como para llevarme las cargas del mantenimiento para sustentar la gente.

XIV

A dos dias del mes de nobiembre determiné proseguir el dicho descubrimiento é mandé á toda la gente que demas del bastimento que los yndios llebaban, cada uno tomase en las mochilas lo que pudiesen llevar para el dicho camino, y este mismo dia comencé á caminar con dozientos y cinquenta honbres arcabuceros y ballesteros y beynte é seys de acaballo y los dos frayles franciscos, y enbie la nao á la ysla de Santa Catalina para que el dicho Pedro Estopiñan Cabeça de Vaca se fuese con la dicha gente a Buenos Ayres.

XV

Diez y nuebe dias continuos fue caminando por tierra muy trabajosa de grandes montañas, talando bosques, abriendo caminos por donde la gente y caballos pudiesen pasar, todo con my trabajo y de la gente que conmigo llebaba, syn ocupar los yndios en ello.

XVI

Al cabo destos diez é nuebe dias plugo á Dios nuestro señor que syn perder ninguna persona llegué á las primeras poblaciones que dizen del Campo, en unos lugares de yndios donde su principal se dixo Tocanguacu, y los yndios destos pueblos me salieron á recibir al camino con muchos bastimentos, y demás de pagarles á su contentamiento los dichos bastimentos, á los yndios principales les di graciosamente camisas y bonetes y otras cosas: en estos pueblos de Tocanguacu tomé la posesión de aquella tierra, y como tierra que nuebamente descubrí la yntitulé la provincia de Bera.

XVII

A una jornada destos pueblos de Tocanguacu, en otro pueblo de yndios que alli está, me adoleció de calenturas un honbre que se dize Juan Cerrudo, e yo lo encomende á estos yndios para que en estando bueno lo encaminasen y llebasen á donde yo estubiese; y dende estas primeras poblaciones del Campo, á cinco dias del mes de dizienbre del dicho año escribí una carta con yndios naturales de la dicha tierra, á los capitanes y oficiales de Su Magestad que residian en la ciudad de la Asunción, haziendoles saber como por mandado de Su Magestad yba a les dar socorro, y que me enbiasen dos bergantines al rrio del Parana para que en ellos pudiese pasar la gente y caballos é asegurar el paso, que es donde los yndios mataron a los portugueses del rey de Portugal que yban á descubrir la dicha tierra.

XVIII

Por esta tierra fui caminando por muchos pueblos de yndios, donde me sacaron muchos mantenimientos, en tanta cantidad que la gente los dexava sobrados por los caminos, é por dexar contentos á los yndios de lo que trayan, lo recibian aunque no lo abia menester y se lo mandaba pagar, de cuya causa de treynta y quarenta leguas benian a verme muchos yndios e a traerme bastimentos, é demás de pagarselos les di graciosamente muchas cosas por la pacificación de la tierra.

XIX

Toda la gente que llebaba en mi compañia en el dicho descubrimiento hera gente nueva, falta d'espiriencia en la comunicación é costumbres de los yndios, de cuya causa, por apartarlos de ocasión de desorden por donde beniesemos en ronpimiento con ellos me dieron grandes trabajos, que lo sentí mas que los trabajos del caminar y el desmontar é hazer puentes, por lo qual les mandé que no fuesen á las casas y lugares de los yndios y rescatasen con ellos cosa alguna, y señalé quatro personas que entendian é sabian la lengua é contratación, y á estos mandé tubiesen especial cuydado de hablar á los yndios é conprarles los bastimentos para toda la gente, é asy lo hicieron siempre, y todos los bastimentos que se conpraron conque toda la gente fue mantenida en el dicho descubrimiento, se compraron á muy poca costa, y graciosamente, syn ynterese alguno, se les dio y repartio.

XX

Otro sy, en todas las partes y lugares donde abia yndios mandé asentar [el] real muy desbiado y apartado de sus pueblos porque no les hiziesen daño y agrabios por donde se rebolviesen y escandalizasen, porque esto es lo que trae mas pacificación é sosiego á la tierra.

XXI

Otro sy, los frayles fray Bernaldo de Armenta y fray Alonso, quando caminaba por la dicha tierra se adelantaban y llegaban primero que yo á los lugares de los yndios y tomaban todos los bastimentos, de manera que la gente padescia necesidad, porque los dichos frayles trayan consigo cient yndios é yndias que avian recibido por el camino y la gente se quiso lebantar contra ellos y derramarles los yndios, é yo no se lo consentí por lo que tocaba al servicio de Dios y de Su Magestad y mandé á los dichos frayles que no pasasen adelante ó despidiesen la gente, que trayan demasiada, porque mas balia dar el pan á los crystianos que a los perros, de cuya causa se fueron por otro camino, é con ellos hice ciertos autos ante un escribano que se dize Juan de Aráoz, sobre las desordenes que venian haziendo por el dicho camino y para que no se cargasen de tantas mugeres.

XXII

Mucho tiempo caminé por la dicha tierra é provincia de Bera syn que de los naturales pudiese saber nuebas de la gente que residia en la dicha ciudad de la Asunción, hasta que en el dicho camino encontré con un yndio natural de la costa del Brasil, que se dice Myguel, nuebamente conbertido, que benia de donde estaban los dichos crystianos é se yba á su tierra, el qual me dio relación de todo lo que pasaba en la dicha tierra y tubo por bien bolverse [en] my conpañia para que me guiase y abisase del camino, y dende aquí se bolbieron los yndios que salieron de la ysla de Santa Catalina á traerme las cargas del bastimento, muy contentos, así por los buenos tratamientos que les hize, como por darles cosas de rescates. Por el mes de henero del año de mill é quinientos é quarenta y dos años llegué á un rrio que se llama Piquiri, que es tierra donde hallé mayor población de gente y mas rica de bastimentos que hasta allí avia visto, é de muchas gallinas y patos y caça y pesquerias; toda la ribera deste rrio esta poblada de mucha gente, y toda la tierra y población que pasé se comunica y entiende por un solo lenguaje y toda es una generazión que se llaman Guaranies; rescibieronme con mucho plazer é contentamiento é yo les dí de lo que traya é les hize buenos tratamientos; aqui mordio un perro á un Francisco de Orejon en una pierna.

XXIII

Dende este rrio del Piquiri torné á escribir por bia de yndios del dicho rrio á los officiales de Su Magestad y capitanes de la dicha ciudad de la Asunción, haciendoles saber como yba por mandado de Su Magestad, é para que me ynbiasen los dos bergantines para pasar la gente y caballos y asegurar el paso del rrio del Paraná, por ser la gente del bellicosa y aber muerto á los portugueses; en este rrio del Piquiri dexé catorce honbres enfermos, con el herido de la mordedura del perro, y los encomendé á los yndios para que los favoresciesen é ayudasen yr á donde yo estubiese.

XXIV

Por esta tierra y probincias fue caminando tienpō de cinco meses syn que diese alteración, ni rompimiento con los yndios, en los quales se caminaron quatrocientas leguas de camino, y casi las docientas se abrieron é talaron de cañaberales y bosques muy espesos; yo camyné sienpre á pie y descalço por animar la gente que no me desmayase, porque demás del trabajo del camino en el desmontar, hazer caminos, [y] puentes para pasar los rrios, que fueron muchos, padecimos grandes y excesibos trabajos.

XXV

Toda esta tierra de la probincia de Bera es la mejor tierra é de mas buenas aguas, rios, arroyos, fuentes, canpos, arboledas, que yo he visto, é de mucha caça de tierra; muy aparejada para poblar, senbrar é criar ganados de todas suertes, é muy sanas, y toda la gente, como tengo dicho, que bibe en esta tierra, es de generación de los Guaranies, labradores y criadores de patos é gallinas, como los de nuestra España; gente domestica, amigos de crystianos, aparejados para con poco trabajo atraerlos al conocimiento de nuestra santa fee catholica.

XXVI

Yo llegue á un rrio que se dize Yguaçu, el qual entra en el rrio del Paraná, y ansimismo el rrio Piquiri, por donde passé, se junta con el dicho rrio Paraná, y porque el paso del dicho rrio, como tengo dicho, estava certificado ser peligroso, acordé con ciertas canoas que ove y compré á los yndios naturales y con hasta ochenta honbres, yrme por el dicho rrio Yguaçu abaxo á dar en el rrio del Paraná, y ansí lo hize y por tierra enbie la otra gente y caballos para que se fuesen á poner en el paso para que los unos por el un cabo y los otros por el otro asegurasemos la tierra é pudiesemos pasar syn peligro.

XXVII

Este rrio Yguaçu haze un salto, de cuya causa me conbino á my é á la gente passar las canoas por tierra hasta salbar el dicho salto, é las llebamos mas de un quarto de legua baxandolas por tierra á pura fuerça de nuestros brazos hasta que las tornamos al rrio, é fuemos por el hasta que llegamos al rrio de Paraná, y fue Dios servido que los que yban por tierra y los de las canoas todos llegamos á un tiempo, que fue causa que los yndios no osasen acometernos, puesto caso que mucha gente dellos se abian ya allí juntado, y comencé á derramar entre los mas principales rescates y buenas palabras con que los sosegué, y con las canoas hize quatro balsas en las quales en termino de seys oras pasé toda la gente y caballos con mucha pacificación, ayudandome los propios yndios.

XXVIII

[En] este rrio, que la parte que lo pasé tiene de ancho un tiro de ballesta, aqui se me ahogo un hombre en unos remolinos que haze el rrio, donde se trastorno la canoa en que pasavan; á esta sazon é tiempo no abian benido los bergantines que enbié á pedir á los cofrades de Su Magestad y capitanes del rrio del Paraguay, ni tenia nueba dellos, lo qual me puso en gran confusión por los muchos enfermos que no podian caminar, ni yo los podia llevar, ni hera cosa lícita detenerme alli donde tantos henemigos estaban, ni tampoco confiarlos dellos; acorde enbiarlos en las balsas por el rrio abajo con cinquenta hombres de guarda, arcabuceros y ballesteros, á confiança de que en el camino encontrarian los bergantines, donde serian recojidos, y que el entretanto serian faborecidos de un yndio que se dezia Francisco, que fue criado entre crystianos, que bibia en la ribera del rrio á quatro jornadas de allí, segun me ynformaron los naturales é Gonçalo de Acosta, lengua, y luego que los uve enviado yo me partí por tierra para la ciudad de la Asunción, hasta donde me certificaron los yndios que auia nuebe jornadas, y en este camino y descubrimiento de la dicha provincia de Vera, en las partes y lugares mas señaladas y en el rrio del Paraná tomé la posesión de la dicha tierra, en beynte é tres y beynte é quatro grados, en nombre de Su Magestad, como se contiene en los autos de posesión que pasaron ante Juan de Araoz, escribano de Su Magestad; é yendo caminando, pasado el Paraná encontré á un crystiano que benia de la ciudad de la Asunción, que enbiaba Domingo de Yrala, bizcaino, que estaba por theniente de la dicha tierra, el qual me certificó de lo que pasaba en la dicha provinçia.

XXIX

A honze dias del mes de março, sabado, á las nueve de la mañana del año de mill é quinientos é quarenta y dos años llegue á la ciudad de la Asunción, que está en la ribera del rrio del Paraguay, é por birtud de las probisiones reales de Su Magestad me recibieron é dieron la obidiencia de governador y capitan general de aquella provincia los oficiales de Su Magestad é theniente de gobernador alcalde y las otras justicias, regidores, capitanes y gente que en la dicha provincia residia, y el dicho Domingo de Yrala, bizcayno, me dio y entregó las baras de la justicia é yo las di y probeí de nuebo á personas que en nombre de Su Magestad administrasen la justicia cevil y criminal en la dicha provincia, los quales é yo hizimos el juramento y solénnidad que Su Magestad manda.

XXX

Luego como ove sido admitido á la gobernación de la probincia, supe y me ynformaron como por el mes de mayo del año de quinientos y quarenta y un años, estando yo con el armada que llebaba para el socorro de la dicha tierra en la costa del Brasil, el dicho Domingo de Yrala é Alonso Cabrera, beedor, auian despoblado el puerto y pueblo de Buenos Ayres, que estaba asentado y fundado en el rrio del Paraná, á cuya confiança yo enbiaba la nao con ciento y quarenta personas; todos los que hallé en la dicha tierra se querellaban de los susodichos por aber despoblado el dicho puerto, é dezian publicamente que lo abian despoblado porque Su Magestad no supiese la muerte de Juan de Ayolas y crystianos, así por aber sido causador principal della Domingo de Yrala, como por que no probeyese de la gobernación y le fuese quitada, y tambien por se aprobechar de las mercaderías que allí tenian unos mercaderes balencianos, de sedas, paños y otras cosas de mucho balor, y entrarse por la tierra adentro en demanda de las poblaciones donde está el oro y la plata, diziendo que embiandolo á Su Magestad le haría merced de la gobernación.

XXXI

Bisto el peligro en que estarian los crystianos que enbié en la nao, por el despoblar de Buenos Ayres, enbié luego dos bergantines con quarenta honbres y muchos bastimentos, ansí para los socorrer, como para que tornasen luego á poblar pueblo en el dicho rrio del Paraná, de nuebo, syn el qual la probincia no podía ser socorrida, ni Su Magéstad avisado del subceso de su conquista syn mui gran tardança é peligro, porque en aquel mismo puerto que estubiere fundado se a de despachar el nabio para este reyno, y los que de aquí fuessen, en el han de ser rescibidos é amparados é avisados de los peligros é ynconbenientes del dicho rrio é les han de dar bergantines en que luego suban el rrio arriba á la tierra poblada donde estan los crystianos, ques treszientas y cinquenta leguas, porque no se mueran de hambre, é demas desto les han de dar hombres que sepan la nabegación del rrio, porqu'es muy trabajosa é dificultosa de entender por los muchos rrios é todos caudalosos que atrabiesan é se dibiden por muchas partes del dicho rrio.

Estos dos bergantines que fueron de este socorro, partieron a beynte é siete de abril del dicho año de quinientos é quarenta é dos.

XXXII

Antes que Domingo de Yrala é Alonso Cabrèra despoblasen á Buenos Ayres, los yndios naturales les dijeron muchas bezes como abian venido nabios y gente á la costa del Brasil, y al tiempo que se lo dixeron yo hera ya llegado con mi armada á la dicha costa y estaba en la ysla de Santa Catalina, é como desto estubieron certificados, con mayor diligencia procuraron alçar el pueblo, y como los dichos yndios bieron que se querian yr les dixeron: *¿crystiànos, donde os bais?; esperad, que presto vernan los crystianos;* muchas personas obo que se ofrecían quedar en el dicho puerto á lo sustentar é no lo quisieron consentir porque oviese efecto el proposito é yntención que les mobia á despoblar el dicho puerto.

XXXIII

Al tiempo que llegué á esta ciudad de la Asunción hallé que Domingo de Yrala tenia puesta una bandera para que todos los que quisiesen yr con el á la entrada se escribiesen y asentasen por lista, é como yo llegué, á el y Alonso Cabrera y García Benegas, theniente de thesorero, y á todos sus amigos bizcaynos y cordobeses les pesó mortalmente con my venida, porque con ella les ympidí la dicha entrada, de la qual, si ellos la efettuaran, se perdieran y la conquista quedaría desamparada.

XXXIV

Los ochenta honbres que enbié en las balsas por el rrio del Paraná abaxo, dende á treinta días que yo obe llegado á la ciudad de la Asunción binieron en dos bergantines que Domingo de Yrala enbio por la carta é aviso que yo enbié, sin faltar mas de un Pedro de Salinas, bezino de Badajoz, que mató un tigre, y los yndios del Paraná los acometieron para matarlos biniendo en las balsas por el rrio abajo.

XXXV

Los frayles fray Bernaldo de Armenta y fray Alonso Lebrón despues que se fueron y apartaron de mi compañia aportaron en unos lugares de yndios, treynta leguas arriba de la ciudad de la Asunción; yo enbié por ellos, en ciertas canoas, á un capitan con veinte crystianos, y benidos les di donde hiziesen casa é igleçia, é muchos bastimentos para que començasen á dottrinar los naturales como lo hazian los otros religiosos [y] clerigos que en la dicha tierra hallé.

XXXVI

A todas las personas que residian en la dicha provincia, asi capitanes como otros que tenian cargos y officios, no se los quité, antes los aproveché y honrré todo lo que pude, rogandoles á todos en general tubiesen voluntad de yr á servir á Su Magestad en el descubrimiento y conquista de la tierra.

XXXVII

Otro si, mandé juntar los officiales de Su Magestad, clerigos y religiosos, y les rogué y esforçé con buenas palabras tubiesen especial cuydado en la doctrina y enseñamiento de los yndios naturales basallos de Su Magestad, é demás desto les mandé leer los capitulos de una carta acordada de Su Magestad, que habla sobre el buen tratamiento de los yndios y que ellos tengan especial cuydado en mirar que no sean mal tratados; y leydos les apercybi ansy lo hiziesen y cumpliesen é me abisasen de los malos tratamientos, para poner en esto el remedio, y mandeles dar un traslado de los dichos capitulos para que estubiesen mejor advertidos.

XXXVIII

Otro si, mandé llamar é juntar todos los yndios naturales basallos de Su Magestad, especialmente á los principales, y delante de los dichos officiales de Su Magestad, religiosos é clerigos, les dixe buenas palabras para que fuesen buenos crystianos, y les di algunas cosas de rescates con que resciben contentamiento, y les apercibí se apartasen de comer carne umana, ni la consintiesen comer en sus pueblos, por el grabe pecado y ofensa que en ella cometian contra Dios nuestro señor, y los religiosos y clerigos se lo amonestaron y apercibieron.

XXXIX

Estos yndios naturales basallos de Su Magestad parecieron ante mi á diez dias de Jullio del dicho año de quinientos é quarenta y dos años é se me querellaron de una generación de yndios que se llaman guaycurus, que los abian desposeydo de su propia tierra é les abian muerto á sus padres, hermanos y parientes y les thenian ocupados los campos e rrios donde caçaban y pescaban y tenian los otros aprobechamientos, é que pues heran crystianos basallos de Su Magestad, los faboresciese é fuese á echar é desterrar de la dicha tierra á los dichos yndios y a ellos metiese y anparase en ella; de todo lo qual me dieron bastante ynformación, que fue leyda y notificada á fray Bernaldo de Armenta y fray Alonso, su compañero, y al bachiller Martin de Armentia y á Francisco de Andrada, clerigos capellanes, para que conforme á lo que Su Magestad mandase, procediese contra los dichos yndios, y ellos diesen su parecer, y ellos lo dieron por escripto ante el escribano, diziendo que hera guerra [que] se les podia hazer por ser conforme á derecho é muy justa, por lo qual yo fui personalmente con dozientos honbres é doze de á caballo, con los yndios amigos, y los eché de la tierra, de donde se truxeron muchos prisioneros, de los quales yo solté uno para que fuese á llamar su principal y dezirle que yo queria hazer paz con el é que fuese basallo de Su Magestad, y dende á tres dias bino con mucha cantidad de yndios, con los quales asenté la paz y les di á entender como los rescibia por basallos de Su Magestad, y le entregué todos los prisioneros, que serian hasta ciento personas entre grandes y pequeños; esta generación hera la mas temida de toda aquella tierra, gente yndomita, é sy no se les hiziera la guerra nunca binieran á la obidiencia de Su Magestad, y fue cabsa que otras muchas gentes de yndios de dibersos lenguajes, de su propria boluntad binieran á pedir paz é a someterse á la serbidumbre é vasallaje de Su Magestad, á todos los quales yo dende en adelante hize buenos tratamientos, é dos beces en la semana hordinariamente benian con mucho pescado y manteca y carne é otros mantenimientos é ropa que conpraban los crystianos y los naturales de la tierra, de que rescibian gran beneficio, y es contratación muy provechosa, y en esta costumbre los dexé si no se pierde por alguna desorden de los crystianos ó yndios.

En esta guerra que hize contra estos yndios concertaron de matarme los oficiales de Su Magestad y Domingo de Yrala, é para ello, yendo en busca de los dichos yndios, una noche dieron una arma falsa y alborotaron los yndios amigos, de cuya causa estubimos á punto de ser todos perdidos porque los yndios creyeron que los queriamos matar é se fueron a meter por los bosques, que serian cantidad de ocho mill yndios, y los crystianos,

XLIII

Al tiempo que llegue á la ciudad de la Asunción se me quexaron y agraviaron los españoles que alli residian de los officiales de Su Magestad, diciendo que abian cobrado y cobraban de ellos el quinto de los mantenimientos é otras cosas que conpraban de los yndios para se bestir y alimentar, é por debdas que debian á Su Magestad les hazian execuciones en sus personas, ropas é armas, e las bendian é remataban en sus criados y a paniaguados para aberlas ellos, còmo lo abian fecho teniendolos presos e haziendoles costas por ser pagados el su ssalario, no aviendo avido oro ni plata ni otros yntereses de que poderles pagar, que me pedian ynpidiese las dichas cobranças, y paresciendome ser cosa de que se deserbia Dios y Su Magestad mandé á los dichos officiales no lo cobrasen, sobre lo qual pasamos ciertos requerimientos é respuesta ante Martin de Oruè, escribano que a la sazón hera, á lo qual me remito, con otros que hizieron é respuestas que les di sobre quererseme entremeter en la jurisdicción real, dando mandamientos para hazer la cobrança de las debdas.

XLIV

Estos crystianos españoles que hallé en esta provincia, y especialmente algunos de los capitanes y officiales de Su Magestad é sus amigos, hazian grandes agrabios é crueldades en los naturales y en sus mugeres é hijos tomandoselas por fuerça con los otros sus bienes, dandoles de açotes por celos y trabajos demasiados, y á sus padres y parientes haziendolos benir á trabajar por fuerça y á palos, no les pagando sus trabajos, y demás desto se mataban unos á otros sobre los celos de las dichas yndias.

XLV

Otro sy, tenian aceso carnal con madre é hija, dos hermanas, tias é sobrinas y otras parientas, y las yndias libres crystianas vendian, trocaban y canbiaban unos con otros como sy fueran esclavas, y especialmente el dicho Domingo de Yrala lo hizo, é otorgó cartas de benta ante escribano, de las yndias libres que bendio, é demas desto estaban amancebados cada uno con treynta y quarenta y cinquenta mugeres; yo puse diligencia en apartarlos de tan grabe pecado y ofensa de Dios, y lo cometi a un clerigo que con los ynterpetres delante el escribano exsaminase los parentescos, y desta manera aparté é quité muchas mugeres, de que se agrabiaron y me tomaron entre sy grande odio.

XLVI

Por los desordenes y desacatos tan grandes que se cometian en deservicio de Dios y de Su Magestad y para la buena gobernación y pacificazión de la tierra hize hordenanças para que los naturales no fuesen molestados, ni fatigados, como lo abian sydo hasta entonces, ni les tomasen sus haciendas y hijas y mugeres, ni las bendiesen ni contratasen como esclavas, pues heran libres, é para que no tubiesen parientas, con otros bedamientos necesarios al bien de la tierra, y para que fuesen los naturales bien tratados, segun que en las dichas ordenanças se contiene mas largamente.

XLVII

Su Magestad hizo merced á aquella provincia de cierta artilleria de bersos de hierro é arcabuzes, la qual llebaba á su cargo el contador Felipe de Caceres, y estando en el rrio del Paraná jugó la dicha artilleria, y en la ciudad de la Asunción bino á my noticia y mandé sacarla del poder de los que la ganaron, e mi alcalde mayor, ante el escribano de la provincia llebó la dicha artilleria estando juntos los quatro officiales de Su Magestad, a se la entregar para que como hazienda de Su Magestad la guardasen y aprobechasen; la rescibieron y firmaron de sus nonbres el dicho escribano y dende á pocos dias el dicho contador Felipe de Caceres tornó á jugar la dicha artilleria á naypes é dados, aprobando todos quatro officiales su herror.

XLVIII

A beynte y un dias del mes de dicienbre del dicho año de mill é quinientos é quarenta y dos años binieron los quatro bergantines que enbié al socorro de la gente que benia por la mar al rrio del Paraná, y me ynformaron que trayan la dicha gente menos hasta beynte é quatro honbres que se abian ydo huyendo temerosos de morir de hanbre por hallar despoblado el dicho puerto de Buenos Ayres, y que á tardarse muy pocos dias el socorro todos murieran, asi de hanbre como por mano de los enemigos que biben en el dicho rrio, porque estando el socorro de bergantines é gente con ellos los abian acometido y quemado las casas que tenian hechas en la ribera y muerto un crystiano é herido otros, é abian yntentado asentar é fundar nuebo pueblo en un rrio que se dize San Juan, en el rrio del Paraná, setenta leguas de la mar, é no lo abian podido hazer por ser la gente poca y el tienpo trabajoso y con pocos bastimentos; este rrio de San Juan es buen puerto para los nabios; la tierra es suficiente para senbrar é criar ganados é poblar.

XLIX

Y porque hallé los crystianos en esta probincia muy pobres y entre ellos muchos pleitos, mandé dar mandamiento ante Martin de Orue, escribano, que el escribano, alcalde y alguaziles no llebasen derechos hasta que obiese oro y plata, ni se diese á executar si no fuese persona que pudiese pagar syn tocarle á sus armas y ropas, porque los officiales, antes que yo beniese, se lo tomaban todo y los dexaban desnudos y desarmados.

L

Para proseguir el descubrimiento de la dicha provincia y la conquistar mandé aserrar mucha madera de tablaçon y ligaçon, asy para hazer bergantines, como una carabela para enbiarla á este reyno á dar aviso á Su Magestad del subceso de la dicha provincia, é siempre á los yndios les pagué sus trabajos y todos los bastimentos y cosas que trayan, con que á la gente que abia traydo conmigo les dí siempre de comer syn ynterese ninguno y les ayudé á sus nescesidades.

LI

A beynte dias de otubre del dicho año enbié á buscar camino por donde sin peligro de perder gente pudiese yr á conquistar la tierra, para lo qual enbie por dos partes crystianos é yndios que fuesen á guiarlos y acompañarlos hasta reconocer las poblaciones de la tierra, y enbie á Domingo de Yrala, bizcaino, con tres bergantines é noventa honbres para que suviese por el rrio del Paraguay arriba todo lo que pudiese hasta hallar tierra poblada por donde la entrada y conquista se pudiese efettuar; los que fueron por tierra se bolbieron syn poder hallar poblado. Domingo de Yrala, bizcayno, subio por el rrio dozientas é cinquenta leguas, al cabo de las quales, en unas lagunas halló una cordillera de tierra poblada de gente labradores, de los quales ovo relación é abiso de lo de adelante, la qual por mi bista me parecía mejor camino para entrar á conquistar, como por la dicha relación paresce, que me fue dada á once dias de hebrero del año de quinientos é quarenta y tres años; y esta tierra que descubrio se yntitulo el puerto de los Reyes.

LII

A pedimento de ciertos mercaderes é del tenedor de bienes de difuntos, é por cierta ynformación que dieron de la ynsuficiencia é ynabilidad de Martin de Orue, que fue por escribano de la dicha provincia, le mandé, so cierta pena, no usase el dicho officio, por el daño y perjuicio de la republica, é de officio mandé se hiziesse ynformación cerca de la persona que mas abil fuese y legal se hallase que pudiese ussar el dicho officio, y por tal fue puesto en él Pero Hernandez, escribano de Su Magestad, como mas largamente se contiene en los autos é probanças que de ello passaron, hasta tanto que Su Magestad ó el secretario Juan de Samano pusiese en el dicho officio persona abil y suficiente é de confiança.

LIII

A quatro dias del dicho mes de febrero, dos oras antes que amaneciese se quemo la mayor parte del pueblo por el descuydo de una yndia, donde se quemaron mas de quatro myl quintales de bastimentos, é muchas armas, munición é ropas, que puso en gran nescesidad la gente y fue estorvo é grande ynconbeniente para la entrada y descubrimiento de la tierra, y con harto trabajo y á mucha costa de mi hazienda ove de comprar bastimentos para sustentar la gente, syn les llevar por ellos ninguna cosa, é mandé aderesçarles las armas y proveer de ropa de la tierra para bestir los que quedaron desnudos.

LIV

Al tiempo que los crystianos que embié á descubrir por tierra bolvieron, los que fueron á descubrir por un puerto que dizen de las Piedras me ynformaron que un yndio principal, que se llamaba Alacare, de los naturales, que avia ydo en su compañia, les avia estorbado é ympedido que no descubriesen la tierra, por que á las guias que llebaban é todos los demás yndios los avia amotinado y hecho bolver, diziendoles que no descubriesen ni enseñasen el camino á los crystianos para llegar á las poblaciones, porque serian sus esclavos, é no enseñandoselo se yrian de la tierra é los dexarian libres, de cuya causa todos los yndios con las guias se bolvieron y los dexaron solos abiendo caminado ciertas jornadas, de lo qual mande hazer ynformación contra el dicho Alacare é procedi contra el é mandé á Domingo de Yrala, bizcayno, que executase en el pena de muerte como honbre que ynpedia el descubrimiento de la tierra, y para la determinación mandé juntar á Alonso Cabrera é Felipe de Caceres é Pedro Dorantes, officiales de Su Magestad, los quales me dieron su parescer ante Juan Balderas, escribano, diziendo que conbenia al servicio de Su Magestad é pacificación de la tierra executar la pena en el dicho Alacare.

LV

En este rrio del Paraguay está una generación que llaman agazes, gente belicosa, yndomita, de malas costumbres, enemigos de todas las generaciones del rio, á causa de hazer á todos guerra y nunca guardar paz ni amistad con ninguno; an fecho grandes daños y muertes debaxo de seguro; todos desean hacerles daños, y quando llegué á aquella tierra pocos dias avia que abian hecho pazes con los crystianos é yndios amigos, é las abian rompido como otras bezes lo avian hecho; é como yo bine, los principales de la dicha generación binieron á pedirme pazes; yo tubelo por bien, notificandoles la poca constancia que en guardarla tenian, para que si la rompian les haria guerra; y dende en adelante di lugar que todos los naturales contratasen con ellos y les probeyesen de bastimentos, y dende á pocos dias, estando yo ausente del pueblo en la guerra de los guycurus benieron de noche á poner fuego y entraron por las rozas de los crystianos y les robaron los bastimentos y les llevaron muchas mugeres naturales de la tierra, é fueron por los lugares de los yndios é mataron y llebaron muchos dellos; yo procedi contra ellos y las ynformaciones mandé que fuesen bistas por fray Bernaldo de Armenta y su compañero, é Francisco de Andrade, y el bachiller Martin de Armencia, clerigos, para que biesen si la guerra hera justa; los quales dieron parescer que se les debia hazer la guerra justamente, lo qual firmaron de sus nombres, como parescera por el proceso, en el qual se hallará un parescer que Garcia Banegas, é Alonso Cabrera, veedor, dieron á Domingo de Yrala siendo teniente, para que matase é destruyese á los dichos agazes, é por birtud del fueron con mano armada y en sus propias casas mataron muy gran cantidad dellos y los yndios guaranies los comieron en su presencia cozidos y asados.

LVI

Estando declarada la guerra contra estos yndios prendi hasta diez ó doze de ellos é les mande poner en las casas de Alonso Cabrera, veedor, y dende á pocos dias remòber la carcel en otra parte, é yendolos á sacar se defendieron y quisieron matar á los que entraron, de que se siguio alboroto é acudio mucha gente, é como los hallaron puestos en arma pusieron las manos en ellos y mataron algunos, y los que quedaron algunos, que fueron los hijos del principal, mandé soltar, é de los otros se hizo justicia por ser mas culpados.

LVII

Un Bernaldo de Castañeda fue de noche a un lugar de yndios, dos leguas del pueblo, y entró dentro de una casa de un yndio é por fuerça se quiso echar con su muger estando el delante, y el yndio se me bino a querellar dello otro dia; yo mande á mi alcalde que hiziese justicia, el qual le condenó en cient açotes, que le fueron dados.

LVIII

Después que Domingo de Yrala ahorcó á Alacare, yndio, por el motin que hizo en ympidir el descubrimiento de la tierra, sus parientes se juntaron y lebantaron á los yndios principales é hazian guerra á los yndios comarcanos amygos y vasallos de Su Magestad, diciendoles que se alçasen é no fuesen amigos nuestros; benieron á pedirme socorro para defenderse é para ello enbié al dicho Domingo de Yrala con dozientos honbres, é le mandé que rrequeriese á los dichos yndios dexasen la guerra é se tornasen á la obidiencia de Su Magestad; el dicho Domingo de Yrala los requerio é despues de aber abido con ellos algunos rencuentros se asentó la paz é quedaron amigos en concordia de los naturales.

LIX

A beynte y quatro dias del mes de mayo del dicho año mandé llamar é juntar los officiales de Su Magestad y todos los religiosos y clerigos, con los quales comuniqué la entrada y descubrimiento que se abia fecho por el rrio arriba hasta el puerto de los Reyes, que está en diez é siete grados y medio, é mandeles leer la relación que se truxo y les dixe que obiesen acuerdo é me diesen parecer si debia proseguir la entrada y descubrimiento de la dicha tierra por el dicho puerto, é porque personalmente avia de hallarme en el, me diesen ansimismo parescer que persona les parecia que debia dexar en la ciudad de la Asunción por mi teniente en nombre de Su Magestad; todos los quales me dieron sus pareceres, por los quales dixeron que debia effettuar la dicha conquista por el dicho puerto de los Reyes y dexase por mi teniente en la dicha ciudad al capitan Juan de Salazar d'Espinosa.

LX

Para proseguir la conquista, á esta sazón tenia fechos é puestos á punto diez bergantines muy buenos y avia comprado de los yndios mas de mill quintales de bastimentos, é todas las armas, ballestas y arcabuzes adereçadas, con beynte é cinco arrobas de polvora refinadas, é hilo de ballesta para mill cuerdas, con otras municiones é aparejos nescesarios para partir con toda brevedad.

LXI

Al tiempo que estos officiales de Su Magestad é religiosos é clerigos me dieron parescer para que hiziese la dicha entrada, á causa de aberles ynpidido los robos, agrabios, bexaciones que hazian á los pobladores é conquistadores é á los naturales, me tenian grande odio, é porque ansimismo se abian agrabiado que en los autos que entre my y ellos pasaban no les dezian: *los señores officiales;* por todo lo qual me procuraban hacer todo mal y daño.

LXII

Ansimismo fray Bernaldo de Armenta, y fray Alonso, su compañero, en los secretos me querian muy mal é trataban de my daño é perjuicio porque les rreprehendia el mal exenplo que daban al pueblo en tener consygo dentro de su casa é monesterio mas cantidad de treynta mugeres, hijas de los naturales, moças de doze hasta beynte años, tan encerradas como sy fueran sus mugeres, y por celos que tubieron de un yndio principal que truxeron del rrio de Piquiri lo molieron á palos, é si no se soltara le querian cortar el miembro, é amenazaron muchos crystianos por celos de yndias é las echaban en prisiones con grillos é les daban de açotes, é como yo lo supe se lo rreprehendí é mande que despidiesen las dichas yndias, de cuya causa se fueron á bibir dos leguas del pueblo.

LXIII

Los dichos officiales de Su Magestad y los dichos frayles Bernaldo de Armenta y su compañero se juntaron é confederaron contra mí para ynpidirme la entrada y descubrimiento de la tierra, é para ello los dichos frayles tomaron juramento sobre los santos Ebangelios á los dichos officiales é á otros sus amigos para que guardasen secreto, é se concertaron que los dichos frayles se fuesen y ausentasen á la costa del Brasil por la tierra y proprio camino que yo descubrí é dexé en paz, llevando ciertos crystianos con todas las yndias hijas de los naturales, con cartas y despachos para dar á entender á Su Magestad que yo hazia grandes daños en la tierra, é que el dicho comisario enbiase á fray Alonso su compañero dende la dicha costa y el escribiese contra mi, porque se le daria credito, para que se le diese la gobernación á Domingo de Yrala, bizcaino, y que los dichos officiales de Su Magestad escribirian para que Su Magestad hiziese obispo de la dicha provincia al dicho comisario; lo qual hizieron porque nó les castigase sus delitos é pudiesen hazer lo que solian en la tierra y no les quitase las yndias, y acordaron no darme parte de su partida é hazerla encubiertamente porque no beniese á mi noticia.

LXIV

Luego los dichos frayles embiaron dos crystianos delante para que estos partidos se abian de partir otros en su seguimiento, y ellos encubiertamente, é ansi lo hizieron á diez dias del mes de Jullio, llebando armas y municiones, é á un Domingo, natural de la costa del Brasil, é á Miguel, yndio, su hermano, con mas de treynta yndias de las que tenian consigo, hijas é parientas de los naturales, syn se lo dezir y contra la boluntad de las dichas yndias, y el propio dia de su partida bino á mi noticia é mandé yr en su seguimiento ciertos crystianos y los bolbieron del camino, de cuya yda fugitiba resultó grande alboroto y escándalo, assi entre los crystianos como entre los yndios naturales, por el mal exemplo y por llebarles sus hijas y parientas, é por ello mostraron gran sentimiento é llorando me pidieron no consintiese llebarselas de su tierra, é se lo prometí é aseguré.

LXV

Bueltos los dichos frayles, por ciertos yndicios mandé prender á Martin de Orue, y estando presente, los dichos officiales de Su Magestad parescieron ante mi é dixeron que ellos tenian la culpa en la yda de los frayles, porque ellos los enbiaban encubiertamente; que mandase soltar á Martin de Orue, y porque á esta sazon estava ocupado en los despachos de la armada para yr á descubrir é conquistar la tierra, cometi la causa á Pedro Estopiñan Cabeça de Baca, el qual procedio contra ellos y los tubo presos é los suspendio de los officios y los remitio á Su Magestad, y puesto que en los delitos que los officiales de Su Magestad cometieron hera el mas culpado Domingo de Yrala, mandé al juez á quien cometi la causa no procediese contra él, ni se hiziese ninguna minción en las probanças, ni autos, porque queria tornarlo al servicio de Su Magestad é servyrme de el en su nombre.

LXVI

En este tiempo mande hacer una igleçia donde Dios nuestro señor se sirbiese é administrasen los Santos Sacramentos, porque se abia quemado quando el pueblo se quemó, é andube muchos dias persuadiendo á los dichos officiales la hiziesen y no quisieron, hasta que yo la obe de hazer.

LXVII

El sabado, dia de Nuestra Señora, ocho dias del mes de Setiembre del dicho año de mill é quinientos é quarenta y tres años, teniendo señalados quatrocientos honbres arcabuzeros y ballesteros, con diez de a caballo, los mande enbarcar para proseguir la conquista, en los diez bergantines, é antes que me hiziese á la bela nombré y señalé por teniente de gobernador y capitan general al capitan Juan de Salazar, y entre otras cosas que le mandé acerca de la buena gobernación y pacificación de la tierra le mandé que de la madera, ligaçon y tablazón que le quedaba hiziese una carabela en el entretanto que yo yba á hazer la dicha entrada y descubrimiento, para enbiar hazer saber á Su Magestad el subceso de la dicha conquista, y alcé la suspensión de los officios al contador Felipe de Caceres y al fattor Pedro de Orantes por llebarlos en mi compañia á se hallar en la dicha conquista en servicio de Su Magestad.

LXVIII

Con los diez bergantines, gente y caballos, é con hasta mill yndios que llebaba en mi compañia, de los naturales, en cient canoas, parti del dicho puerto de la Asunción en el dicho dia ocho de setiembre, con tiempo prospero, por el rrio del Paraguay arriba en demanda del puerto de los Reyes, para hazer mi entrada, y pasé por tierra de los yndios payaguas que mataron á Juan de Ayolas y crystianos é andube buscandolos para ber sy podia aberlos á las manos con el oro y plata que le tomaron, é bino uno á hablarme debaxo el seguro y dixo que su principal lo enbiaba á tener platica é saber que gente heramos, y que el oro y plata que abian tomado lo tenia guardado para darlo por que le perdonase la muerte de Juan de Ayolas y crystianos; yo lo enbié á asegurar que seria perdonado, é al tiempo que yba bido á Domingo de Yrala, bizcaino, ques el que quedo con estos yndios á esperar á Juan de Ayolas con los bergantines, al qual yo abia mandado se escondiese é no se mostrase, porque los yndios se asegurasen, é como lo conoscio no se confio é ydo no bolbio mas e yo pasé adelante.

LXIX

Una generación de yndios que se llaman guaxarapos tienen sus pueblos ribera del rio por donde pasé, á los quales dexé de paz é les hize buenos tratamientos; Martin de Orue maniató á un yndio de la dicha generazión, diziendo que le habia tomado una hacha, el qual se le soltó é fue muy descontento, y benido á mi noticia dexé el castigo que Martin de Orue merescia, para en llegando al puerto, por que beníamos nabegando.

A todos los yndios guaranies que yban con canoas, en toda la nabegación hasta llegar al puerto de los Reyes les dí de comer é todas las otras cosas de que tubieron nescesidad, y lo mismo á todos los crystianos que llebaba en mi compañia á conquistar la dicha tierra.

LXX

A cinquenta leguas del puerto de los Reyes acordé adelantarme con quatro bergantines para hablar é pacificar á los yndios naturales de aquella tierra porque no se alborotasen y escandalizasen de ber todos los nabios é canoas juntos, y con los otros seys bergantines dexé á un Gonçalo de Mendoça para que se beniese en mi seguimiento poco á poco, y á ocho dias del mes de noviembre del dicho año yo llegué al dicho puerto, donde los naturales recibieron mucho plazer é contentamiento é yo les dí muchos rescates.

LXXI

En este puerto de los Reyes hize maestre de campo al dicho Domingo de Yrala é le encargué la execución de la justicia y la pacificación é conserbación de la tierra y el buen tratamiento de los naturales, y luego tome la posesión de la dicha tierra en nonbre de Su Magestad, como tierra que nuebamente descubría, é alçe una cruz que se puso junto á un palmar, presentes los officiales de Su Magestad y clerigos é otra mucha gente y los naturales del dicho puerto de los Reyes.

LXXII

A quinze dias del dicho mes de nobiembre llegó Gonçalo de Mendoça con los seys bergantines al dicho puerto, é me dixo como beniendo nabegando por tierra de los guaxarapoes les avia calmado el tiempo é la gente de los bergantines salio en tierra á llebar la sirga, y que los dichos guaxarapoes abian muerto seys crystianos; y como yo dexé de paz los dichos yndios quise saber la ocasión que se les dió para ronper, é por ynformación parescio que Gonçalo de Mendoça avia contratado con los dichos yndios cierta ropa de algodon é no se la pagó, é por esto é por aber maniatado Martin de Orue al otro yndio abian muerto a los dichos crystianos.

LXXIII

Luego que llegué á este puerto de los Reyes començé á entender en ynformarme de la entrada de los naturales, para saber por que parte podria entrar más seguramente, é dixeronme que por tierra de unos yndios que se llaman xarayes, porque hera tierra toda poblada hasta llegar á las poblaciones donde está el oro y la plata, é que por aquel puerto de los Reyes no hallaria tan presto las poblaciones.

LXXIV

Para saber lo cierto de lo que en este puerto me ynformaron, enbié dos crystianos con algunos de los naturales á tierra de los dichos xarayes para que biesen sus tierras y se ynformasen de ellos de lo de adelante y del camino, los quales llegados á los dichos pueblos, los yndios los rescibieron muy bien y les dixeron que por su tierra no podrian yr á las poblaciones de la tierra adentro, negandoles el camino creyendo que los querian yr á matar, y que el camino berdadero hera por el dicho puerto de los Reyes é que darian una guia yndio, de la generación de los guaranies, que me llebase y guiase, é dandoles muchas plumas á la manera de las del Perú y con la guia que bino en su compaña se bolbieron é me dixeron que avian visto orejeras de oro en los dichos yndios, á lo qual yo no les di mucho credito; la guia que truxeron me ynformó é dixo que sabia el camino hasta llegar á las poblaciones de Tapaguaçu y que en cinco jornadas llegaria alla y que el se yria comigo á me enseñar el dicho camino.

LXXV

Con la relación deste yndio determiné entrar por la dicha tierra é dexé en aquel puerto hasta ochenta honbres con los bergantines, é á beynte é seys dias del dicho mes de nobiembre me parti con trezientos honbres é diez de á caballo é mandé que cada cristiano llebase bastimentos para veinte dias, é se les dio á cada uno, de mis bastimentos, quarenta libras de harina, y lleve ansymismo los yndios guaranies.

LXXVI

Después que me prendieron, los dichos officiales é Domingo de Yrala han dicho é es publico é notorio que en esta entrada e descubrimento lleuavan acordado matarme en la primera refriega que oviera con yndios, é darme de lanzadas, é que lleuauan cargo dello Francisco Lopez é Nuflo de Chaves é Juan de Ortega é Martin Xuarez. Nuebe dias fue caminando por tierra despoblada, syn hallar población alguna, al cabo de los quales hallé unas dos casyllas de yndios de la misma generación de los guaranies, vasallos de Su Magestad, que estaban en lo mas escondido de la tierra por temor de los naturales, que segun dijeron, mucho tiempo auia que se abian quedado alli, quando los de su generación pasaron á la guerra con García, un crystiano que bino dende la costa del Brasil é lo desbarataron en las poblaciones de la tierra adentro é bolvio huyendo; estos mesmos, como honbres que sabian muy bien la tierra me ynformaron que dende alli hasta llegar á Tapaaguaçu, en donde començan las poblaciones de la tierra, avia beynte jornadas de despoblado á causa de estar los caminos viejos, cerrados, montuosos; vista la declaración destos yndios, consyderando que sy pasase adelante hera aventurar é poner las bidas de todos en condición, con el parescer de los officiales de Su Magestad y capitanes determiné retirarme é bolberme al puerto de los Reyes hasta que de todo punto descubriese el berdadero camino de la tierra poblada, é antes que de aqui me retirase enbié á un Francisco de Ribera, honbre esprimentado en Yndias, con otros seys crystianos é algunos yndios, con la guia, para que pasase adelante á descubrir las poblaciones de Tapaaguaçu, é yo bolvi con toda la gente al puerto de los Reyes, donde hallé toda la gente muy escandalizada y me dixeron que los yndios guaxarapos y los yndios de la ysla, llamados çacoçies é çocorinos, de los del pueblo pequeño de dicho puerto, andaban haziendo junta y llamamiento por toda la tierra para benir sobre ellos.

LXXVII

Como llegué á este puerto con tanta gente, ansi crystianos como naturales del Paraguay que traya en mi compañia, é yndios del servicio de unos é otros, que serian por todos mas de dos mill animas, pusieronme en necesidad de bastimentos para sustentarlos, y los que residian en el puerto de los Reyes no podian darme tanta cantidad quanta hera menester é ynformaronme que en unos pueblos que estavan seys leguas de alli, que se llaman Arianeçoçies, y otras generaciones, tenian muchos bastimentos, y para aberlos destos yndios é conprarlos para entretener la gente hasta que bolbiese á hacer la dicha entrada, enbié al capitan Gonçalo de Mendoça con hasta cient honbres para que comprase de los yndios de los dichos pueblos bastimentos é se lo pidiesen de parte de Su Magestad pacificamente, é cerca de la horden que abia de tener le di unos capitulos firmados de mi mano, é se fue llebando otros muchos yndios de los naturales para guiarle.

LXXVIII

Estando en este puerto de los Reyes, los naturales del me dixeron que por un rio que pasa por tierra de los yndios xarayes, que llaman Ygatu, ay muy grandes poblaciones de gente que tienen oro y plata, y por lo que estos yndios dixeron enbié un bergantin con cinquenta y dos honbres y al capitan Hernando de Ribera para que lo fuese á ber por bista de ojos, el qual se partio á veynte dias del mes de dizienbre del dicho año de quinientos y quarenta y tres para descubrir el dicho rio é poblaciones del, mandandole que no saliese en tierra.

LXXIX

A doze dias del mes de henero del año de mill é quinientos é quarenta y quatro años bino Francisco de Ribera con los seys crystianos que llebó á descubrir la tierra poblada de Tapoaguaçú, todos heridos, y me ynformaron que en beynte dias abia llegado á un pueblo de unos yndios que se llaman tarapecocis, donde bido oro y plata y lo habian rescibido bien, y estando bebiendo en sus casas avian sentido que los querian matar y se salieron é al salir los abian herido á todos, con otras particularidades en su relación contenidas, y que en la buelta dende alli hasta el dicho puerto avian benido en quinze dias é que serian del camino setenta leguas, y que una laguna que estava en el camino á veynte leguas del dicho puerto estaba muy crecida é traya tanta agua que tenia ocupada mas de una legua de tierra, e que ellos la abian pasado con muy gran peligro e travajo y hera nescesario esperar que las aguas abaxasen para poderla atajar. Vista la relación de Francisco de Ribera y sus compañeros yo quisiera luego yr con toda la gente á proseguir el dicho descubrimiento y conquista si las aguas no me lo estorbaran, é de quatro á quatro días enbiaba a ver si se podria pasar la dicha laguna y por muchas partes tenté si se podria atajar é no se halló camino para ello.

LXXX

A treynta dias del dicho mes de henero bino el capitan Hernando de Ribera, al qual mandé benir porque los yndios xarayes me binieron á dar abiso que entraba por la tierra adentro con poca gente, no enbargante que ellos les dixeron que los matarian; y porque fue contra lo que yo le mandé, que fue que descubriese el rio é no saliese en tierra, le mandé bolver, é al tiempo que bino hallome enfermo é no me pudo dar relación de su descubrimiento; é mucha gente ansimismo estava adolescida con calenturas con frio al dicho tienpo.

LXXXI

En este puerto de los Reyes compré muchos bastimentos é ropa de la tierra para bestir y alimentar la gente, asi los crystianos como los yndios amigos, é ansy lo hize todo el tienpo que alli estube á costa propia mia, sin llebarles ninguno ynterese por ello.

LXXXII

Yo mandé al capitan Gonçalo de Mendoça que se viniese de los pueblos de los yndios arianecoçies para dar horden en efettuar la entrada y adereçar las armas de los crystianos; el qual benido truxo la mayor parte de la gente enferma é dixo que llegado á los pueblos de los dichos yndios pidiendoles bastimentos, abian salido con mano armada contra el, de cuya causa le abia sido caso forçoso dar en ellos y los abia desbaratado y tomado prisyoneros, é les tomó los bastimentos con que abia sustentado la gente.

LXXXIII

Estando en este puerto de los Reyes los naturales se me querellaron que asy crystianos como los yndios guaranies yban por sus lugares y de dentro de sus casas les tomaban sus haziendas por fuerça, y por los caminos los salteaban y tomaban lo que trayan, y por lo remediar mandé pregonar que ninguna persona fuese, ni entrase á las casas y lugares de los dichos yndios, porque no teniań á que yr; que yo les daba de comer á todos y de la ropa de la tierra, a my propia costa, y á los yndios guaranies lo mismo.

LXXXIV

Los yndios guaxarapos y los yndios çocorinos, que bibian en una ysla una legua frontera del puerto de los Reyes, con otra generaciones é con los de un pueblo pequeño del dicho puerto, me mataron cinco crystianos junto al rreal, saliendo á pescar una madrugada, y mataron ansimismo muchos yndios guaranies, basallos de Su Magestad, saliendo á pescar; por manera que nos ynpidian y defendian la pesqueria con que la gente se sustentaba, é yntentaron asimismo los yndios de la ysla llebar á sus casas todos yndios guaranies, como es costumbre suya, para matarlos y despues benir á matar los crystianos, diziendo que por estar todos enfermos lo podrian hazer facilmente; lo qual benido á mi noticia, con la ynformación y con el parescer de los clerigos los di por esclavos é les hice la guerra, y por el castigo que en estos se hizo todas las otras generaciones se sosegaron é no hosaron de ay adelante hacernos daño.

LXXXV

Por los agrabios que se hacian a los naturales deste puerto de los Reyes, ansi por los caminos como en sus mismos pueblos y casas, puse en cada pueblo dos crystianos y en los caminos guardas para que no consintiesen que les hiciesen agrabio, lo qual fue muy nescesario é provechoso.

LXXXVI

Estando los guardas en un pueblo de los del dicho puerto de los Reyes, los yndios del me escondieron dos yndias, é yo mandé á las guardas que las buscasen, é andandolas á buscar supieron de los mismos yndios como estaban escondidas en una casa de un yndio, é hallandolas escondidas los yndios se alborotaron contra ellos é dieron al uno con un palo en la cabeça, que lo derribaron malamente herido, y la otra guarda, creyendo que le abian muerto su compañero se bino huyendo dando alarma, diziendo que los yndios avian muerto su compañero y que tambien benian tras del para matarlo; yo mandé salir la gente que pudo tomar armas para yr contra los dichos yndios, y quando llegué al pueblo ya los guaranies abian llegado é abian muerto tres ó quatro yndios y tenian mas de cient prysioneros y á la guarda malamente descalabrado; yo mandé que no se les robase las casas, ni se les tocase en nada de sus haziendas, y otro dia mandé llamar todos los yndios del dicho pueblo que andaban huydos y los aseguré é pacifiqué é bolví los prisioneros con todo lo demás y quedaron muy amigos é contentos.

LXXXVII

En este puerto de los Reyes procuraron los capitanes y officiales de Su Magestad y los ynterpetres de aber é tomar en su poder las hijas de los yndios principales naturales de la tierra, ynduziendolos á que me truxessen é diesen á mi algunas dellas, á fin de tener color para tomar ellos é para sy, é ansy lo hicieron; é yo, arrimandome á lo que Su Magestad manda, que no se saquen los naturales de su tierra, demas de constarme la malicia suya les mandé que no las sacasen de casa de sus padres, y á los mismos yndios, por darles contentamiento, que las tornasen á sus casas hasta que bolviesemos del descubrimiento; ansy por esto como por no les dar lugar á los dichos officiales y capitanes que robasen los naturales, ni andubiesen por sus casas, é aberles castigado sus criados que lo abian fecho, me tenian grande odio y enemistad. Aquí me ordenaron de matar Domingo de Yrala y el contador Felipe de Caceres, é Juan de Ortega, é Francisco Lopez, Martin Xuarez, é por que adolescieron no lo pusieron en efetto, lo qual se dixo publicamente despues de mi prisión; tambien dieron algunas alarmas falsas para matarme.

LXXXVIII

Ansymismo los dichos officiales y Domingo de Yrala dixeron que sy yo tornaba á entrar la tierra adentro, que sacaria oro y plata, pues sabian que lo abia y lo abian visto por los ojos, é perpetuaria mi gobernación, é que Su Magestad me haria largas mercedes, de manera que ellos no podrian ser partes para ser señores de la tierra, é acordaron de me ynpidir y estorbar la entrada y andaban diziendo á la gente que yo les llamaba de ladrones, vellacos, açotados, y que no fuesen comigo á la tierra adentro, porque los meteria donde á todos los matasen. Después de mi prision lo dezian publicamente los officiales y Domingo de Yrala, que abian yntentado por esta via ynpidir la entrada.

LXXXIX

Ansimismo, Domingo de Yrala tubo formas y maneras para dañar las boluntades de las gentes contra mi, tomandolos en secreto á cada uno por sy, é deziales que jurasen é prometiesen de guardar secreto, é deziales: *el gobernador ha dicho que jura á Dios que hos tiene de ahorcar porque soys un bellaco traydor; yo me hallé presente é le he dichq que soys honbres de bien; todavia está indignado; por eso guardaos del, por que hos quiere mal.* Desta manera dañó las boluntades á muchas personas, y porque yo tenia por mi maestre de canpo al dicho Domingo de Yrala para que castigase los delitos y mirase lo que conbenia al servicio de Su Magestad é á la pacificación de la tierra, hera remiso en todo y él y sus criados por su mandado robaban los naturales, por lo qual procedí contra él en este puerto de los Reyes, ansy por esto como por el lebantamiento de los frayles fray Bernaldo de Armenta y su conpañero, y al primero testigo de ynformación que contra el se tomó, yo y el escribano de la probincia adolescimos y no se hizo más en el dicho negocio. Después de mi prisión lo an dicho é descubierto muchos de los engañados, conociendo la maldad.

XC

Aunque yo é toda la gente estavamos enfermos no dexé [de] procurar con gran diligencia tornar á hazer la entrada, entreteniendo la gente, esperando que Dios nos diese salud para yr á donde Su Magestad fuese servido y todos aprovechados; asy tube la gente casy tres meses syn ber mejoria en mi, ni en elios, de cuya causa, despues de requerido por el contador Felipe de Caceres para que me bolviese é retirase de la dicha entrada, lo obe de aceptar con proposito é yntención de tornarla á efectuar estando la gente con salud.

XCI

Antes que me partiese de este puerto de los Reyes mandé juntar todos los yndios principales naturales del y les dí muchos rescates y dixe buenas palabras, y la causa porque me yba y que brebemente bolberia, é ansy los dexé en toda paz é concordia y partí con toda la gente enferma y flaca en los diez bergantines y los yndios guaranies en sus canoas, á veynte y quatro dias del mes de març̧o de mill y quinientos é quarenta y quatro años; en este puerto fallescio desta enfermedad el bachiller Martin de Armencia, clerigo, bezino de Xerez de la Frontera.

XCII

En el camino, beniendo por el rrio abajo, los yndios guaxarapos me mataron un crystiano é los yndios payaguays que mataron á Juan de Ayolas mataron ciertos yndios guaranies que benian en canoas, por apartarse de los bergantines; toda la gente benia tan enferma y flaca que no se podian marear los bergantines.

XCIII

A ocho dias del mes de abril del dicho año, miercoles de Tinieblas, dos oras antes que amaneciese llegué al puerto de la Asunción, donde hallé puesto en astillero el nabio que dexé mandado hazer al capitan Juan de Salazar, mi teniente, para enbiar á estos rreynos á dar quenta á Su Magestad de todo lo subcedido, é mandé se acabase con toda brebedad; é yo llegué muy flaco y enfermo, á punto de morir, y ansi llegó toda la gente.

XCIV

Llegado á la ciudad de la Asunción, biendo los officiales de Su Magestad y Domingo de Yrala, bizcayno, que estaba enfermo yo é toda la gente, acordaron prenderme é para ello llamaron á los mas amigos suyos bizcainos é cordobeses de quien mas se confiaban y les dixeron: *señores, el gobernador vos quiere robar é tomar vuestras haziendas é teneros por esclavos, é nosotros, como officiales de Su Magestad le queremos prender, é asy lo prendemos; seremos señores de la tierra é podremos hazer por nuestros amigos; por eso es menester que con vuestras armas nos faborezcais.* Tomandoles juramento que no lo descubririan á otros, enbiaron a llamar, diziendo: *señores, el gobernador vos quiere tomar vuestras haziendas, y nosotros, como officiales de Su Magestad le queremos requerir que no lo haga; es menester que bayais con nosotros con vuestras armas á darnos favor, porque nos quiere mal, y mandarnos ya prender.* A otras personas enbiaron á llamar con sus criados, é syn les dezir ninguna cosa los encerraron mañosamente en sus camaras la misma noche que me prendieron, é después que estaban encerrados á escuras, no se conosciendo unos á otros, se preguntaban quien heran y á que heran alli benidos; y en casas particulares de amigos suyos encerraron gente, asi como en casa de Lope Duarte y Esteban de Ballejo, bizcaynos.

XCV

Teniendo la dicha gente encerrada como dicho es, sabado en la noche, dia de sant Marcos del dicho año de quinientos é quarenta y quatro años fueron á las casas de mi morada hasta treynta bizcaynos é cordobeses con los dichos officiales Garcia Banegas, Alonso Cabrera y Felipe de Caceres é Pedro Dorantes, é ansymismo un don Francisco de Mendoça y Hernandaria de Mansylla, bezino de Granada, é Pero Benitez, bezino de Tenerife, é Diego de Acosta, é Jayme Rasquin, é Andres Hernandez, é Diego de Leyes, y Francisco Alvarez Gaytan, é Pedro de Aguilera, regidor, é Galiano de Neyra é otros, todos con las mechas encendidas y sus arcabuzes cargados y con las ballestas armadas, y otros con las espadas desnudas, entraron donde yo estaba solo con un criado que se llama Pedro de Oñate, bizcayno, y con grandes bozes y escandalo, diziendo: *¡libertad, libertad!* llegaron á la cama donde estaba enfermo, que no me podia tener en pie, é poniendome las espadas y puñales á los pechos y las ballestas, amenazandome que me abian de matar, por fuerça me arrebataron é sacaron de mi casa, é al tiempo que me sacaban, todos dezian: *¡libertad, libertad!* y los dichos officiales yban diziendo: *señores, este hombre abemos preso porque os queria destruyr á todos y tomar vuestras haziendas.* E al tiempo que me sacaban, la gente que tenian ençerrada, sus criados les abrieron las puertas é dixeron: *señores, yr á faborecer á los officiales de Su Magestad que han preso al gobernador porque os queria tomar vuestras haziendas.* E como salieron ya me tenian metido dentro de casa de los dichos officiales, y como lo supieron dixeron que juraban á Dios que los abian engañado y que era mal caso prender á su governador, y obo alli muy grande escandalo, y los dichos officiales ya me tenian echados unos grillos á los pies, estando en los huesos, enfermo, y me metieron dentro de una camara de casa de Garcia Banegas, muy pequeña, donde no entraba claridad, que hera despensa de sus criados, y alli me pusieron grandes guardas de cordobeses y bizcaynos é me dezian: *agora, Albar Nuñez, sabreys como se an de tratar los caballeros como nosotros;* y bisto el grande escandalo que abia por el pueblo salio Garci Banegas, é Martin de Orue, y Bartolome Gonçales, escribanos, acompañados de sus amigos, todos armados, con un atambor, pregonando por todas las calles que todos se metiesen en sus casas y que no saliesen dellas, so pena de muerte é de traydores, diziendo que lo mandaban los señores officiales de Su Magestad, y á todos los que encontraban por las calles, por fuerça, á rempujones, y con amenazas los hazian entrar en sus casas.

LIBRARY
OF THE
UNIVERSITY
OF
CALIFORNIA

XCVI

Luego en la misma hora fueron á prender é quitar las baras á mi alcalde maior é alguaziles Martin de Orue y Bartolome Gonçalez y Juan Baldrás, escribano, con otros comuneros, y con grandes bozes, llamandolos de bellacos, traydores, pelandoles las barbas, les quitaron las baras de la justicia de Su Magestad y los llebaron á renpujones á la carcel publica, donde á la sazón estaba Luys de Bayllo condenado á muerte porque mató á Pedro de Morales, bezino de Sevilla, y Hernando de Sosa y otros, presos por delitos, y á todos los soltaron, diciendo: *¡libertad, libertad!* y echaron de cabeça en el cepo al dicho mi alcalde mayor y alguaciles, y el dicho Martin de Orue, dende en adelante tornó á usar el officio de escribano de la provincia, que por mi mandamiento estaba suspendido, y quitaron al que yo abia puesto, hasta que Su Magestad probeyese, ó el secretario Juan de Samano en su nombre.

XCVII

Al tiempo que llebaban á mi alcalde mayor preso, pasandolo por casa del capitan Gonçalo de Mendoça, le dixo: *Señor capitan, quitadme de poder destos hombres; mirad como me tratan; faboresced la justicia de Su Magestad;* y el dicho Gonçalo de Mendoça dixo sonrriendose: *andad, llebadle, llabadle, que bien ba;* y de alli lo llevaron á donde estavan los dichos officiales y dixeronles: *señores, aqui traemos á este traydor, ladron; ¿que mandan vuestras mercedes que hagamos del?;* y dixeronles que le llebasen á la carcel, y rogandoles el alcalde que porque estaba malo no lo llebasen á la carcel, le respondieron: *tened por bien bos de estar donde nosotros estobimos.*

XCVIII

Luego la misma noche fueron á las casas de la morada del escribano ante quien avia pasado los procesos criminales que yo avia fecho contra los dichos officiales de Su Magestad y contra el dicho Domingo de Yrala, con otras escripturas y probanças que avia mandado hazer para dar abiso á Su Magestad de todo el subceso de la dicha tierra, y le pusieron las espadas á los pechos amenazandolé que le matarian sy no les diese dichos procesos, los quales avia dexado dentro de una caxa en las cassas de mi morada quando fuy á descubrir, en confiança de un Francisco Galan, debaxo de dos llabes, y tomándole las escrituras que alli tenia fueron á la caxa donde estaban todos los dichos procesos y los sacaron, y ansimismo otras muchas escrituras y probisiones reales que yo tenia en mis caxas y en unos dos porta cartas mios, é todo lo vieron é miraron, é tomaron las que quisieron de las dichas escripturas las que les parescio, para las macular, y ansymismo tomaron los procesos criminales que particularmente se abian hecho contra Pedro de Orantes, fattor, y Martin de Orue, por cierto delito de motin.

XCIX

Esta mesma noche que me prendieron metieron á saco mi hazienda los comuneros y me robaron muchas cosas, y otro dia de mañana me secrestaron todo lo que tenia y despues de secrestado lo repartieron todo ó la mayor parte entre sy e sus amigos, é sobornaron y cohecharon á otros muchos con darles mi hazienda porque los favoresciesen é acompañasen en sustentar mi prisión, é pusieron á sus amigos que me guardasen y por guarda principal estaba Garcia Banegas, teniente de thesorero, con todos los cordobeses, y Hernando de Sosa, preso por mi mandado, que lo soltaron y pusieron para que me guardase, é bedaron que este é no otro alguno me biese y entrase donde yo estaba, y me guardase de dia é de noche, y me encerraban con quatro candados y barrearon la calle y cerraron las puertas de sus casas, y ocho casas se mandaban por una puerta, y la cama donde yo estaba la fortalescieron de una palizada fuerte por de dentro, que entraban los maderos un estado debaxo de la tierra, para que aunque derribasen las paredes no le pudiesen entrar, y si hiciesen mina lo estorbasen y no me pudiesen sacar; y los dichos officiales, con sus amigos, que serian hasta cinquenta hombres, se metieron en las dichas casas para sustentar la prisión, é siempre estaban con las armas en las manos.

C

Luego otro dia, despues que me prendieron los dichos officiales, mandaron juntar todos los comuneros, ante los quales, Bartolome Gonçalez y Juan Balderas, escribanos, me leyeron un libello publico disfamatorio, llamandome de tirano, traydor, y otras muy feas y desonestas palabras.

CI

Otro si, pusieron é nombraron los dichos officiales de Su Magestad por teniente de gobernador y capitan general al dicho Domingo de Yrala, bizcayno, el qual fue recibido y obedecido por todos los comuneros bizcaynos é cordobeses, y luego el dicho Domingo de Yrala dio la bara de alcalde mayor de la provincia á un Pero Diez del Valle, y alguacil á un Bartolome de la Marilla, y Sancho de Salinas, porque le faborescieron en la prisión, hombres de mala bida y fama.

CII

Dende luego que los dichos officiales me prendieron començaron los alborotos y escandalos, porque toda la gente, así los que benieron enfermos, que luego combalecieron, con todos los que fueron engañados, les dezian que me soltasen, de cuya causa, biendo la tierra rebuelta y que me deseaban dar libertad, con el gran temor que tenian que si me soltaban les abia de cortar las cabeças, se juramentaron Garcia Banegas y Andres Hernandez el Romo y Alonso de Balençuela y Juan de Castro, bezinos de Çordoba, que cada y quando biesen que me yban á sacar, darme de puñaladas y cortarme la cabeça y arrojarla al pueblo para que yo muriese delante, y cada dia entraban con los puñales en las manos amenazandome que me abian de dar de puñaladas si se ponian en sacarme; que sy no queria morir, ynbiase á mandar á la gente que se sosegasen y no se juntasen para sacarme; y muchas beces, ansy por escrito, como de palabra, por Hernando de Sosa, la guarda, les enbié á mandar no se pusiesen en darme libertad, porque yo queria é tenia por bien benir preso ante Su Magestad, que no por mi causa se derramase una sola gota de sangre, é se sosegasen y estubiesen quedos, porque me tenian mas consumido los escandalos y alborotos que la áspera prisión que tenia.

CIII

Bien quisieron los officiales de Su Magestad concertarse conmigo y darme libertad, conosciendo el gran yerro que abian hecho en perdición de la tierra y en deserbicio y desacato de Su Magestad, pero no lo hosaron hacer por aber engañado á tantas personas y por aver puesto al dicho Domingo de Yrala por teniente, el qual lo contradezia porque pretendia yr á hacer entrada por la parte que yo descubrí, y sacar oro y plata para que se le diese la gobernación, que es el proposito é yntención que les mobio á despoblar á Buenos Ayres é prenderme á mí, y tambien contradezian la paz don Francisco de Mendoça y Hernandarias de Mansilla y los otros comuneros, y los servidores de Su Magestad quisieran ponerse en darme libertad, pero porque sabian que me abian de matar é por lo que yo les embiaba á mandar, no lo hicieron, syn enbargo de lo qual cada dia abia grandes alborotos y los dichos officiales y Domingo de Yrala no consentian que los honbres se juntasen, ni comunicasen, ni hablasen unos con otros, y en biendo dos hombres juntos los desarmaban y prendian, por manera que no tenian ninguna libertad los servidores de Su Magestad, aperreandolos, tomandolos sus haziendas, repartiendolas entre sus amigos y baledores, sacandolos de las ygleçias, vedando que no les diesen de comer, por fatigarlos tanto que la necesidad los hiciese benir á su favor é parcialidad.

Otro sy, todas las yndias que los naturales me abian dado de su boluntad para que me sirbiesen, los dichos officiales y Domingo de Yrala las tomaron todas y las repartieron entre sy y los bizcainos y cordobeses sus amigos, y despues de mi prision hicieron grandes crueldades en las yndias naturales de la tierra, dandoles tantos açotes que las dexaban por muertas, y á palos las mataban, de tal bezino de Medina del Campo, dixo que el daria horden como yo fuese suelto, le dieron cien açotes publicamente, diziendole de traydor, alebe á Su Magestad, y el contador y alcalde le hizieron que se perjurase en encartar á otro por tener ocasión de fatigarlos, y dieron tormento á otras personas para saber si se hacian minas para sacarme por debajo de tierra.

CVII

Otro sy, en todo el tiempo que me tubieron preso no dieron lugar ni consintieron que fuese bisto de ninguna persona, amigo mio, ni suyo, ni que ninguno de mis criados me biese, ni sirviese; solamente una yndia en cueros entraba á darme de comer, y esta la cataban toda hasta las partes bergonçosas porque no metiese, ni sacase carta ni abiso de lo que passava, y aprobechabales poco su diligencia, porque entre los dedos, en lo hueco de abaxo del pie, los mas de los dias me dába la dicha yndia un papel de abisos de todo lo que pasaba, envuelto en una poca de cera, atado con un hilo de algodon muy sotilmente, y sacaba otro tanto, y los mismos officiales no se fiaban unos de otros é trayan espias sobre sus mismos amigos para ber con quien hablaban, y tambien tenian espias sobre los servidores de Su Magestad, y tenian por cierto que sus mismos amigos avian de ser contra ellos sy biesen que se ponia my persona en libertad, y los mismos officiales y Domingo de Yrala hazian centinela de dia é de noche; y berdaderamente, si yo quisiera dar lugar á que obiera rompimiento y muertes de hombres, yo saliera de la prisión, porque de los mismos que hazian la guarda estaban concertados de dar las puertas á los serbidores de Su Magestad y abian de dar por tres partes y á todos los mataban y yo salia libre, pero nunca lo quise consentir é mandé que no lo hiciesen.

CVIII

Biendo los dichos officiales que la tierra se despoblaba, asi de los crystianos, como de los naturales, y los alborotos y escandalos que cada dia abia, Garcia Benegas y Alonso Cabrera me entraron á dezir diese poder de theniente á Domingo de Yrala, y yo les dixe que á hombre comunero de serbidor de Su Magestad yo no daria tal poder, pero que sy ellos querian que se gobernase la tierra, con el poder de Su Magestad nonbraria al capitan Juan de Salazar, y el dicho Garci Benegas respondio que pues el abia sido en hazer á Domingo de Yrala, que no seria en deshazerle, y que si queria darle poder, que en buena ora, y sino, no abia de consentir se diese á otro ninguno, y que bastaba el poder que ellos le abian dado, por que desde la ora que me abian preso é tomado, las probisiones reales no tenian fuerça, ny se abian de guardar, ny cumplir, ny yo podia usar de ellas.

CIX

En todo el tiempo que estube en la dicha probincia preso, como dicho tengo, obo grandes escandalos y por causa de la dicha prisión unos con otros tenian pasiones é obo muertes de hombres; Francisco de Mansylla mató á Cristobal Simón; Juan Riquel mató á Garçia de Billalobos; Juan Richarte cortó una mano a un calafate que se dice Nicolas Symon; Mendez dio una lançada á Diego Bezino; Luys Basco mancó de dos dedos de la mano á García de Billamayor; el capitan Diego de Abrigo (1) dio una cuchillada en la cabeça á Miguel de Urrutia, bizcayno; el capitan Camargo mancó de la mano derecha á Roque Caraballo; el capitan Agustin de Campos hirió en la mano á Blas Nuñez y quedaba manco; Juan Perez, herrador, dio una mala herida á Luis Ramires, que le endió la cabeça; Pedro de Fuente hirio á Juan Ortiz; Luys de Venecia dio una cuchillada en la pierna á Caro de Arjonilla; y cada dia abia otros muchos escandalos y alborotos desasosiegos, y Francisco de Sepulbeda mató á una hija suya, é Juan Benialbo hirio á maestre Miguel, carpintero, y Fernando de Sosa dio una estocada por el muslo á Juan Fernández, é Martin de Orue echo mano á la espada contra Sancho de Salinas, alguazil de la comunidad, por lo qual el dicho Sancho de Salinas arrojo la bara, diziendo que pues en tan poco se tenia su

(1) Diego de Abreu, llamado también Diego de Abrego.

justicia, no la traeria mas, é andubo tres dias sin ella y á ruego de dicho Domingo de Yrala la torno á tomar.

CX

Luego, dende á pocos dias que fue prȩso deshicieron la carabela que estaba puesta en astillero, que mandaba hazer para dar aviso á Su Magestad, con yntención é proposito de matarme é consumirme en la prisión con los malos tratamientos é yr á ellos á sacar el oro y plata á las poblaciones que abia descubierto, y á causa de los grandes alborotos y escandalos y clamores de la gente no me hosaban matar, porque con saber que estaba bibo tenian esperança que me abian de libertar y sacar de su poder, y los dichos officiales conoscian claramente que si en la prisión me mataban, luego los matarian á ellos, y por las sospechas que la gente tubo que me abian muerto procuraban firmas mias que fuesen bistas para sosegar la gente, á la qual certificaban que si tornaban á sacarme me abian de matar, que ellos querian traer ante Su Magestad; y de muy constreñidos é atemorizados acordaron adereçar uno de los bergantines que yo tenia para el subceso de la dicha provincia y començaron á labrar en el dende á siete meses que me tenian preso, aviendo gastado el hierro é los otros aparejos nescesarios que tenian para la carabela, y la mayor parte de las tablas, que me abian costado harto trabajo é parte de mi hazienda, las tomaron y gastaron en hazer puertas y bentanas los dichos officiales y Domingo de Yrala y sus amigos en sus propias casas.

CXI

Estando preso me enbiaron á decir y abisar que el dicho Domingo de Yrala andaba rogando é ynduciendo con promesas á los que me guisaban de comer y me lo daban, que me echasen rejalgar en la comida para que me muriese, de cuya causa muchos dias no hosé comer la carne ni el pescado que me daban, salbo el pan y algunas frutas donde no me podian echar ponzoña; esto procuraba Domingo de Yrala porque le quedase libre la gobernación.

CXII

Después que yo enbié á mandar á la gente servidores de Su Magestad se sosegasen, un Pedro de Molina, regidor, bezino de Guadix, fue á rrequerir á los dichos officiales me soltasen, pues ya estaban bien satisfechos de mí, ó me diesen lugar que nonbrase un teniente que en nonbre de Su Magestad gobernase la dicha provincia, porque los crystianos é los naturales se sustentasen y conserbasen y la tierra no se perdiese é despoblase, y estando los dichos officiales de Su Magestad juntos dio á Martin de Orue, que estaba presente, como hombre que usaba el officio de escribano de la provincia después que me prendieron, el dicho escripto de requerimiento, y le dixo que le rrequeria de parte de Su Magestad lo leyese é notificase á los dichos officiales, el qual le dixo que le pasase luego sus derechos, y el dicho Pedro de Molina sacó la espada del talabarte é dixo que la tomasen en prendas de sus derechos, y el dicho Martin de Orue la tomó y dende á un poco se la tornó diziendo que heran armas, y el dicho Pedro de Molina se quitó la gorra de la cabeça y se la dio y el dicho Martin de Orue la tomó y dió con ella, arrojandola, un gran golpe en un poyo, y començo á leer el dicho requerimiento entre dientes, y no enbargante que muchas beces el dicho regidor Pedro de Molina le rrequirio de parte de Su Magestad lo leyese y notificase á los dichos officiales que estaban presentes, no lo quiso hazer hasta que los dichos officiales començaron á amenazar al dicho Pedro de Molina y dezirle palabras ynjuriosas, é Garci Banegas se enpuñó en la espada y los otros comuneros que alli estában començaron á hazer lo mismo é le dixeron que se fuese y quisieron ponerle las manos é matarle; unos decian *¡ahorquenlo!;* otros: *¡prendanlo!* otros ynjuriandolo de palabra, hasta que lo echaron de su preçencia, de lo qual resultó gran alboroto, porque los servidores de Su Magestad se juntaron en casa del dichó Pedro de Molina, diziendo que fuesen á matar los dichos officiales; otras muchas personas estubieron mobidos para yrles á rrequerir, é porque publicamente dezian que los abian de rescibir con los arcabuces, lo dexaron de hazer.

CXIII

Estando presso, entró en la carcel donde yo estaba Bartolome Gonçalez, escrivano, á hazer cierto auto, y delante de testigos le dixe que diese fee y asentase como daba mi poder de theniente de gobernador y capitan general al capitan Juan de Salazar para que gobernase hasta que Su Magestad mandase otra cosa, y el dicho Bartolome Gonçalez dixo que no tenia papel; yo, de parte de Su Magestad se lo mande y requerí una y dos é tres beces é no lo quiso hazer, é á los testigos que estaban presentes les dixe que de ello fuesen testigos.

CXIV

Como en todo el tienpo que me tubieron preso no consintiesen ni diesen lugar que me viese ninguna persona, amigos suyos, ni mios, dibulgose por el pueblo que me abian muerto y tenian encubierta mi muerte porque no los matasen á ellos, de cuya causa los servidores de Su Magestad se juntaron acordar lo que debian hazer, y los que me tenian preso se pusieron con sus armas creyendo que los querian acometer, en lo qual obo grande escandalo, y para darles á entender para que se abian juntado enbiaron á dezir á los dichos officiales de Su Magestad y Domingo de Yrala, que porque se decia que me abian muerto el pueblo estaba dello lebantado y escandalizado; que dexasen entrar donde yo estaba dos caballeros y dos religiosos que me biesen sy hera bibo, y satisficiesen é pacificasen la gente, y al cabo de muchas razones que en satisfacción desto daban, deziendo que sacarian firmas de mi mano para que constase no ser muerto, quedó en efetto concertado que el capitan Juan de Salazar entrase á me hablar, y no guardaron la palabra, con dilaciones cabtelosas.

CXV

Otro sy, luego como me prendieron los comuneros derribaron la horca que yo abia mandado hazer para la execución de la justicia=(*Al margen*)=Derribaron la horca.

CXVI

Otro sy, bisto por los dichos officiales de Su Magestad y Domingo de Yrala que toda la gente andaba muy descontenta y que se yban y despoblaban la tierra, entró dentro donde me tenian preso, prometiendome dar libertad y soltarme de la dicha prisión, y porque los dichos officiales no lo sintiesen, que pasados algunos dias el bernia con sus amigos y me sacarian de su podér, y lloró desculpandose que le pesaba, cargando la culpa de mi prisión á los dichos officiales, y al dicho tiempo prometió al capitan Juan de Salazar de Espinosa de soltarme y á todos los servidores de Su Magestad, lo qual hera falso y cabteloso porque se sosegasen y no se pusiesen en darme libertad, y con esto los truxo engañados muchos dias.

CXVII

Otro sy, después que los dichos officiales y Domingo de Yrala me prendieron dieron licencia á los yndios principales de la dicha tierra que matasen en sus lugares esclavas y comiesen carne humana, y el capitan Gonçalo de Mendoça les dio un esclabo para que lo matasen, porque le roçasen un pedaço de monte para sembrar, el qual mataron y se lo comieron estandoles defendido y apercibido por mi mandado, é ansi lo guardaron y cumplieron hasta que me prendieron los dichos officiales.

CXVIII

Otro sy, bisto que me querian ausentar de la dicha provincia sin me querer dar lugar que nonbrase theniente que en nombre de Su Magestad gobernase, aunque muchas veces se lo requerí, enbié á mandar á Pero Fernandez, escribano de la provincia, que hordenase un poder para que el capitan Juan de Salazar en mi lugar y en nombre de Su Magestad gobernase la dicha tierra, el qual yo firmé muy secretamente y lo enbié á Sebastian de Baldibielso para que lo diese al dicho capitan Juan de Salazar y se hiciese obedescer con toda pacificación, syn alboroto.

CXIX

Otro sy, después que estos officiales me prendieron fue publico é notorio que fueron en dar parescer que me prendiesen, fray Bernaldo de Armenta y fray Alonso Lebron, su compañero, y fray Luis de Jerrezuelo, frayle de San Geronimo, é Juan Grabriel de Lezcano y Francisco de Andrada y Martin Gonçález y Fonseca, clerigo, y constó ser esto ansi berdad porque los dias primeros de mi prisión predicaron en la ygleçia á la gente, á ruego de los officiales, dando á entender que hera bien hecha mi prisión, é todas las beces que decian misa encomendaban una *Abe Maria* y *Pater noster:* por esto que han hecho estos señores; y los mismos frayles franciscos se alabaron de ello ante muchas personas, diziendo que abian dado su parescer.

CXX

Dende á pocos dias que me prendieron, los dichos officiales y Domingo de Yrala prendieron á tres clerigos de misa: el uno Luys de Miranda y el otro Rodrigo de Herrera, y el otro Anton Descalera; á Luys de Miranda tubieron preso ocho meses, dandole muy mala bida, con guardas, juntamente con mi alcalde, al qual tubieron siempre preso en casa de Domingo de Yrala, con grillos á los pies, matandolos de hambre.

CXXI

Dende á quatro meses que estos officiales me prendieron acordaron enbiar á los frayles fray Bernaldo de Armenta é su compañero á la costa del Brasil con sus cartas y despachos para dar á entender á Su Magestad que yo le abia hecho grandes deservicios, con ynformaciones hechas de su mano y de su alcalde, y que dende la dicha costa enbiaria el dicho fray Bernaldo al dicho fray Alonso con los dichos despachos, dandole á entender al dicho fray Bernaldo que pidian el obispado de la provincia para el, y que el dicho fray Bernaldo asimismo escribiese para dar credito á sus probanças, y porque á todo el pueblo parescia que la yda de los dichos frayles hera en gran daño é perjuicio de la conquista, los clerigos se juntaron y fueron á requerir al dicho Domingo de Yrala y officiales de Su Magestad los detubiesen é no los dexasen yr, é sin embargo desto los ynbiaron é se fueron, llevando, como llebaban, mas de quarenta yndias hijas de los naturales hombres principales, de que quedaron descontentos y las yndias yban llorando, é por fuerça las llebaron echandoles prisiones de noche y de dia, é trocaron antes que se fuesen, yndias libres por esclavas y esclavos, y á los naturales quitaron muchos esclabos que tenian, para que les llebasen sus cargas, y llebaron ansimismo cinco ó seys crystianos con sus armas, hombres que syrbian á Su Magestad en la dicha tierra.

CXXII

Otro sy, despues que fue (1) preso, el dicho Domingo de Yrala y officiales de Su Magestad dieron licencia á sus amigos y á las otras personas que pudieron traer a su liga y parcialidad, por los obligar y tener en su fabor, para que fuesen por los lugares é tierras de los yndios basallos de Su Magestad á les tomar sus mugeres, hijas y parientas, por fuerça y contra su boluntad, y los bastimentos, gallinas, patos, algodón y otras cosas, y á traerlos por fuerça y á palos para que los sirbiesen é hiciesen casas y roçasen los montes, sin les dar ni pagar sus trabajos, y muchos benieron á se quexar y querellar dello al dicho Domingo de Yrala, el qual lo disimuló y por ello muchos yndios dexaban y despoblaban la tierra; tambien dieron de cuchilladas á algunos yndios, especialmente Pero Benitez, por çelos de su yndia, y ansi se mataron yndias publicamente.

De los muy grandes abisos y cabtelas de que estos officiales de Su Magestad y Domingo de Yrala usaron para sustentar mi prisión y á traer muchas personas para que les faboresciesen, yndignandolos, diziendoles que allí donde me tenian preso decia mal de ellos, y arguyan palabras por donde fuesen creidos, para bolberles los corazones contra mi, con lo qual hizieron sus probanças con hombres apasionados é sobornados, lebantan-

(1) *Fué,* en vez de *fui,* es forma que se usó bastante en el siglo XVI.

dome testimonios de casos nunca por mi pensados y bistos; dieron, ansymismo, minutas de cartas hordenadas á amigos suyos para que escribiesen á este rreyno que yo abia hecho en la dicha tierra muchos daños y males, para desacreditarme, así con Su Magestad como con todos en generalmente, y la misma noche que me prendieron se apoderaron en los diez bergantines que tenia en el puerto para proseguir la conquista, é los anegaron é metieron debaxo del agua.

CXXIII

Otro sy, despues de mi prisión el dicho Domingo de Yrala y officiales de Su Magestad y sus amigos bendieron muchas yndias libres, asi á trueque de hazerles casas y roças con el trabajo de los yndios, como á trueque de yeguas y de esclabos y ropas y otras cosas, é unas yndias por otras.

CXXIV

Otro sy, prendieron y fatigaron á muchas personas serbidores de Su Magestad porque cada dia se ponian cedulas por las calles que dezian: *por tu ley y por tu rrey moriras;* diziendo que hera mal hecho, é hazian ynformaciones para castigarlos y los ponian de cabeça en el cepo.

CXXV

Otro sy, dende que me prendieron, en adelante se puso fuego al pueblo é se quemaron por bezes muchas casas, y dezian que lo ponian los servidores de Su Magestad, y en la misma casa donde me tenian preso pusieron fuego; tienese por cierto que Domingo de Yrala lo mandaba poner porque yo me quemase en la prisión, y quando abia fuego los officiales y sus baledores sacaban fuera sus haziendas y dexabanme á mi dentro con unos grillos ençerrados con quatro candados, porque me quemase dentro.

CXXVI

Otro sy, los dichos officiales y Domingo de Yrala pusieron muy gran diligencia en ynpedir é no dar lugar que por bia alguna se pudiese traer ni truxese ninguno proceso, ni escriptura, ni carta en mi fabor, ni que se hiciese ninguna diligencia ni auto que me pudiese aprobechar; solo aquello que á mi pudiese dañar y á ellos aprobechar, porque Su Magestad me quitase la gobernación, que es la cosa mas principal que ellos desean y bienen á procurar; y demas de las probanças falsas que para ello traen, enbiaron y binieron en la carabela personas que en ello les ayuden con sus dichos contra mi, ratificando lo que antes el alcalde de la comunidad tiene declarado y firmado; solamente traen, segun los dichos officiales me dixeron antes que partiesemos de la provincia, los procesos que contra ellos hizo Pedro Estopiñan Cabeça de Baca sobre la yda de los frayles á la costa del Brasil, y dexaron de traer y encubrieron todos los otros procesos de delitos por ellos cometidos, por donde constará á Su Magestad los males, daños, robos, malos tratamientos que abian fecho, asi á los pobladores y conquistadores como á los naturales, con una probança general que yo mandé hazer para ynformar á Su Magestad de todo lo que en su nombre abia fecho, asi en la pacificación de la dicha provincia como en el descubrimiento della, con otros procesos y escripturas muy ymportantes que abian de ser ante Su Magestad presentados, de delitos cometidos por el factor Pedro Dorantes é Francisco Lopez, becino de Cadiz, y Martin de Orue.

CXXVII

Un sabado, en la noche, pasado el quarto de la prima, siete dias del mes de março de este año de mill é quinientos y quarenta y cinco años, Alonso Cabrera y Garcia Benegas entraron donde me tenian preso é dixeron que me querian enbarcar y traer á este rreyno, y luego me tomaron dos hombres en los braços y me sacaron con los grillos á los pies, y ansí como salí bi toda la gente de los comuneros con las mechas de los arcabuzes encendidas, desbiados, puestos á las bocas de las calles por donde me abian de pasar, é dixe en boz alta que todos lo oyeron: *señores, sedme testigos como yo dexo por mi teniente de gobernador y capitan general desta provincia, en nombre de Su Magestad, al capitan Juan de Salazar;* é como dixe estas palabras arremetió á mi el dicho García Benegas y poniendome un puñal en la garganta me dixo que callase; si no, que juraba á Dios que me daria de puñaladas; y todavia quisse tornar á decir las dichas palabras y el dicho Garcia Benegas me puso la mano en la boca y diome tan recio que hizo caer comigo á los que me llebaban, lo qual hizo tres ó cuatro veces hasta que me metieron dentro de la dicha carabela, amenazandome que me daria de puñaladas, é yo le respondia que no abia benido á otra cosa aquella provincia mas que á morir por el servicio de Dios y de Su Magestad.

CXXVIII

Y teniendome preso, antes que me embarcasen acordaron embiar á Martin de Orue á este reyno, haziendo entender al pueblo que lo embiaban á pedir merced á Su Magestad para todos, y que debaxo desta color harian que le diesen poder con el qual en nombre de todos podria acusarme diziendo que abian sido en mi prisión, é hazerlos á todos culpados; y asi para esto como para otras cosas que hicieron é hordenaron contra mi se juntaron á hazer cabildos y entraba en él el contador Felipe de Caceres y otros comuneros, y un domingo, á campana tañida, llamaron la gente para que se juntasen en la yglecia, diziendo que hera cosa que les cumplia a todos, y como los que no estaban culpados fuesen abisados y entendiesen la cabtela, no querian yr á su llamamiento, de cuya cabsa los sacaban de sus casas por fuerça. El dicho Domingo de Yrala por una parte, y sus alguaziles y alcalde por otra, y don Francisco y Nuflo de Chabes por otra, los llebaban y encerraban dentro de la yglecia y á las puertas pusieron á Francisco de Bergara é á Miguel de Urrutia y á otros bizcaynos y cordobeses, y los alguaziles con sus armas, partesanas, roelas, arcabuzes, é armas defensibas, los quales no dexaban salir á ninguna persona de los que metian por fuerça hasta que otorgasen el dicho poder, el qual otorgaron al dicho Martin de Orue hasta ciento y beynte personas, poco mas ó menos, de los comuneros é engañados y de los traydos por fuerça, é Pedro de Molina, regidor, que se hallo presente, lo contradixo poniendo macula y cabsas suficientes contra el dicho Martin de Orue, ofreciendose de benir á su costa á negociar lo que tocase á los pobladores y conquistadores, y Gomez Maldonado, becino de la ciudad de Ronda, hombre rico, honrrado y abonado, se ofresció de gastar trezientos ducados de su hazienda y que venia á negociar por la dicha provincia, y no quisieron que beniese ninguno syno el dicho Martin de Orue, porque me acusase con el poder cabteloso de los que para ello engañaron é hizieron fuerça, como amigo y baledor de los dichos officiales y Domingo de Yrala, y al tiempo que se firmo el dicho poder, Bartolome Gonçales, escribano, ante quien se otorgo, dixo y asento al pie del: *segund he sido avisado;* é otros muchos quedaron por firmar porque no ovo papel en que firmasen, por dar á entender que todo el pueblo ó la mayor parte lo avia otorgado.

CXXIX

Ansimismo, biniendo por el rio abaxo fuy abisado por una cedula que me enbiaron ciertos servidores de Su Magestad, quel dicho Bartolome Gonçalez, escribano, abia dado una fee á los dichos officiales para que la truxesen á presentar ante Su Magestad, en que dezia que me abian embarcado y sacado de la tierra, syn escandalo ni alboroto, para dar á entender que todos quantos estaban en la dicha provincia les abian faborescido y sido contra mi, siendo como es al contrario de la berdad, porque de cabsa de aver tantos hijosdalgo capitanes y otra mucha gente servidores de Su Magestad, los dichos officiales y Domingo de Yrala se encerraron y encastillaron comigo, teniendo siempre las armas en las manos por el gran temor que siempre tubieron que me abian de sacar de su poder, y para esto se juramentaron é dixeron publicamente que si los serbidores de Su Magestad se ponian en sacarme, me abian de cortar la cabeça, y me pidieron embiase á mandar sosegar la dicha gente, é ansy lo hize por lo que tocaba al servicio de Dios y de Su Magestad, syn enbargo de lo qual no cessaron los alborotos y escandalos, ni los dichos comuneros tubieron un momento solo de seguridad ni descanso, con las armas siempre en las manos, muy escandalizados y atemorizados, y aun despues que me sacaron de la dicha probincia por la mar, andubieron todo el biaje armados é hazian la guarda como hombres temerosos, y la dicha noche que me sacaron y enbarcaron obo grande alboroto y escandalo y tubieron tomadas las calles y puertas de los mas principales servydores de Su Magestad, por el gran temor que tenian que me abian de quitar é sacar de su poder, y quando benian por el rio en compañia de los bergantines no consyntian que ninguno pasase ni surgese syno muy apartado de la dicha carabela, y todos los que en ella benian trayan siempre los arcabuzes en las manos, las mechas encendidas.

CXXX

Al tiempo que estos officiales Garcia Benegas y Alonso Cabrera me enbarcaron les rogué me diesen algunos de mis criados que beniesen á servirme en el dicho biaje é nabegación y dixeron que me darian dos: un yndio é un paje, los quales enbarcaron la misma noche en la carabela, y estando enbarcados, el dicho Garcia Benegas, llamando á los dichos mis criados de traydores é otras palabras feas, los echó fuera y los mandó embarcar en uno de los tres bergantines que enbiaban en acompañamiento de la dicha carabela, y dende en adelante que fue embarcado me daban de comer Lope de Ugarte é Machin de Usaga, bizcaynos.

CXXXI

Dende luego que Machin de Usaga y Lope de Ugarte me daban de comer començaron á tratarme la muerte, porque en el plato de la bianda que me dieron, un dia echaron enteros dos pedaços del tamaño de dos garbanços, de rejalgar, é como honbres desatinados y turbados no miraron como lo echaron, antes desto yo senti que me avian dado ponçoña porque estube muy malo, y quatro dias no comi é crey que me muriera, y dende en adelante no quise comer cosa alguna que estos me truxesen; solamente comia alguna conserba que me embiaron mis criados, hasta que yo dixe á los dichos officiales, por Andres Hernandez el Romo, que ¿porque me querian matar con ponçoña?; y el dicho Andres Hernandez me dixo que tenian razon, porque el abia sabido que me abian dado rejalgar, y de alli adelante no me dieron de comer los susosdichos; estos officiales y Domingo de Yrala quisieron matarme con ponçoña después que me embarcaron, porque en el pueblo no se atrebieron porque sabian que los abian de matar los servidores de Su Magestad, é ansy les fueron escriptas cartas al dicho Lope de Ugarte é Martin de Orue, que lo hiziesen, porque conbenia al bien de sus negocios, de la qual carta y del rejalgar que tomé en el plato que me dio Lope de Ugarte haré presentación ante Su Magestad.

CXXXII

Otro sy, en la dicha carabela no quisieron dexar benir hombres sospechosos que fuesen serbidores de Su Magestad; eligieron y escogieron de los mismos comuneros bizcaynos y cordobeses que les abian faborescido en mi prisión, é aun destos mismos tubieron grandes sospechas y los quisieron quitar é remober como abian fecho á otros que andubieron quitando y poniendo, con el gran temor é poca seguridad que tenian.

CXXXIII

Otro sy, después que me absentaron de la dicha ciudad, el mismo dia soltaron de la prisión á mi alcalde mayor, que abia que le tenian preso desde la misma noche que á mi me prendieron, y á Luys de Miranda, clerigo, ocho meses abia, al qual dixeron que se enbarcase en uno de los bergantines para traerlo á este rreyno á presentar á su prelado, é asy se embarcó por mandado de los dichos officiales y Domingo de Yrala.

CXXXIV

Otro sy, prometieron y dieron palabra los dichos Domingo de Yrala y officiales de Su Magestad de traer en la dicha carabela á este rreyno á un Francisco de Paredes, becino de Burgos, y a un religioso que se dize fray Juan de Salazar, de la Orden de la Merced, y les hizieron bender y malbaratar sus haziendas y después de enbarcados en los bergantines los truxeron trezientas leguas el rio abaxo remando y trabaxando, y al tiempo que quisieran salir á la mar, á los susodichos, ni á mis criados que me abian de servir no los quisieron enbarcar en la dicha carabela, dexandolos en los dichos bergantines porque dellos no pudiese Su Magestad ser habisado de la berdad.

CXXXV

En los bergantines que embiaron en acompañamiento de la carabela sacaron por fuerça y contra su boluntad personas que remasen y trabajasen, de los serbidores de Su Magestad, metiendolos en los bergantines como se haze á los bergantes de las galeras; muchos se fueron y asentaron, y embiaron tras dellos, mandando á los yndios que los truxesen maniatados, é ansi lo hizieron; otros se fueron á faborescer á las ygleçias y los sacaron dellas por fuerça y les quitaron sus haziendas.

CXXXVI

Juebes santo por la mañana, dos dias del mes de abril deste año de mill é quinientos é quarenta y cinco años, antes que saliesemos del dicho rio á la mar llegó un bergantin que embiaba Domingo de Yrala y Felipe de Caceres, contador, y Pedro Dorantes, fattor, en el qual trayan preso al dicho Juan de Salazar d'Espinosa que dexé por mi teniente en la dicha provincia, con unos grillos á los pies, y lo entregaron preso en la carabela donde yo benia y lo mandaron meter dentro los dichos Garci Benegas y Alonso Cabrera, capitanes de la dicha carabela.

CXXXVII

Después de entregado preso el dicho capitan Juan de Salazar en la dicha carabela, me fue dicho que aviendo leydo é publicado su poder el dicho capitan Juan de Salazar, é siendo obedecido por theniente de gobernador y capitan general, los dichos Felipe de Caceres y Pedro Dorantes y Domingo de Yrala y Pero Diaz, su alcalde é alguaciles, é otros comuneros, con grande alboroto y escandalo, con mano armada lo abian preso é hecho malos tratamientos y lo abian enbiado á entregar en la dicha carabela preso, é que se abian cometido al dicho tiempo por los dichos comuneros otros muy grabes delitos en ofensa de Dios nuestro señor y de Su Magestad, de que dara quenta el dicho capitan Juan de Salazar á Su Magestad.

CXXXVIII

A beynte é quatro dias del mes de abril del dicho año, estando en el puerto de San Gabriel, que es en el rrio del Paraná, se apartaron los dichos officiales y sus baledores con la carabela y prisioneros é se dispidieron de los tres bergantines de que benia por capitan un Nuflo de Chaves, su amigo, y otros amigos é baledores de los dichos officiales, y Domingo de Yrala, para benir á la mar é seguir la nabegación, y en este puerto tomó Garci Benegas muchos emboltorios de cartas que benian para este rreino dando abiso de la berdad de lo que pasaba, asi á Su Magestad como á personas particulares, y el dicho Garci Benegas se apoderó en ellas y las rompió y echó á la mar porque no paresciesen.

CXXXIX

Dende á tres dias que obimos salido á la mar, los dichos Garci Benegas y Alonso Cabrera entraron donde me trayan preso é me quitaron los hierros é me pidieron perdon que los perdonase, diziendo que lo que abian hecho abia sido por ambición de mandar y por se bengar de mi porque procedi contra ellos, é por fuerça me besaron las manos y los pies diziendo que yo hera su gobernador; que me rogaban que de alli adelante los mandase, que ellos y todos me obedescerian é harian lo que yo les mandase.

CXXXX

Otro sy, me dixeron é rogaron que las cartas y escripturas que benian en el dicho nabio se echasen á la mar, é quitasen á los que las trayan, é solamente paresciesen ante Su Magestad á pedir socorro para la provincia y las cosas pasadas no se dixesen ni diesen quenta dellas, y que para esto todos los que yban en la dicha carabela se derramasen y echasen en tierra, á lo qual yo les respondi que no me abía de meter en nada de aquello, ni en que se tomasen cartas ni escripturas; que yo bernia á dar quenta á Su Magestad fielmente de lo que pasava.

CXLI

Los dichos Alonso Cabrera y Garci Benegas llamaron á los pilotos, maestres, marineros é a los otros sus amigos, y les dixeron que les diesen todas las cartas que trayan, los quales todos se escandalizaron y alborotaron é pusieron en la popa de la carabela sus armas, sacandolas de debaxo de cubierta, para defenderse y no dar las dichas cartas; bisto por los dichos officiales lo susodicho me dixeron que nos bolbiesemos á la provincia y no llegasemos á este rreyno, é que seria en ella rescibido y obedescido como su gobernador; yo les dixe que ya no hera tiempo; que muy mejor era dar quenta á Su Magestad de lo que abia pasado, pues estabamos en el camino.

CXLII

Tornaronme á decir é rogar que nos fuesemos á presentar ante el Serenisimo rey de Portugal y que le suplicasemos pidiese clemencia á Su Magestad; yo les dixe que sy deservicios yo abia fecho á Su Magestad, me queria presentar ante Su Magestad como mi rey é señor natural, y no combenia yr á rey estraño.

Otro sy, beniendo por la mar, el dicho Alonso Cabrera se ponia delante de mi hincado de rodillas, puestas las manos, rogandome le perdonase por amor de Dios porque el abia sido cabsa de todo lo que se abia fecho, é a Pero Hernandez escribano de Su Magestad le dixo: *dadme por testimonio, como escribano, como requiero al señor gobernador que me mande echar unos grillos é proceda contra mi como mi gobernador é haga justicia, é que yo lo ōbedesco como mi gobernador y señor en nombre de Su Magestad; mirad que hos requiero me lo deys por testimonio;* lo qual dixo delante de todos los que benian en el dicho nabio, ó la mayor parte.

CXLIII

Llegados á las yslas Terceras me rrogaron me concertase con ellos; yo les dixe que los casos pasados tocaban á Su Magestad y no sabia yo que concierto se podria tomar, porque no hera justo meter la mano en lo que á Su Magestad tocaba y pertenescia.

En esta ysla Tercera, á diez é seys dias del mes de jullio salimos en tierra á ruego é ynstancia de los dichos Alonso Cabrera é Garci Benegas, diziendo que hablasemos con letrados que diesen medios de concierto, y como bieron que no podia aber medio ninguno, por ser los casos tan atroces, me tornaron á rogarnos bolbiesemos desde alli á la provincia, é yo no lo quise hazer; lo qual bisto por ellos quisieron tornarme á enbarcar en la carabela en que benimos, por me matar, é yo siendo dello avisado no me quisse embarcar con tantos henemigos deserbidores de Su Magestad, é acordé benirme en otro nabio para dar quenta á Su Magestad de todo lo subcedido.

CXLIV

Antes que partiesemos de la ysla de San Gabriel, que es en el rrio del Paraná, por una bentanilla muy pequeña que se hizo en la carabela para que se biese alguna luz donde me trayan preso, me echaron una cedula, no supe quien, en que me daban abiso é dezian que dentro de una quaderna que abia clabado Hernand Baez, maestro de bergantines, dentro donde yo benia, en lo hueco de la dicha quaderna benian ciertas scripturas para dar abiso á Su Magestad de lo que pasaba en la dicha tierra, é antes que llegasemos á las yslas Terceras procuré romper la dicha quaderna é sacar las dichas escripturas, porque si yo me quedase en las dichas Terceras para benir en otro nabio, no se quedasen las dichas escripturas á riesgo de ser descubiertas é tomadas por manos de los susodichos ó de perderse, ó algun otro caso fortuyto, é ansy las saqué con mucho trabajo rompiendo la quaderna con una barrena y escoplo que pude aber á las manos, lo qual benido á noticia de los dichos Garci Benegas y Alonso Cabrera después que salimos en las yslas Terceras rescibieron dello grande alteración y desasosiego porque nunca creyeron ni pensaron que beniera en la dicha carabela ninguna carta ni escriptura que diera abiso de los casos por ellos cometidos, solamente las probanças y cartas que ellos traen contra mi.

CXLV

Otro sy, me dieron en el dicho puerto de San Gabriel, antes que saliesemos á la mar, por la bentanilla que me tenian hecha para que me entrase alguna luz, ciertas cartas que me escribian algunos particulares servidores de Su Magestad, dandome quenta de lo que pasava, de que haré presentación ante Su Magestad.

Porque con larga rrelación de los agrabios, delitos é sinjusticias que los dichos officiales de Su Magestad é Domingo de Yrala é los de su parcialidad é comunidad an hecho é cometido, ansí en la prisión mia é de mis justicias, como después, en gran daño é perjuicio é grave desacierto de la rreal corona de Su Magestad é yntolerables perdidas de su rreal patrimonio, podria ser que Su Magestad rrescibiese algun desabrimiento [quiero] (1) callar otros y muchos que demás de los que tengo declarado an cometido, é como su leal basallo, gobernador é capitan general de aquella probincia le ago presentación desta rrelación á los señores de su rreal Consejo de Yndias, con protestación que en todo diga berdad como á mi rrey é señor soy obligado, para que en todo mande prober é rremediar como de tan poderoso y crystianisimo principe se espera, é como conbiene á la pacificación e conserbación de todos sus rreynos é señorios; que es fecha en la corte de Su Magestad, que al presente rreside en la billa de Madrid, á siete dias del mes de diziembre, año del nacimiento de nuestro Salvador Jesucristo de mill é quinientos é quarenta é cinco años.=*El Adelantado Cabeça de Baca.*

---

(1) Roto el ms.

PROVANZA HECHA POR PARTE

DE

ALBAR NUÑEZ CAVEZA DE BACA

PARA EL PLEYTO QUE SIGUE CON EL FISCAL DE S. M.

SOBRE LOS CARGOS Y ACUSACIONES
QUE LE TIENE PUESTOS (1)

---

(1) Archivo General de Indias.—Simancas.—Justicia.—Distrito de la Audiencia de Charcas.—Autos Fiscales, año de 1552.—Est. 52. Caj. 5. Leg. $\frac{2}{10}$.

En la muy noble e muy leal cibdad de Xerez de la Frontera, en veinte y ocho dias del mes de Julio, año del nascimiento de nuestro Salvador Jesucristo de mil é quinientos y quarenta y seys años, ant'el muy noble señor licenciado Bartolome de Aranda, alcalde mayor y de justicia en esta dicha cibdad por el muy magnifico señor don Yñigo de Cordova, corregidor y justicia mayor della por Sus Magestades, y en presencia de mi, Alonso... (1) escrivano público del número desta dicha cibdad por sus [Majestades] y los testigos de yuso escritos, paresció Salvador de Villavicencio, veinte y quatro e vecino desta cibdad, en nombre y en boz de Alvar Nuñez Caveza de Baca, Adelantado, governador y capitan general de la provincia del rrio de la Plata, por Su Magestad, e por virtud del poder que del tiene que presente e presentó una cédula e provision rreal de Su Magestad, firmada del principe nuestro señor e librada de los señores de su Consejo rreal de Yndias, e rrefrendada de Pedro de los Cobos, su secretario, y ansimismo un escrito de interrogatorio que su tenor de lo qual, uno en pos de otro, es esto que se sigue.

Sepan quantos esta carta de poder vieren como yo, Albar Nuñez Caveza de Baca, Adelantado, go-

(1) Roto el manuscrito.

vernador, capitan general de la provincia del rrio de la Plata, por Su Magéstad, estante en esta villa de Mádrid donde rreside la corte de Su Magestad, otorgo e conosço por esta presente carta que doy todo mi poder cumplido, libre e llenero, bastante segun que lo yo he tengo e de derecho, de vos otorgar, si es necesario, á vos los señores Salvador de Villavicencio, veinte y quatro de la cibdad de Xeres, e a Pedro Estopiñan Caveza de Baca, mi primo, e a vos Ruy Lopez de Trugillo, e a vos Ruy Dias de Guzman, todos vecinos de la dicha cibdad de Xeres, a todos quatro juntamente e a cada uno por si yn solidum, que sois ausentes, bien ansy como si fuesedes presentes, generalmente, por fuero e por justicia, para en todos mis pleytos e causas civiles e criminales, movidos y por mover, que yo he e tengo y espero aver y mover e tener contra quales... (1) e otras personas contra mi, para que ansi en demandando como en defendiendo podays parescer e parescays ante cualesquier jueces e justicias de Sus Magestades, asi eclesiasticas como seculares, de qualesquier cibdades, villas y lugares destos sus rreynos e señorios que de mis pleytos e causas puedan oyr, librar e conocer, ante los quales e qualquier dellos podays vos e cada uno de vos los sobredichos, hacer e hagais todas y cualesquier demandas, pedimientos é requerimientos, peticiones, autos e diligencias que convengan e sean neçesarias, e de lo que de contrario fuese fecho dicho e autuado, pedido e demandado,

---

(1) Roto el manuscrito.

rresponder a ellos e concluyr e cerrar rrazones, pedir e oyr qualesquier sentencia ó sentencias interlocutorias e definitivas, consentir, apelar de la dicha sentencia ó sentencias e las seguir e acabar e fenecer en todas instancias, e presentar testigos, provanças y escrituras, e ver los que de contrario fuereñ presentados e los tachar e contradecir en dichos y en personas, provar las tachas e abonos e presentar ansimismo qualesquieras requisitorias de receptuia para acer qualesquier provanças e otras qualesquier diligencias, las quales podays hacer por mi y en mi nombre, e todos los otros autos al caso necesarios, e lo pedir e sacar todo por testimonio para guarda e conservacion de mi derecho, e jurar en mi anima cualesquier juramento ó juramentos de calunia e decisorio, so articulo de verdad decir, e para que podays hacer e hagays vos e cada uno de vos todos los otros autos y diligencias, ansi judiciales como extrajudiciales, aunque sean tales y de tal calidad que segun de derecho rrequieran e devan en forma otra mas carta, poder e mandado e presencia personal; otro si, para que podays vos e cada uno de vos los dichos Salvador de Villavicencio e Pedro Estopiñan Cabeza de Baca e Ruy Lopez de Trugillo e Ruy Diaz de Guzman, en vuestro lugar y en cada uno de vos y en mi lugar y nombre, sostituyr e sostituyays un poder ó más, e los revocar e hacer otro de nuevo, porque quan cumplido e constante poder como yo he e tengo para lo que dicho es e para cada una cosa, e parte dello, otro tal e tan bastante yo quel mismo os doy e otorgo, renuncio e trespaso a vos y en vos los dichos Saluador de Villavicencio e Pedro Estopiñan Cabeça de Baca e Ruy Lopez de Trugillo e Ruy Diaz de Guzman y en cada uno de vos y en vuestro sostituto o sostitutos, con todas sus incidencias e dependencias, emerjencias, anexidades, e conexidades, e con libre e general administracion obligo mi persona y bienes de aver por firme y valedero en todo tiempo lo que por mi y en mi nombre di... des e hicierdes e autuardes e procurardes, e os rrelevo en forma de derecho de toda carga de satisfacion, fiança e caucion e costas, so la clausula de *judicium abs* te *judicatum solvi*, con sus clausulas é derechos acostumbradas, que basten para este poder ser bastantes;en testimonio de lo qual otorgué la presente carta de poder en la manera que dicho es, antel escrivano e testigos yusoescriptos, ques fecha y otorgada en la villa de Madrid á tres dias del mes de Março, año del nascimiento de nuestro Salvador Jesucristo de mil e quinientos y quarenta y seis años; testigos que fueron presentes al otorgamiento desta carta, Julian de Onia, estante en esta dicha villa, e Alonso de Vallejo e Niculas de Garnique, criados del dicho Alvar Nuñez Caveça de Baca, estantes en esta corte, e lo firmó de su nombre en el registro desta carta e aqui. E yo, Pero Hernandez, escrivano de Su Magestad en la su corte y en todos los sus reynos y señorios, que al otorgamiento de esta carta en uno con los dichos testigos presente fui, e segun que ante mi pasó la fizo escrevir, e doy fee que conozco el dicho Adelantado Alvar Nuñez Caveza de Baca, en fe de lo qual fize aqui este mio signo á tal en testimonio de verdad.—*Pero Hernandez*.

Don Carlos, por la divina clemencia emperador semper augusto rrey de Alemania, doña Juana, su madre, y el mismo don Carlos por la gracia de Dios rrey de Castilla, de Leon, de Aragon, de las dos Sesilias, de Jerusalen, de Navarra, de Granada, de Toledo, de Valencia, de Galicia, de Mallorca, de Sevilla, de Corcega, de Cerdeña, de Cordova, de Murcia, de Jaen, de los Algarves, de Algeciras, de Gibraltar, de las islas de Canaria, de las Yndias yslas y tierra firme del mar Occeano, condes de Flandes y de Tirol, etcetera, a todos los corregidores, asistentes, governadores, alcaldes e otros jueces e justicias qualesquier de todas las cibdades, villas e lugares destos nuestros rreynos e señorios, e a cada uno e qualquier de vos en vuestros lugares e jurediciones á quien esta Cédula ó carta fuere mostrada, ó su traslado sinado de escrivano público, salud y gracia: sepades que pleyto está pendiente ante vos en el nuestro Consejo de las Yndias, entre el licenciado Villalobos, nuestro promotor fiscal en el dicho nuestro Consejo de las Yndias, de una parte, é Albar Nuñez Cabeza de Baca, de la otra, sobre ciertas cosas de quel dicho nuestro promotor fiscal le tiene acusado, contenidas en el proceso del dicho pleyto, en el qual por los del dicho nuestro Consejo an sido rrecebidas á prueva en forma, con termino de ciento y veinte dias para hacer sus provanças en estos rreinos; e agora el dicho Alvar Nuñez Cabeza de Baca nos suplicó le mandasemos dar nuestra carta de recevtoria para ello, ó como la nuestra merced fuese; lo qual, visto por los del dicho nuestro Consejo tovimoslo por bien, por lo qual vos mandamos á todos e á cada uno de vos, segun dicho es, que si la parte del dicho Alvar Nuñez pareciese ante vos dentro del dicho término de los dichos ciento y veinte dias, que corren y se cuentan desde diez dias del mes de Mayo deste presente año de la data desta nuestra carta, e vos rrequiriese con ella, hagays venir e parecer ante vos á todas y qualesquier personas de quien dixere que se entiende aprovechar por testigos en la dicha causa, e asy parecidos por ante dos escriuanos públicos de la ciudad villa y lugar donde la dicha provança se oviere de hacer, nombrados por cada una de las partes el suyo, tomeys e rrecivays dellos e de cada uno dellos juramento en forma debida de derecho, e sus dichos e deposiciones a cada uno por si, secreta y apartadamente, preguntandoles ante todas cosas como se llaman e de donde son vecinos, e si son parientes de algunas de las dichas partes e en que grado, e por las otras preguntas generales que la ley dispone, e despues por las del interrogatorio ó interrogatorios que por parte del dicho Alvar Nuñez ante vos fuere presentado; y al testigo que dixere que sabe lo contenido en la pregunta, preguntadle como lo sabe; las que dixere que lo cree, como y porque lo cree, e al que dixere que lo oyó decir, que á quien, como y quando; por manera que cada uno dellos dé rrazon suficiente de su dicho e depusicion, e lo que dixeren é depusieren, escrito en limpio, firmado de vuestro nombre e signado del escrivano ante quien pasare, cerrado é sellado en pública forma, en manera que haga fee, lo haced dar y entregar á la parte del dicho Alvar Nuñez para que lo pueda presentar en el dicho nuestro Consejo en guarda de su derecho, pagando los derechos que por ello justamente oviere de aver, e si la parte del dicho nuestro promotor fiscal, dentro de tercero dia primero siguiente de como con esta nuestra carta fuere rrequerido, no nombrare su escribano e lo juntare con el escrivano nombrado por la parte del dicho Alvar Nuñez, mandamos que la dicha provança aya de pasar e pase antel escrivano que asi fuere nombrado por parte del dicho Alvar Nuñez, valga e haga tanta fee como si ante ambos á dos pasase, lo qual ansy haced conplir aunque la parte del dicho nuestro promotor fiscal ante vos no parezca dentro del dicho término á presentar, jurar e conocer los dichos testigos, por cuanto por los del dicho nuestro Consejo le fue dado y asignado el mismo plazo e termino para ello. Dada en la villa de Madrid á veynte y seys dias del mes de Junio de mil e quinientos y quarenta y seys años. Yo el Principe. Yo, Pedro de los Cobos, secretario de Sus Cesáreas Católicas Magestades, la fize escrevir por mandado de Su Alteza. El licenciado Gutierre Velasco. El licenciado Grigorio Lopez. El licenciado Salmeron. Registrada, Ochoa de Luyando. Por chanciller, Martin de Ramos.

En la villa de Madrid, estando en ella el Consejo de Su Magestad, á postrero dia del mes de Junio, año del Señor de mill e quinientos y quarenta seys años, yo, Juan de Cueva, escrivano de Su Magestad, de pedimento de Alvar Nuñez Cabeza de Vaca notifiqué esta provision rreal de Su Magestad al licenciado Villalobos, fiscal de Su Magestad en su rreal Consejo de Yndias, para que si quisiere fuese á ver, presentar, jurar e conocer los testigos que por el dicho Alvar Nuñez fuesen presentados, e nombrase su escrivano qu'estoviese presente á la provança, y el dicho licenciado Villalobos, fiscal, dixo que le nombrase los lugares donde el dicho Alvar Nuñez queria hacer su provança, e quel estava presto de nombrar escrivano, estando presentes por testigos Juan Lobo e Xpoval de San Martin, escrivanos, estantes en esta corte.

E despues de lo susodicho, á dos dias del mes de julio del dicho año, el dicho Alvar Nuñez declaró ante mi el dicho escrivano que avia de hacer la dicha provança en Cordova, Esija, e Jaen, e Sevilla, y Antequera, e Baeza, e Cadiz, e Arjonilla, e Linares, Toledo, e Malaga, e la Rambla y el Coronil, e Beles-Málaga, y Utrera, y Xerez, e Sanlucar y Andujar, e otros lugares destos rreynos, en la qual declaracion, yo el dicho escrivano notefiqué al dicho fiscal, el qual dixo que nombraba e nombró á todos los escrivanos de consejo de todas las cibdades, villas e lugares donde el dicho Alvar Nuñez hiciere su provança, los quales pide se les notifique questen presentes á la dicha provança, con protestacion que haciendose de otra manera no valgá la provança que hiciere. En fee de lo qual, yo el dicho escrivano fize aqui este mio signo á tal en testimonio de verdad. *Juan de Cueva.*

Por las preguntas siguientes sean preguntados los testigos que son ó fueren presentados por parte de Alvar Nuñez Cabeça de Vaca, Adelantado e governador de las provincias del Rio de la Plata, en el pleyto que contra el trata el licenciado Villalobos, fiscal de Su Magestad en el Consejo de las Yndias.

1. Primeramente sean preguntados si conocen á los dichos Adelantado Alvar Nuñez Cabeça de Baca y al dicho licenciado Villalobos, fiscal, e si an noticia de las dichas provincias del Rio de la Plata, que son en las Yndias del mar Oceano, de Su Magestad.

2. Iten, si saben, creen, vieron, oyeron decir que por el año de mil e quinientos e treinta e... (1) Su Magestad mandó tomar cierto ásiento e capitulacion con Don Pedro de Mendoça, vecino de Guadix, sobre el descubrimiento, conquista e poblacion del dicho Rio de la Plata, con docientas leguas de costa hasta la mar del Sur, con ciertas condiciones en la dicha capitulacion contenidas, y entre ellas e despues de la muerte del dicho Don Pedro oviese la dicha governacion un heredero, qual el nombrase, segun se contiene en la dicha capitulacion.

3. Iten, si saben quel dicho Don Pedro de Mendoça fué á las dichas provincias del Rio de la Plata en cumplimiento de la dicha capitulacion e llevo más de mill e quinientos ombres, muchos cavallos

(1) Hay un claro en el manuscrito.

e yeguas e bastimentos e otras cosas, e llegado á la dicha provincia edifico en el puerto a do dicen Buenos Ayres un pueblo, y estando alli edificado los yndios les davan mucha guerra y ansi de la guerra de los dichos yndios e de los poco mantenimientos murieron mas de mill hombres, e visto por el dicho Don Pedro quiso volver á estos rreynos y en el camino adolesció e murió en la mar.

4. Iten, si saben es asi que ántes que partiese de la dicha provincia, conforme á su capitulacion nombro por su heredero e por governador para despues de sus dias á Juan de Ayolas, el qual quedava en las dichas provincias del Rio de la Plata en una entrada donde el dicho Don Pedro de Mendoça le avia emviado.

5. Iten, si saben que demás de la gente quel dicho Don Pedro de Mendoça avia llevado, fué despues más gente á la dicha provincia con Alonso Cabrera, vecino de Loxa, que podrian yr hasta cien ombres.

6. Iten, si saben, etcetera, quel dicho Juan de Ayolas, á quien el dicho Don Pedro de Mendoça avia dexado por governador, no bolbio más de la entrada que avia fecho por mandado del dicho Don Pedro, e á la causa e por el poco socorro que tenian los españoles que avian quedado del dicho Don Pedro, e los que despues avian ydo con el dicho Cabrera, acordaron de enviar a estos rreinos a un Antonio Lopez, piloto, e a Felipe de Caceres, para pedir socorro á Su Mágestad, asi de gente como de otras cosas, porque los que allá estavan los matavan cada dia los yndios, e otros morian

por falta de mantenimientos, de que presentaron grandes rrelaciones ante Su Magestad.

7. Iten, si saben, etcetera, que visto por Su Magestad e por los de su rreal Consejo de Yndias la necesidad grande en questavan, e porque no parecia el dicho Juan de Ayolas, capitularon e tomaron cierto asiento con el dicho Alvar Nuñez Cabeça de Baca para que socorriese e proveyese a los questaban en la dicha provincia del rrio de la Plata e llevasen navios e gente e otras cosas, gastando en ello hasta ocho mill ducados de oro, sobre lo cual se concedieron ciertos capitulos e mercedes, como pareció por la dicha capitulacion que pido sea mostrada á los testigos.

8. Iten, si saben, etcetera, que por virtud de la dicha capitulacion y en cumplimiento de ella, el dicho Alvar Nuñez gastó mucha cantidad de dineros en comprar navios e bastimentos, caballos y herraje, armas, artilleria e municiones e otras cosas que heran necesarias para el dicho viaje e socorro, enpeñandose a si e a sus deudos y amigos para lo comprar e pagar.

9. Iten, si saben, etcetera, que entre las otras cosas que compró fueron tres navios que llevo desde Cadiz e otro que llevo desde las yslas Canarias, en los quales enbarcó y llevó quatrocientos ombres, entre los quales llevó nueve clérigos de misa para que administrasen los santos sacramentos e para que dotrinasen los de aquellas partes, e quarenta y ocho cavallos e yeguas de silla, demas de otras que llevo para criar.

10. Iten, si saben, etcetera, que en comprar los

dichos navios, caballos e yeguas e las otras cosas necesarias para el dicho viaje e proveymiento de la dicha tierra, e para harina, vino e rropa e rrescates para la dicha tierra, y en los salarios de maestres e pilotos e marineros, y en lo demás que fué necesario para el dicho viaje e socorro, gastó mas de catorce mill ducados de oro, e los testigos lo saben porque lo vieron comprar e gastar, e luego que se hizo la compra y gasto de lo susodicho se hizo ynformacion ante los oficiales de la contratacion que rresiden en Caliz, por donde constó aver gastado los dichos catorce mill ducados y mas.

11. Iten, si saben, etcetera, que por mandado de Su Magestad y para saver si el dicho Alvar Nuñez Cabeza de Vaca avia gastado lo que era obligado, visitaron los dichos oficiales los dichos navios e otras cosas que llevava para el dicho viaje e socorro, e hallado que avía cumplido lo en la dicha capitulacion contenido, asi por verlo por vista de ojos como por los testigos que para ello esaminaron con juramento que dellos tomaron.

12. Iten, si saben, etcetera, que no solamente por la dicha visita e ynformacion constó el cumplimiento de lo quel dicho Alvar Nuñez hera obligado, pero aun de seis mill ducados más, sin el sueldo de los dichos maestres, pilotos, marineros, grumetes, que monto más de otros tres mill ducados; digan e declaren los testigos lo que cerca desto saben e vieron.

13. Iten, si saben, etcetera, que con los dichos navios e jentes e aparejos, e haviendo hecho los

gastos sobredichos, el dicho governador Alvar Nuñez Cabeza de Vaca se partió de la baya de Cádiz por el mes de Diciembre del año pasado de mill quinientos y quarenta, e llego por el Março siguiente á la ysla de Santa Catalina, ques en la costa del Brasil, de que Su Magestad le hizo merced al dicho governador, ques debaxo de la governacion de las dichas provincias del rrio de la Plata, e alli se ynformó, asi d'españoles que en ella estavan, como de yndios, del estado en questavan las provincias del Rio de la Plata e los que en ella rresidian, e supo que hera muerto Juan de Ayolas, que asi se tenia por cosa muy cierta pública e notoria.

14. Item, si saben, etcetera, quel dicho governador Albar Nuñez tuvo necesidad de reposar en la dicha ysla algunos dias, ansi por los tiempos contrarios que corrian, como para alivio de la gente e rreformar los cavallos que llevava de los que le avian quedado, porque se le avian muerto más de veinte cavallos en la mar, y estando en la dicha ysla supo como estaban alçados e rrevelados los yndios de la comarca de Buenos Ayres, porque de su condicion siempre fueron bulliciosos y amigos de levantamiento, e que a la causa no se podia desembarcar en el puerto de Buenos Ayres sin rriesgo, ni llevar por el rrio arriva los cavallos y gente, ni menos por aquella parte.

15. Iten, si saben, etcetera, que visto y entendido por el dicho governador procuró con mucho trabajo de descubrir e calar por otra parte la tierra para llegar donde estavan poblados los espa-

ñoles, e ansi anduvo quatrocientas leguas por tierra, en que tardo cinco meses, sin que se hiciese ningun daño en los naturales de la dicha tierra, porque hacia muy buenos tratamientos á los yndios con las dádivas que les dió e les hizo questuviesen de paz, porque antes que llegase estavan levantados e avian muerto muchos christianos portugueses, de las quales muertes se aseguraron con los buenos tratamientos del dicho governador; digan e declaren los testigos lo que cerca desto saben.

16. Iten, si saben, etcetera, que despues de aver pasado la dicha tierra con tanto trabajo, syn muertes de naturales y españoles, llego á la cibdad de la Asuncion, ques en el rrio del Paraguay, donde hallo poblados trescientos onbres, pocos mas ó menos, questarian de la boca del rrio trescientas y cinquenta leguas, poco más ó menos, e con su llegada se alegraron mucho todos los españoles, admirandose de aver podido pasar por donde avia venido, por ser muncha la tierra que avía pasado e muy fragosa de sierras e montañas, con tanta paz como avia pasado, y con aver llegado con todos los españoles y cavallos que avia sacado de la ysla de Santa Catalina.

17. Iten, si saben, etcetera, que llegado á la dicha ciudad del Asuncion se torno á ynformar e saber si era bibo el dicho Juan de Ayolas, e alli otra vez de nuevo fue certificado e ovo informacion bastante de la muerte del dicho Juan de Ayolas e de muchos cristianos que con el avian muerto, aunque los que en la tierra estavan lo avian

savido primero, e por todo constó como lo avian muerto los yndios payaguas.

18. Iten; si saben, etcetera, que entendido e sabido esto presentó el dicho Alvar Nuñez Caveça de Vaca ante los oficiales de Su Magestad que ally rresidian, e ante los capitanes e gente principal que avia, e ante Domingo de Yrala, questava por teniente de governador, las provisiones que llevava, e fue luego rrecebido por todos ellos por tal governador e le entregaron las varas de la justicia, y el las rrecibio en si pacificamente, syn contradicion de persona alguna, y rrecebidas las dio y entregó a otras personas para que las tuviesen y administren enteramente justicia en todos los casos que se ofrecieren, teniendole e tratandole como tal governador, e por tal fue avido e tenido.

19. Item, si saben, etcetera, que en aver venido por el lugar e parte por donde vino se siguió mucho provecho e beneficio, asi en los que llevava consigo como en la pacificacion que se hizo de la tierra donde paso, como en los questavan en la dicha ciudad del Asuncion, e se hizo gran servicio á Su Magestad en descubrir aquel camino e hallanarse la tierra, de tal manera que si no entrara por alli e fuera al puerto de Buenos Ayres, el e la gente e todo lo que llevava perecieran, é no pudieran ser socorridos los questavan en la cibdad del Asuncion.

20. Iten, si saben, etcetera, que llegado e recibido en la dicha governacion rrepartio todo lo que llevava de armas, vino, rropas y arynas, municiones, e lo que llevava, entre la gente que allá esta-

ba, sin enterese ninguno, de que fueron muy socorridos e rremediados, e demás desto dió hornamentos para las yglesias e monesterios, que no los tenian, e vinó e harina para decir misa, e hiço edificar yglesia, trabajando el con su persona en ella para que los otros tomasen exemplo.

21. Iten, si saben, etcetera, que ansimismo rrepartió por los dichos yndios naturales muchas cosas de rescates, camisas, bonetes, mantas, e hachas, cuchillos, tijeras e otras cosas, graciosamente, sin interese alguno, para los tener contentos y agradados como lo estavan del dicho Adelantado.

22. Iten, si saben, etcetera, que demás de las dichas dádivas e buenos tratamientos que les hacia e hizo mandava á los españoles que los tratasen bien e no les hiciesen ningunos daños, ni les tomasen sus haciendas, e les pagasen sus trabajos, e para que los yndios entendiesen lo susodicho e supiesen que no se les avia de hacer fuerza ni agravio, ni se les hiciese otro mal tratamiento, llamo á los principales de la comarca delante de los rreligiosos que alli estavan e clerigos e oficiales e otras personas que entendian la lengua, e les hizo saber las provisiones de Su Magestad e las ordenanças que auia sobre su buen tratamiento, amonestandoles de lo que avian de guardar e que serian castigados los españoles que les hiziesen algunos malos tratamientos, dandoselo á entender todo particularmente para quellos lo hiciesen saber en sus provincias.

– 23. Iten, si saben, etcetera, que despues desto el dicho governador, por rrequerimiento e con parecer de los dichos oficiales de Su Magestad e de los capitanes e gentes, religiosos e clerigos, e conforme á su capitulacion, envio alguna gente por tierra y en navios a unas partes y a otras para descubrir los secretos de la tierra, mandandoles que siempre tratasen bien a los yndios e les hiciesen buenas obras e que no les tomasen cosa alguna por fuerza e les pagasen lo que les diesen, e que guardasen las ynstruciones e provisiones de Su Magestad.

—24. Iten, si saben, etcetera, que con parecer de los dichos oficiales, rreligiosos e clerigos é capitanes, hizo diez bergantines para subir el rrio arriba desde la dicha cibdad de la Asuncion, y ansi dexando rrecaudo en la dicha cibdad subio quatrocientos ombres, poco mas o menos, el dicho rrio arriva llevando diez cavallos y mill yndios amigos que de su voluntad iban con ellos, e subieron trescientas y cinquenta leguas por el rrio del Paraguay arriba e asta el puerto que puso por nombre el puerto de los Reyes, sin averse andado ni descubierto cosa alguna de lo sobredicho hasta entonces; llegado, tomo la posesion en nombre de Su Magestad, siendo rrecibido pacificamente por los naturales de la dicha tierra, e fundo un pueblo, haziendole yglesia primero, de que los naturales tomaron mucho contentamiento.

25. Iten, si saben, etcetera, que fecho lo contenido en la pregunta antes desta hizo llamar dos naturales, personas principales de la dicha comarca, á los quales dio camisas e muchas cosas e rrescates e les dio a entender por ynterpretes e personas que sabian la lengua, las provisiones de Su Ma-

gestad é todo lo demás que se auia hecho en la cibdad del Asuncion, haciendoles todo buen tratamiento él e la gente que consigo tenia.

26. Iten, si saben, etcetera, que como dicho es, al tiempo que partio de la dicha cibdad del Asuncion e antes que partiese della, dexó puesta en astillero una caravela para enviarla a dar aviso a Su Magestad de lo que avia sucedido y sucediese.

27. Iten, si saben, etcetera, que aviendo estado en el dicho puerto de los Reyes algunos dias, con acuerdo de los oficiales de Su Magestad, rreligiosos e clérigos e capitanes e gentes que consigo tenia, entrose a tierra adentro a descubrir los secretos della, porque tenia buena rrelacion, dexando en el dicho puerto de los Reyes el pueblo asentado e fortificado, dexando en el cien ombres para la guarda e seguridad del, y en la dicha entrada y buelta ocupó veinte dias, e por ser tierra ynabitable e disierta, sin gente e sin mantenimiento e sin caminos, se bolvio con parecer de la gente que llevava, porque no pereciesen de hambre.

28. Iten, si saben, etcetera, que vuelto al dicho pueblo de los Reyes con la gente que llevó, se halló con así tres mill personas de ombres y mugeres, asi españoles como yndios, poco mas ó menos, e por ser tanta la gente e no aver allado por el camino que fueron poblacion alguna e mantenimientos, començaban a padecer necesidad de comida, porque la que avian traydo se acavava, se juntaron con el dicho governador, oficiales e rreligiosos e capitanes e gente para dar orden donde

avia mantenimiento e se ynformaron de algunos naturales de la dicha tierra e de algunas lenguas e se supo e tuvo entera noticia que a nueve o diez leguas de alli avia ciertos pueblos de yndios que se decian los arianecocies, que tenian muchos mantenimientos, aunque era gente de guerra que no avian dado la obidencia.

29. Iten, si saben, etcetera, que sabido que avia en los dichos pueblos los dichos mantenimientos e visto que no se podian sustentar en el dicho puerto de los Reyes quatro dias sin que pereciesen todos de hambre, se acordó con parecer de todos que fuese Gonçalo de Mendoça, persona muy onrrada y amigo de los yndios e muy buena lengua, con ciertas gentes, a les pedir mantenimientos por rrescate para se los pagar, e que para esto fuese con ciento e veinte ombres, mandandole que les hiciese buen tratamiento e que les pidiese primero los mantenimientos ofreciendoles primero la paga e rescate dellos, e que procurase de los atraer de paz a la obidencia de Su Magestad con buenas palabras e todo amor, conforme a las ordenanças e ynstruciones de Su Magestad.

30. Iten, si saben, etcetera, que aviendole mandado esto al dicho Gonçalo de Mendoça, proveyendo en lo que podria ser en caso que los dichos yndios no quisiesen admitillos e les hiciesen alguna guerra e no quisiesen dar mantenimientos por sus dineros, que en tal caso, aviendo precedido las amonestaciones que se requerian, se le dio estrucion ordenada por los clerigos que alli avia, que podria aver cinco, e por los oficiales de Su Mages-

tad e por los capitanes e gente principal, para que por la mejor manera que pudiese oviese los dichos manteñimientos porque no pereciesen de hambre, e que lo hiciese con el menos daño que pudiese, rrequiriéndoles siempre con la paz e con la paga.

31. Iten, si saben, etcetera, que los dichos clerigos e capitanes e oficiales, todos sin discrepar ninguno, fueron de voto y parecer que por la dicha necesidad tan grande que avia de mantenimientos, que los procurasen aver por todas las vias que pudiesen, e si se los rresistiesen con mano armada les pudiesen hacer guerra lo mas sin daño que pudiesen, y asi el dicho governador lo mando y encargo, mandandoles espresamente que les hiciesen buen tratamiento e que no matasen ny robasen a ninguno por ninguna via e procurase de los atraer de paz e rescatar con ellos la comida.

32. Iten, si saben, etcetera, quel dicho governador no mando al dicho Gonçalo de Mendoça, ni a otra persona ninguna, que se hiciese guerra a fuego ni a sangre a los dichos yndios, ni a otros ningunos, por estrucion, ni fuera della, e si lo mandara los testigos los vieran e supieran, e no pudiera ser menos porque lo vieron e se hallaron presentes al tiempo que ovieron las palabras quel dicho governador dixo al dicho Gonçalo de Mendoça.

33. Iten, si saben, etcetera, que el dicho Gonçalo de Mendoça partió a buscar los dichos mantenimientos con ciento e veinte ombres españoles e seyscientos o setecientos yndios amigos guaranyes e otros allegados de la dicha tierra, para los dichos

pueblos de los dichos arianecocies, muy pacifico, e antes que llegase a ellos les envio mensajeros e personas que entendian su lengua para los hablar e atraer de paz e hacelles saber como ellos no querian cosa ninguna suya por fuerça, e para que tuviesen por bien que fuesen a conversar con ellos e a decirselo mas particularmente.

34. Iten, si saben, etcetera, que antes que los dichos mensajeros e personas que envió el dicho Gonçalo de Mendoça llegasen a la tierra de los dichos yndios, los hallaron que estavan en guarnicion en los caminos, fuera de los pueblos, armados, porque avian tenido nueva que avia gente de otra nacion entrellos, que heran los cristianos, e aunque les yban á hablar las lenguas que yvan á tratar con ellos, no los admitieron, e sin quererlos oyr, como los vieron salieron a ellos con sus arcos e flechas, tirandoles, viniendo pintados y almagrados e emplumados como suelen andar en la guerra, sin que oviesen rrecibido entonces ni antes injuria, ni ofensa, ni rrobo, ni toma alguna de los cristianos, y aunque sin que los oviesen visto.

35. Iten, si saben, etcetera, que no solamente los dichos yndios areanecocies estavan de guerra, como dicho es, sin causa, pero convocaron otros yndios comarcanos que se llaman guaxarapos e guatos, questos tenian noticia de los cristianos.

36. Iten, si saben, etcetera, quel dicho Gonçalo de Mendoça, sabido de los que avia enviado como los dichos yndios questaban de guerra e no los avian querido oyr e los avian flechado e querido matar, fué el dicho Gonçalo de Mendoça con cier-

tas lenguas, vecinos de los mismos yndios, a les rrequerir y amonestar e hacerles saber como no yban a hacerles mal, sino conversar con ellos yendo con toda paz y sosiego, pidiendoles mantenimientos e que les darían de lo que ellos tenian e que los querian por amigos, diciendoles buenas palabras e haciendoles ofreciones, e no se los quisieron oyr, ni venir de paz, antes les hacian nuevos acometimientos e amenazas, lo qual hacian con mayor denuedo que en lo pasado porque los yndios guaxarapos e guatos que tenian consigo les avian dicho como los cristianos tenian las caveças tiernas, que no heran nada valientes, porque ellos avian muerto seys de ellos.

37. Iten, si saben, etcetera, que visto por el dicho Gonçalo de Mendoça que no querian venir los dichos yndios de paz, ni oyrles, ni darles mantenimientos por rescates, ni en otra manera, e questavan con ellos los dichos yndios guaxarapos e guatos que avian muerto los dichos seis españoles, e que los avian acometido e acometian, quisieron yr por otra parte a buscar mantenimientos, y entonces los yndios los començaron a flechar, e visto por el dicho Gonçalo de Mendoça e por los españoles el peligro en questavan, volvieron sobrellos e pelearon unos con otros y en la dicha pelea murieron uno ó dos yndios e no mas, e con esto, sin querir amistad aunque les rrequeria con ella, hecharon á huyr, e porque los cristianos no se aprovechasen de sus casas les echaron fuego, porque heran casas de paja.

38. Iten, si saben, etcetera, que los dichos espa-

ñoles, los que yvan con ellos no mataron otros ni más yndios desos contenidos en la pregunta antes desta, e si los mataran los testigos los vieran e supieran e no pudiera ser menos, porque se hallaron en lo susodicho e lo oyeron decir a otras personas questuvieron con el dicho Gonçalo de Mendoça, e si otra cosa pasara se supiera, e no pudiera ser menos por la mucha noticia que dello tuvieron.

39. Iten, si saben, etcetera, que los buyos e casas que se quemaron eran muy pequeñas e todas de paja, que podrian ser todas las que alli se quemaron en todos los dichos pueblos ochenta casas, poco mas ó menos, las quales quemaron los mismos yndios naturales porque los españoles no se aprovechasen dellas ni de lo questava en ellas.

40. Iten, si saben, etcetera, que los yndios tienen por costumbre que por cualquiera cosa que se les antoja en la dicha provincia queman las casas que tienen, porque son pajiças y en un dia las tornan a hacer, porque son pequeñas y armadas sobre quatro palos.

41. Iten, si saben, etcetera, que los dichos yndios no tenian ni tienen en sus casas oro ni plata ni otros bienes, y biven solamente de pesqueria e labranca, de que tienen abundancia.

42. Iten, si saben, etcetera, que sabido por el dicho governador don Alvar Nuñez que los dichos yndios no avían querido venir de paz, que se avian ausentado e quemado sus casas, como lo acostumbraban, escrivio una carta al dicho Goncalo de Mendoca enviándole á mandar que todavia procurase paz con los dichos yndios, e para ello soltase

algunos yndios questaban presos en poder de los guaranies y que les hiziesen buen tratamiento e diese toda libertad e rescates para que procurasen de traer todos los que asi se avian ausentado, e asi fueron sueltos e se procuró que viniesen de paz, e nunca quisieron venir, antes hacian guerra a los cristianos e yndios amigos.

43. Iten, si saben, etcetera, que ydos los yndios e dexadas las sementeras que tenian fechas, de lo que en ellas se ovo se mantuvieron los españoles e yndios que yvan con el dicho Goncalo de Mendoca, e se truxo por tierra y en navios por el agua mantenimientos para los questavan e avian quedado en el puerto de los Reyes, con que se sostuvieron muchos dias.

44. Iten, si saben, etcetera, que demás de lo que se tomó en las dichas sementeras quedo harto en ellas para los que las avian sembrado, porque solamente se tomó de las dichas sementeras lo que era menester para sustentacion, y no más.

45. Iten, si saben, etcetera, que en el dicho puerto de los Reyes y en su comarca no avia mays ni otra cosa de que se pudiesen mantener los españoles e yndios amigos que con ellos estavan, si nó era de la dicha tierra de los areanecocies, cerca ni lejos, ni se avian podido hacer sementeras, e si no fueran a los dichos pueblos de los dichos indios e hallaran las dichas sementeras, perecieran todos de hambre por no tener de otra parte de donde se socorrer, e porque con el largo camino avian acavado los mantenimientos que trayan.

46. Iten, si saben, etcetera, que por salvar las vidas de tantos, porque no pereciesen con la dicha hambre todos los del rreal, e con parecer de los dichos oficiales e clerigos e capitanes, se hizo lo sobredicho, y aunque otra cosa se quisiera hacer no pudiera sin que perecieran todos.

47. Iten, si saben, etcetera, que venido el dicho Goncalo de Mendoça, el dicho governador se quiso ynformar de lo que avia pasado, y el dicho Goncalo de Mendoça dio ynformacion antel dicho governador y ante Pero Hernandez, escrivano, de los ofrecimientos e mensajes que hizo a los dichos yndios para que los recibiesen de paz e rrescatasen con ellos los mantenimientos, e como no quisieron venir e hizieron la guerra, e de todo lo demas contenido en las preguntas antes desta.

48. Iten, si saben, etcetera, questando asentados en el puerto de los Reyes trató con los yndios comarcanos, ansi los que vivian en las yslas del rrio, como en la tierra, para que viniesen en conoscimiento de Dios nuestro Señor y en la amistad de los españoles, dandoles muchas dadivas, y ansi vinieron y estuvieron de paz algunos dias, cautelosamente, segun despues parecio.

42. Iten, si saben, etcetera, questando debaxo de la dicha paz, secretamente trataron con los dichos yndios guaxarapos e guatos, que sabian que eran enemigos de los cristianos e que avian muerto seys, que viniesen secretamente a sus pueblos para matar y hacer guerra a los españoles y echarlos de la tierra, y asi los truxeron a sus pueblos e se levantaron con ellos despues de aver hecho la

dicha paz, y salieron una mañana y dieron de sobresalto cerca del rreal de los españoles, casi un tiro de piedra, en unas canoas de yndios en que yvan ciertos cristianos a pescar, e flechandolos tomaron las dichas canoas en que yvan cinco cristianos e mas de cinquenta yndios amigos guaranies, e los llevaron á sus pueblos e mataron los cristianos muy cruelmente, despedaçandolos y enviandolos á diversas partes á pedaços para los comer, como los comieron haciendo grandes alegrias; otro si, digan e declaren los testigos lo que cerca desto saben e como e porque lo saben.

50. Iten, si saben, etcetera, que no contentos con el dicho salto que avian ansi echo, cada dia venian á hacer otros saltos en los españoles y en el rreal y en los yndios guaranies amigos, de noche y de dia, haciendo guerra guerreada por tierra e por el rrio.

51. Iten, si saben, etcetera, quel dicho governador les envio a rrequerir questuviesen o bolviesen de paz, enviandoles algunas cosas para que pudiesen venir y estar seguros, e nunca quisieron venir ni asegurarse, antes yncitavan e movian á mayor guerra los vecinos.

52. Iten, si saben, etcetera, que visto que se avian rrevelado de la paz y amistad que con ellos se avia tomado, sin causa, e que aviendoles amonestado, no querian bolver, e que cada dia hacian guerra a los cristianos e yndios amigos, se juntaron oficiales e clerigos e capitanes e gente e se hizo ynformacion de lo susodicho e rrequiriendo al dicho governador que les hiciese guerra decla-

randolos por rebeldes, e para que los pudiesen tomar por esclavos, y ansi fue declarado con acuerdo y parecer de todos, aviendo para ello avido proceso é ynformaciones bastantes; digan e declaren los testigos lo que cerca desto saven e vieron.

53. Iten, si saben, etcetera, que despues de fecha la dicha declaracion se les notifico e hizo saber á los dichos yndios para que viniesen de paz e se les perdonaria lo pasado, apercibiendoles que no lo haciendo se les haria la guerra, los quales nunca quisieron venir, diciendo que los españoles eran cobardes e quellos eran valientes e que los avian de matar y echar de la tierra, y otras cosas, animando con ellas a las otras generaciones para que hiciesen guerra con ellos á los dichos españoles, y asi la tornavan á hacer y hacian.

54. Iten, si saben, etcetera, que vista la dicha relacion y el daño que hacian viniendo ellos ha hacer saltos, para se defender dellos e los castigar fueron presos algunos e hechos esclavos muchos dellos, e otros murieron.

55. Iten, si saben, etcetera, questando el dicho governador en el pueblo del Asuncion tuvo noticia que ciertos yndios que llaman de nacion agases avian venido de paz mucho tiempo antes que fuese á la dicha governacion, e lo avian estado algunos dias, e que despues se avian rrevelado y avian cometido muchos delitos e salteamientos e muertes, e que se avia hecho contra ellos proçeso por las justicias que avian sido en la dicha provincia, por los quales parecia aver cometido los dichos delitos, e continuando aquello despues de venido el dicho

governador venian á saltear e salteavan á los cristianos e yndios guaranies nuevamente convertidos, e los rrobavan e matavan y hacian otros ynsultos.

56. Iten, si saben, etcetera, que el dicho governador ovo ynformacion de los dichos delitos e de los otros que primero avian cometido, e tomó los procesos e fueron presos hasta doce o catorce de los dichos agases delinquentes, e presos se hizo procesos contra ellos en forma e se acomularon los que primero estavan hechos, e con parecer de los oficiales de Su Magestad, rreligiosos e capitanes, se sentenció e acordó que se hiciese justicia dellos e fuesen ahorcados, como se contiene en el proceso que sobre ellos pasó ante Pero Hernandez, escrivano.

57. Iten, si saben, etcetera, que quiriendo egecutar la dicha sentencia e sacarlos á los dichos yndios agases de donde estavan presos para ello, se pusieron en defenderse e herir á los que los yvan a sacar, y a la causa las personas que yvan a gecutar la sentencia hirieron algunos dellos sin quel dicho governador lo mandase ni supiese.

58. Iten, si saben, etcetera, que Aracore (1), yndio natural del rrio del Paraguay, se hizo amigo con los cristianos diciendo que era ombre principal, no lo siendo, ofreciendose de los favorecer a los cristianos y descubrirles la tierra, y ansi le hicieron buenos tratamientos, y Domingo de Yrala y Cabrera trataron de yr con el con cierta gente en busca de Juan de Ayolas y fueron y entraron por

(1) *Aracare*, es llamado este indio en otros documentos.

donde decian que avian entrado, e yendo con ellos tratava secretamente con los naturales de los vender para que los matasen, llevandolos por caminos e partes por donde se perdiesen. E teniendolos metidos en la tierra, secretamente persuadio a los yndios que venian en compañia de los cristianos que se volviesen e dexasen los dichos cristianos en la dicha tierra adentro perdidos, para que los pudiesen matar los yndios, e asi como se vieron perdidos se tornaron a salir poco a poco los cristianos y no pudieron aver al dicho Aracore para proceder contra él, ni se atrevieron por causa de los otros yndios.

59. Iten, si saben, etcetera, que despues de venido el dicho governador a la dicha tierra, el dicho Aracore se vino a congraciar con él e le recibio e hizo buenos tratamientos e le dio algunos rescates por ganarle la voluntad del e de los yndios que le seguian, y ansi de nuevo se ofrecio a descubrir la tierra e llevar yndios amigos con los españoles, y ansi debaxo desta confiança envio a tres cristianos con el, que heran Rodrigo Gomez, Alvaro de Chaves e Juan de Fustes, a los quales llevo e metio por tierra de enemigos quatro ó cinco jornadas, e teniendolos dentro para que los enemigos acudiesen e los matasen hizo poner fuego á los yndios que llevava e dexo solos a los cristianos, los quales se escaparon milagrosamente de los dichos yndios enemigos e volvieron al rreal.

60. Iten, si saben, etcetera, que no contento con lo susodicho e visto los delitos que avia cometido, procuró de rebolver y alterar la tierra e provin-

cia donde estava, para que hiciesen guerra a otros yndios amigos de cristianos, y asi la hacian a los dichos yndios amigos.

61. Iten, si saben, etcetera, que ynformado el dicho governador de los delitos primeros quel dicho Aracore avia cometido y del dicho levantamiento y otros delitos, hizo proceso contra el dicho yndio Aracore y envio al capitan Vergara, questava hacia la tierra donde el dicho yndio Aracore rresidia, que le prendiese, y asi le prendio e se acabo contra él el proceso; con parecer de los oficiales e religiosos e capitanes fué condenado a que le ahorcasen, e asi fue mandado ahorcar por escusar el escandalo, e fue ahorcado por el dicho Vergara conforme al dicho proceso, segun todo pasó ante Pero Hernandez, escribano de Su Magestad.

62. Iten, si saben, etcetera, que continuando los yndios quel dicho Aracore avia levantado, la guerra con los yndios amigos, vinieron á pedir socorro los dichos yndios amigos al dicho governador, e ansi envio al dicho capitan Vergara con ciertos cristianos que procurase de pacificar los unos y los otros sin que vbiese heridas ni muertes, e procurase la paz e concordia por todos buenos medios, y el dicho governador lo procuró e no aprovechó, antes le dieron guerra á él é los españoles que con el estavan, e le hirieron quatró, los quales por mala horden que tuvieron e por se echar con mugeres e por ser las heridas con yerva, aunque no heran de peligro murieron dellas.

63. Iten, si saben, etcetera, quel dicho governa-

dor envió estando en el puerto de los Reyes un capitan Francisco de Rivera con ciertos cristianos e doce o trece yndios, mandando a los dichos yndios que no desamparasen a los dichos cristianos que yvan á descubrir la tierra, los quales, estando mas de ochenta leguas la tierra adentro los dexaron e se vinieron, que fue causa que llegando á tierra poblada los hirieron e flecharon, e aunque todos fueron heridos no peligró ninguno dellos, e por entonces el dicho governador disimuló con ellos, reprehendiendolos por lo que avian hecho e aperciviendoles para que no lo hiciesen en lo venidero, e despues envió ciertos cristianos para minar un paso de una laguna y envió con ellos dos de los dichos yndios guaranies e les apercivio para que no se volviesen, que aviendo ydo con ellos se volvieron e aun les truxeron la comida que llevavan, dexandolos en gran peligro, ansi de ambre como de los enemigos.

64. Iten, si saben, etcetera, que visto lo sobredicho, los yndios de la misma nacion guaranies e los españoles, todos pidieron que se hiciese justicia de aquellos por los delitos que avian cometido e porque otros no se atreviesen á los cometer, porque asi convenia por el peligro que corrian todos los cristianos si no se hiciera justicia, por lo qual se hizo proceso contra ellos ante Pero Hernandez, escrivano de Su Magestad, y averiguado sus delitos y guardado toda horden, se hizo justicia dellos.

65. Iten, si saben, etcetera, que los yndios que dicen del pueblo del Viejo, ques en los puertos de

los Reyes, e los socorinos, que dicen de la ysla, que eran todos unos, e los que se avian levantado e contra quien se declaró la guerra e se mandaron hacer esclavos, como se contiene en la cinquenta y una pregunta de suso.

66. Iten, si saben, etcetera, que todas las guerras que se hicieron en la dicha tierra fué aviendo precedido informaciones de delitos por los yndios cometidos e porque se avian revelado e porque avian muerto cristianos e por la guerra que á la continua hacian, aviendo precedido pareceres de oficiales de Su Magestad, clerigos, capitanes e otras gentes, y en todas las dichas guerras se ovieron templadamente los cristianos e no ovo despoblamiento de pueblos, e si algunos se despoblaron serian por los mismos yndios tres ó quatro pueblos, quemados por su voluntad, que no serian de diez casillas de paja cada uno.

67. Iten, si saben, etcetera, que no embargante que se hizo alguna guerra por culpa de los yndios e por las ocaçiones que dieron, siempre procuró el dicho governador de los atraer con buenas obras a paz y amistad de los cristianos, y ansi quando partio del puerto de los Reyes los dexó muy pacificados y amigos de los cristianos e con muchos mantenimientos, sin consentir que se truxesen yndias ningunas.

68. Iten, si saben, etcetera, que en todo el tiempo questuvo en la dicha governacion estorvó y proyvió que ningun español hiciese daño [á los indios], e si savia que algunos les hacian algun mal tratamiento los castigava á los tales españoles que

lo hacian; digan e declaren los testigos lo que cerca desto saven ó vieron.

69. Iten, si saben, etcetera, questando el tiempo questuvo el dicho governador en la dicha provincia, pagava e mandava pagar á los yndios todos los mantenimientos que se tomavan, aunque los yndios los diesen de su voluntad, en rrescates e otras cosas de que los yndios quedavan muy contentos, e la misma paga les hacia quando les llevava alguna parte, sin que los yndios se quexasen.

70. Iten, si saben, etcetera, que todos los yndios de la dicha provincia estavan y estuvieron siempre con el dicho governador muy bien, en tal manera que quando supieron su priçion lloravan todos e aun se querian poner en sacarlo de la prision donde estava.

71. Iten, si saben, etcetera, que en todos los descubrimientos que se an fecho en todas las Indias dende que se descubrieron, acá, los yndios siempre se han puesto en resistir los españoles, procurando de matarlos y echarlos de la tierra sin que ayan recebido mal alguno dellos, asi haziendoles guerra como quitandoles los mantenimientos, e quando ven que no pueden desbaratar los cristianos fingen paces, e quando mas syguros estan los cristianos que se confian dellos, entonces los acometen e buscan ocasiones para los matar.

72. Iten, si saben, etcetera, que demas de tener esta costumbre, naturalmente aborrecen á los cristianos porque les quitan sus vicios e pecados que tienen contra natura, e de comer carne umana, e

se querrian ver libres, e por esto procuran de los matar por todas las vias que pueden.

73. Iten, si saben, etcetera, que en todo el tiempo que el dicho governador estuvo en el puerto de los Reyes dava y dió de comer á su propia costa e graciosamente, sin interese ninguno, á toda la gente que con el estava, asi á los españoles como á los yndios amigos, que podrian ser todos más de dos mil personas, vistiendo á los señores e principales de los dichos yndios e á todos los cristianos de jaquetas e calsones de algodon e otras cosas, comprandolo el de su propia hacienda, empeñandose e adeudandose para ello.

74. Iten, si saben, etcetera, que en todo el tiempo quel dicho Adelantado estava en la dicha governacion tuvo e governó á los españoles en mucha paz y justicia, sin que oviese alboroto, ni escandalo, ni muerte, ny herida, haciendo á los dichos españoles todo buen tratamiento sin que ninguno se quexase, e luego que fue preso començaron á hacer muchos agravios e malos tratamientos á los españoles e á los yndios los que governavan, en tal manera que por razon de los dichos malos tratamientos se fueron mas de cinquenta españoles á perderse por la tierra adentro, que hera causa de alterar los yndios, e ansi se alteraron e sucedieron otros escandalos de que murieron dos hombres e se mancaron e cortaron manos á otros e an sucedido otros ynconvinientes.

75. Iten, si saben, etcetera, questando preso el dicho governador, como no avia justicia e una de las causas porque le rreprendieron fue porque les

rreprehendia los vicios e las cosas mal hechas, asi á los frayles como á los oficiales de Su Magestad e á las otras personas principales, fray Bernaldo de Armenta, comisario, e frey Alonso Lebron, su compañero, llevaron treinta hijos de ombres principales yndios contra la voluntad de sus padres, e con ellos ciertos cristianos, e se fueron á la costa del Brasil con favor y ayuda de Domingo de Yrala e de los oficiales de Su Magestad, de lo qual se alteraron mucho los yndios, porque demas de llevarles las mugeres e hijos, las llevavan con prisiones, por lo qual se alteraron e quedo alterada toda la tierra.

76. Iten, si saben, etcetera, que todo lo susodicho es publica voz y fama.—*El licenciado Chaves.*

E presentado el dicho poder e provision de Su Magestad é ynterrogatorio, el dicho Salvador de Villavicencio pidio e rrequirio al dicho señor alcalde mayor cumpla la dicha provision de Su Magestad, e en su cumplimiento mande notificar al escrivano de cabildo desta cibdad que asista conmigo el dicho escrivano público al tomar de la provança que quiere hacer, e pidiolo por testimonio.

E luego el dicho señor alcalde mayor tomó la dicha provision de Su Magestad en sus manos y la besó e puso sobre su cabeça e dixo que la obedecia e obedecio como carta e mandado de sus rreyes e señores naturales, a quien Dios nuestro Señor dexe bivir e rreynar por largos años a su servicio; e en quanto al cumplimiento della dixo que mandava e mandó que se notifique á Francisco Roman, escrivano público y del Consejo desta cibdad, que asista conmigo el dicho escrivano publico al tomar de la dicha provança.

En este dicho dia, yo el dicho escrivano publico notefiqué lo susodicho al dicho Francisco Roman, escrivano público y del cabildo desta cibdad, en su persona, el cual dixo que lo oye; testigos, Pedro Estopiñan Cabeça de Vaca, e Juan Roman, hijo del dicho Francisco Roman.

E despues de lo susodicho, en veinte e nueve dias del dicho mes de jullio del dicho año de mil e quinientos e quarenta y seis años, en presencia de mi el dicho Alonso Sarmiento, escrivano público, el dicho Salvador de Villauicencio, veinte y quatro, en el dicho nombre presentó por testigo en la dicha rrazon á Pedro Estopiñan Cabeça de Vaca, vecino desta cibdad en la collacion de San Marcos, del qual fue rrecibido juramento en forma de derecho, e siendo preguntado por las preguntas del dicho ynterrogatorio que de yuso se hara minsion, dixo lo siguiente:

1. A la primera pregunta dixo que conocia á los contenidos en esta pregunta y á cada uno dellos, e que tiene noticia e conocimiento de las dichas provincias del rrio de la Plata, que son en las Yndias del mar Oceano, porque las á visto y estado en ellas.

De las rrepreguntas generales dixo queste testigo es primo hermano del dicho Adelantado Alvar Nuñez Caveça de Vaca, e que no es de los demas, e que vence el pleyto quien tuviere justicia, e ques de edad de cinquenta y un años, poco más ó menos.

4. A la quarta pregunta dixo que lo que desta pregunta sabe es que lo en ella contenido lo oyo decir este testigo en las dichas provincias del rrio de la Plata á muchas personas dellas, e que hera público e notorio lo en esta pregunta contenido.

6. A la sexta pregunta dixo que sabe quel dicho Juan de Ayolas, a quien, como dicho tiene, oyo decir quel dicho don Pedro de Mendoça avia dexado por governador, no bolvio mas de la entrada que avia hecho por mandado del dicho don Pedro de Mendoça, y a causa e por el poco socorro que tenian los españoles que avian quedado del dicho don Pedro e los que despues avian ydo con el dicho Alonso de Cabrera, acordaron de enviar á estos rreynos á los dichos Anton Lopez, piloto, e Felipe de Caceres, para pedir socorro á Su Magestad, asi de gente como de otras cosas, porque los que alli estavan les matavan cada dia los yndios, y otros morian por falta de mantenimientos; e que lo que dicho tiene lo sabe este testigo porque vido parte dello, e lo demas lo oyo decir á muchas personas en las dichas provincias y asi fué público e notorio, e questo sabe desta pregunta.

7. A la siete pregunta dixo que sabe lo contenido en la pregunta segun e de la manera que en ella se contiene; preguntado como lo sabe, dixo que por queste testigo a visto los capitulos e provisiones rreales de Su Magestad que se dieron e concedieron al dicho Adelantado Alvar Nuñez Cabeça de Vaca.

8. A la ocho pregunta dixo que sabe lo contenido en la pregunta segun e de la manera que en

ella se contiene; preguntado como lo sabe, dixo que por queste testigo le vido llevar al dicho governador una nao gruesa, nueva, de más de trescientos toneles, y otra nao de ciento y quarenta ó ciento y cinquenta toneles, y una caravela, y en el camino llevó otra del dicho Antonio Lopez e quarenta y dos cauallos e yeguas, e otras muchas municiones, armas, hierro, rrescates, cosa muy importante para conçervar lo ganado de la dicha provincia y adquerir la voluntad de los yndios de nuevo; paños, lienços, armas, e otras muchas cosas de que fue socorrido de sus deudos y amigos, como en la pregunta se contiene; vinos, vinagre, aceite, viscochos e harinas, conservas e medicinas de botica; e questo sabe este testigo porque todo lo más dello paso por su mano.

9. A la nueve pregunta dixo que lo sabe como en ella se contiene e queste testigo vido llevar e llevo al dicho governador todo lo contenido en la pregunta como en ella se contiene, porque lo vido, y en lo de los cauallos, que dice lo que dicho tiene en la pregunta antes desta, por queste testigo no vido más de quarenta y dos cavallos.

10. A la diez pregunta dixo que lo que desta pregunta sabe es quel governador gastó mucha suma de dineros en las cosas contenidas en la pregunta, mucha parte de los quales dichos gastos este testigo vido gastar e comprar e pagar como la pregunta lo dize, en la qual cantidad de lo que gastó se refiere á la informacion que dello dicho governador dio en la ciudad de Cadiz, la qual ha presentado dicho governador ante los señores

presidente e Oydores de Consejo de Yndias, y asi es publico e notorio.

11. A la once pregunta dixo que sabe que los oficiales de la casa de la contratacion de la cibdad de Cadiz visitaron por sus personas los dichos navios quel dicho governador llevó, porque lo vido; e lo demas contenido en la pregunta, que se remite a la visitacion de los dichos oficiales.

12. A la doce pregunta dixo que dize lo que dicho tiene en la pregunta antes desta.

13. A la trece pregunta dixo que sabe lo contenido en la pregunta como en ella se contiene, porqueste testigo partió por el tiempo contenido en la pregunta en la dicha armada e compañia del dicho governador, a dos dias del mes de Diciembre, y llegaron á veinte y nueve dias del mes de Março á la dicha ysla de Santa Catalina, y el dicho governador rrecogio e llamó e traxo a sí todos los cristianos questavan derramados en la dicha tierra, y entre ellos dos rreligiosos de San Francisco, de los quales se ynformó como al servicio de Su Magestad convenia y en la pregunta se contiene, e que dende a poco que llegó la dicha armada llegó una chalupa pequeña con ocho ombres que venian huyendo del rrio de la Plata e del pueblo de Buenos Ayres, segund ellos dixeron, de los quales el dicho governador supo como el dicho Juan de Ayolas hera muerto y le avian hecho sus eçequias.

14. A la catorce pregunta dixo que la sabe como en ella se contiene, porque lo vido y se halló á ello presente como la pregunta lo dize, porque la gente de la dicha armada llegó muy cansada e fatigada.

15. A la quince pregunta dixo que lo que desta pregunta sabe es que para descubrir la entrada de la dicha tierra y asegurar a los dichos yndios y cristianos envio el dicho governador al fator Pedro de Orantes con doce ombres, los quales juraron [en] sus dichos e depusiciones que entrarian cien leguas, e que los yndios, con las dádivas que les hacian e buen tratamiento de las cosas quel dicho governador les dio, los dexaron pacificos e deseando la entrada del dicho governador, como despues lo hizo, e queste testigo oyo decir a muchas personas que fueron en la dicha entrada con el dicho governador por tierra, que los dichos yndios los avian rrecevido e pasado e llevado pacificamente, e ansimismo yvan los dichos dos religiosos de San Francisco con ellos, á todos los quales oyó decir que entrarian los dichos cristianos con el dicho gobernador quatrocientas leguas y mas por tierra, haciendo caminos por tierras asperas y bravas, hasta que llegaron en el tiempo contenido en la pregunta, poco más ó menos, al pueblo donde estavan los cristianos, e que sabe que los dichos yndios de la tierra firme estavan levantados, porque avian muerto ciertos cristianos portugueses, entre los quales mataron a un Ramon Pereyra, gran lengua, e otro su compañero, los quales dichos yndios vinieron pacificamente y estovieron al llamamiento del dicho governador e lo obedecieron en nombre de Su Magestad por los buenos tratamientos y dádivas que les hizo el dicho governador no embargante que los halló levantados.

16. A la diez y seis pregunta dixo que la sabe

como en ella se contiene porque lo vido y se halló a ello presente, porque asi en las cosas que vido como en las que rrecibio ynformacion de todos los questavan en el dicho pueblo, por mandado del dicho governador para ynformar a Su Magestad de todo lo en la dicha pregunta contenido, la qual dicha ynformacion con otras ynformaciones y escrituras tomaron al dicho governador quando lo prendieron los oficiales de la dicha provincia del rrio de la Plata, porque Su Magestad no supiese lo quel dicho governador avia hecho en su servicio.

17. A la diez y siete pregunta dixo que sabe lo contenido en esta pregunta como en ella se contiene, porque lo vido e se hallo presente al tiempo quel dicho governador tomó la dicha ynformacion sobre la muerte del dicho Juan de Ayolas e de muchos cristianos que con el avian muerto los yndios payaguaes questan en el dicho rrio del Paraguay.

18. A la diez y ocho pregunta dixo que sabe lo contenido en la pregunta como en ella se contiene, porque quando éste testigo llego al dicho pueblo vido todo lo contenido en la dicha pregunta, sinado e autorizado en publica forma por ante y en presencia de Diego de la Barrieta, escrivano de Su Magestad, e lo vido obedecer e obedecian al dicho governador e sus oficiales e ministros segun e como en la dicha pregunta se contiene.

19. A la diez y nueve pregunta dixo que sabe lo contenido en la pregunta como en ella se contiene, porque tiene por mas importante servicio el quel dicho governador a hecho á Su Magestad en aver

descuvierto el camino contenido en la dicha pregunta por tierra, que todos los otros, porques ymposible ser bien proveyda la dicha tierra por el rrio de la Plata del Paraguay sin escesivas costas, gastos e despensas e trabajos e muertes de ombres; en especial no se pueden llevar cavallos por alli, e que toda la mayor parte del mantenimiento e rropas que se llevan llegan podridos, rotos e gastados por la distancia del tiempo que se pasa en subir el rrio arriba hasta llégar al poblado, e por el peligro que con los yndios pasan cada dia por el dicho rrio con los yndios comarcanos, e por esto fué gran servicio el quel dicho governador hizo á Su Magestad en descubrir el camino por tierra con tanta paz y contento de los dichos yndios, lo que antes del hera con muertes de cristianos.

20. A la veinte pregunta dixo que sabe todo lo contenido en la dicha pregunta, porque lo vido e se hallo á ello presente, e que vido al dicho governador que por rrazon de averse quemado cierta parte del pueblo que tenia las casas de paja, e con ellas la yglesia que tenian hecha de paja y madera, e la torno á hacer edificar el dicho governador de nuevo, mayor e en mejor lugar de lo questaba de antes, en la qual el dicho governador travajava en persona con su pison en la mano, trayendo á ello por este ejemplo á todos de buena voluntad.

21. A la veinte y una pregunta dixo que sabe lo contenido en la pregunta como en ella se contiene, porque se hallo presente e lo vido, e que de lo susodicho el dicho governador hizo largas e copiosas ynformaciones para dar aviso á Su Magestad

de todo, las quales los dichos oficiales de la dicha provincia se las tomaron quando lo prendieron, por tener mas que caluniarle e que Su Magestad no supiese los servicios quel dicho governador avia hecho.

22. A la veinte y dos pregunta dixo que la sabe como en ella se contiene porque se hallo presente á todo ello e lo vido muchas veces, e que vido venir algunas veces á quexarse á los yndios de los cristianos que les hacian algunos malos tratamientos, á los quales el dicho governador reprehendia y castigaba con toda moderacion e templança, e a los dichos yndios que asi se venian a quexar les tornava á dar dádivas e rrescates de nuevo, por los tener pacificos e ganar su voluntad, los quales partian muy contentos del dicho governador.

24. A la veinte y quatro pregunta dixo que lo que desta pregunta sabe es: sabe como testigo de vista, que se halló á ello presente hasta que subio el governador el rrio arriva del dicho Paraguay, e que en la sobida del dicho rrio, posesyon e yglesia e todas las otras cosas contenidas en la dicha pregunta, lo supo generalmente de todas las personas de fee, asi sacerdotes como capitanes e otras personas que con el dicho governador fueron el rrio arriva, e pusole nombre al pueblo el puerto de los Reyes, e la primera cosa que avia hecho una yglesia donde los cristianos rreciviesen consuelo.

40. A la quarenta pregunta dixo que sabe questando este testigo en la dicha provincia del rrio de la Plata vido que algunas veces se quemaron cier-

tas casas de yndios, de paja y madera, e queste testigo oyó decir á españoles lenguas que dichos yndios solian algunas veces quemar las casas quando estavan enojados, e queste testigo vido algunas casas de yndios armadas sobre quatro palos y de paja, y otras mayores.

55. A la cinquenta y cinco pregunta dixo que lo que sabe desta pregunta es que los dichos yndios agazes estavan levantados e rrebeldes contra los cristianos quando el dicho governador llegó al pueblo de la Asuncion, lo qual oyo decir á muchas personas, en especial al veedor Alonso Cabrera, todo lo contenido en la dicha pregunta que lo avian hecho e lo hacian los yndios contenidos en la dicha pregunta, muchas veces, e que heran muy fementidos que no guardavan palabra ni verdad alguna, e que cadaldia salteavan e matavan e robaban á los yndios de paz servidores de Su Magestad que por alli avian.

56. A la cinquenta y seis pregunta dixo que sabe que quando paso lo contenido en la pregunta este testigo no estava presente en el dicho lugar porqu'estava lexos del pueblo por mandado del dicho governador entendiendo en cosas del servicio de Su Magestad como teniente que avia quedado del dicho gobernador, pero que oyo al dicho veedor Alonso de Cabrera e á otras muchas personas e lenguas e sacerdotes todo lo contenido en la dicha pregunta, e del proceso que sobre lo susodicho paso, el qual ansimismo los dichos oficiales de la dicha provincia se lo tomaron al dicho governador quando lo prendieron.

57. A la cinquenta y siete pregunta dixo que oyo decir lo contenido en esta pregunta al dicho veedor Alonso de Cabrera, porqu'estavan algunos de los dichos yndios presos en su casa del dicho Alonso de Cabrera.

66. A la sesenta y seys pregunta dixo que oyo decir lo contenido en esta pregunta a muchas personas, especialmente á los capitanes del dicho governador y á sacerdotes.

67. A la sesenta y siete pregunta dixo que lo que desta pregunta sabe es queste testigo oyo decir todo lo contenido en la dicha pregunta á muchas personas, en especial á un sacerdote que se dice Francisco de Andrada, portugues, que quedo en la dicha provincia, que dicho governador no les quiso al dicho clerigo e otras personas dexar traer ninguna yndia de los dichos pueblos e que las hizo bolber todas á sus padres e naturales, porque Su Magestad lo mandava asi en sus ynstruciones reales.

68. A la sesenta y ocho pregunta dixo que sabe lo contenido en la pregunta como en ella se contiene, porque lo vido.

69. A la sesenta y nueve pregunta dixo que sabe lo contenido en la pregunta como en ella se contiene, porque lo vido e se halló á ello presente, e paso como la pregunta lo dize, de que asimismo el dicho governador hizo muchas informaciones de todo ello, las quales sabe este testigo que le fueron tomadas por los dichos oficiales porque se lo oyo decir al dicho veedor Alonso Cabrera e á otras personas.

70. A la setenta pregunta dixo que sabe lo contenido en la pregunta como en ella se contiene e pasó asi como en la pregunta lo dize, e que otra cosa alguna no se puede probar tan bastantemente como lo en esta pregunta contenido, e que si el dicho governador oviera dado lugar á ello, los dichos yndios se uvieran levantado para lo sacar de la prision al dicho governador, por el mucho sentimiento que de su prision tuvieron, á los quales yndios los dichos oficiales hicieron decir a lenguas en presencia deste testigo que Su Magestad lo avia mandado prender al dicho governador porque era malo, e los dichos yndios rrespondian que quien avia traido aquella nueva, pues no avia venido navio de nuevo alguno, y que quando los dichos yndios vieron que los dichos oficiales avian llevado de la dicha tierra al dicho governador e començavan a prender sus tenientes, quedavan ya levantados Juan de Salazar, ques el principal sobre todos los principales, é se dezia que asimismo quedava levantado otro yndio principal que se dezia Tuanteira y otros dos que se dezian Macoiro y Tuanteira.

74. A la setenta y quatro preguntas dixo que sabe lo contenido en la pregunta porque vido al dicho governador tener especial cuydado en que se administrase justicia, como la administró; todo lo cual hacia escrevir por ante y en presencia de Pero Hernandez, escrivano de la dicha provincia, para dar cuenta dello á Su Magestad, lo que ansi mismo le fue tomado por los dichos oficiales, segun dicho a, e que preso el dicho governador

uvo asi todos los dias levantamientos e pendencias e rruidos entre los cristianos, e vido cortar la mano a Niculas, un yngles, e rrasgarle la cabeça a Luys Ramirez, e Luys Ramirez acuchillar a un Pastrana e matar a Villalobos, natural de Ecija, y acuchillar Agustin de Campoanes, e mataron a Cristobal Ximon, portugues, e acuchillar otro portugues manco a otro, e otros muchos apaleados, e que ninguno se castigava, ni prendia, e que se dieron otras cuchilladas por la cara, e que entravan muchos cristianos por la tierra adentro e trayan de los dichos yndios sus hijas por fuerça e las vendian a los cristianos, e lo hizo Salinas, alguacil de Domingo de Yrala, por su mandado, e Chaves, lengua, e Aguilera, e Bivero, e Moya e otras muchas personas, e que de consentimiento de los dichos oficiales e Domingo de Yrala, los dichos frayles de San Francisco llevaron treinta y cinco yndias moças, de personas prencipales, e que aunque fueron rrequeridos los oficiales y el dicho Domingo de Yrala, en especial por Francisco Gonçales Paniagua, clerigo, nunca se las quisieron quitar, e que llevavan cinco de las dichas yndias principales maniatadas, e dormian con grillones y enaspadas de noche, lo qual supieron e sabian los dichos oficiales por Gonçalo Montaño, lengua, e otros que con ellos yvan, e como se quexavan sus padres de las dichas yndias, en especial Aguanon, un yndio muy principal, al qual amenazaron porque callase, de parte del dicho Domingo de Yrala, e asi se fueron los dichos rreligiosos en escandalo de la dicha tierra fuera de la dicha tierra, con las dichas yndias á la costa del Brazil, mas de quatrocientas leguas del dicho pueblo, e que llevaron consigo los dichos frayles quatro cristianos so socorro, los quales dexaron en el camino mas de dozientas leguas del pueblo, entre los dichos yndios, desfavorecidos e derramados entre los dichos yndios, e que algunos de los dichos cristianos escrivieron que por amor de Dios los volviesen á la tierra; e que asimismo sabe que se avian ydo otros quatro cristianos naturales de la cibdad de Xerez, á los quales este testigo conocia, por los malos tratamientos que les hacian los que governavan despues de la prysion del dicho governador, y se avian ydo otros cristianos sin ellos.

75. A la setenta y cinco preguntas dixo que sabe lo contenido en la pregunta como en ella se contiene, porque lo vido muchas veces, en especial contra el dicho frey Bernaldo de Armenta e frey Alonso de Lebron, su compañero, porque açotavan muchas veces a las yndias que tenian en su poder y aprisionavan porque hablan a los cristianos, e sabe y es publico e notorio quel dicho frey Alonso de Lebron, á quien venia a hablar a las dichas yndias salia con una partesana à rreñir con quîen les hablava, e que yendo de camino los dichos frayles hacian otros muchos agravios a los yndios por donde yban, como es publico e notorio entre las personas que dello tienen noticia.

76. A la setenta y seys preguntas dixo que lo que dicho tiene es la verdad, por el juramento que hizo, e firmolo de su nombre. *Pero Estopiñan Cabeçà de Vaca.*

É despues desto, en dos dias del mes de agosto del dicho año, el dicho Salvador de Villavicencio, veynte y quatro, en el dicho nombre presento por testigo en la dicha rrazon á Gonçalo Perez de Gallegos, veinte y quatro e vecino desta cibdad, en la collacion de San Salvador, del qual fue rrecibido juramento en forma de derecho, e dixo para en la primera e ocho e nueve preguntas del dicho ynterrogatorio: dixo lo siguiente:

1. A la primera pregunta dixo que conocia al dicho Adelantado Alvar Nuñez Cabeça de Vaca, y al dicho licenciado Villalobos, que no lo conoce, ni tiene noticia, ni conocimiento del Rio de la Plata, que dicen que son en las Yndias del mar Oceano.

Preguntado por las generales dixo que no es pariente de ninguna de las partes, ni le tocan las generales, e que vence el pleyto quien tuviere justicia, e ques de edad de quarenta y cinco años, poco mas ó menos.

8. A la ocho pregunta dixo que sabe quel dicho Alvar Nuñez Caveça de Vaca, en cumplimiento de la capitulacion que tenia fecha sobre su yda á la governacion del Rio de la Plata, adereçó e llevó tres ñavios en el Puerto de Santa Maria y en la baya de la cibdad de Cadis, los quales adereçó y compró todo lo que convenia para el servicio e bastimento de los dichos navios, y en comprar cavallos e yeguas y armas y herraje y artilleria e municiones e otras cosas necesarias para el dicho viaje, porqueste testigo le dio diez ó doze yeguas, que al presente no tiene memoria si fueron diez ó doce, e otras tantas vacas, e dos cavallos muy bue-

nos e ciertos tiros de artilleria e cierta cantidad de cevada e otras cosas de joyas e preseas, en cantidad de dos mill ducados, poco mas ó menos, lo qual todo este testigo le dió al dicho Alvar Nuñez Caveça de Vaca en confiança de torna de viaje y asimismo le socorrio con cantidad de maravedis, que al presente no tiene memoria que cantidad hera, que se remite á una escritura que dello le hizo; e que ansimismo oyó decir este testigo que Martin Cortés, mercader, vecino de Cadis, le socorrió al dicho Alvar Nuñez Caveça de Vaca con dineros e otras cosas convinientes para el dicho viaje, e ansimismo otras personas que al presente no se acuerda.

9. A la nueve pregunta dixo que dice lo que dicho tiene en la pregunta antes desta, e queste testigo oyó decir publicamente al dicho Alvar Nuñez que avia llevado los dichos tres navios queste testigo tiene dicho, e los vido en el Puerto de Santa Maria e baya de Cadis, e los llevó como dicho tiene en la pregunta antes desta, e oyo decir como avia llevado el dicho Alvar Nuñez Caveça de Vaca clerigos para que administrasen los Santos Sacramentos e dotrinasen los yndios de aquellas partes donde yva, y asi fue notorio, e questa es la verdad de lo que sabe deste fecho por el juramento que hizo, e lo firmo de su nombre. *Gonçalo Perez de Gallegos.*

Lo qual todo segun pasó, yo el dicho escrivano publico lo di y entregué al dicho Salvador de Vilavicencio, veynte y quatro, en el dicho nombre, firmado del señor alcalde mayor e firmado e synado de mi nombre e syno, que fue fecho y paso en los dichos dias mes y año sobre dichos, en tres dias del mes de agosto del dicho año de mil e quinientos y quarenta y seys años. Testigos que fueron presentes, Diego Gutierres e Francisco Tamayo, boticario, e Melchior de Mendaño, vecinos desta cibdad.=*El licenciado Aranda.*=E yo, Alonso Sarmiento, escriuano público del número de la muy noble e muy leal cibdad de Xeres de la Frontera, la fice escrevir e fize aqui myo signo y firma. *(Hay un signo y una rúbrica.)*

En la muy noble e muy leal cibdad de Andujar, diez dias del mes de Jullio, año del nascimiento de nuestro señor e salvador Jesucristo de mill e quinientos e quarenta e seys años, antel muy noble señor licenciado Pedro Martinez de Sahagun, alcalde mayor en la dicha cibdad por el muy magnifico caualIero Alonso Xuarez de Lugo, corregidor e justicia mayor en la dicha cibdad y en la cibdad de Jahen y sus tierras, por Su Magestad, y en presencia de mi, Francisco Montagudo, escriuano público en la dicha cibdad, e de los testigos ynfraescriptos, paresció Pedro Albarez de Santa Cruz, alcalde de la villa de Baylen, en nombre del Adelantado Alvar Nuñez Cabeca de Vaca, governador y capitan general de las provincias del Rio de la Plata, por virtud del poder que del tiene, de que hizo presentacion, e presentó una carta e provision rreal de Su Magestad, sellada con su rreal sello, firmada del Principe nuestro señor, librada de los señores Presidente e Oydores del Consejo de las Yndias e firmada de ciertos nombres, sigun por ella parescia, su tenor de la qual e poder es este que se sigue.

Sepan quantos esta carta de poder vieren como yo, el Adelantado Alvar Nuñez Cabeça de Vaca, governador y capitan general de la provincia del Rio de la Plata, estante al presente en esta villa de Madrid en la corte de Su Magestad, otorgo e conozco por esta presente carta que doy e otorgo todo mi poder cumplido, libre e lleno, bastante, sigun que mejor e más cumplidamente lo puedo e devo dar e otorgar e de derecho es necesario, á vos el señor Pedro Albarez de Santa Cruz, alcalde de la villa de Baylen, questays absente, bien ansi como si fuesedes presente, especialmente para que por mi y en mi nombre e como yo mismo podades parescer e parescades ante todas e qualesquier justicias e jueces de Sus Magestades de qualesquier cibdades, villas e lugares destos sus rreynos e señorios, e ante ellos o qualesquier dellos podades presentar e presenteys una carta de rrecebtoria provision rreal de Su Magestad e de los señores de su rreal Consejo de las Yndias, ganada á mi pedimento, acerca de cierta provanca que me conviene hacer, e ansi presentada presentar ansimismo un ynterrogatorio de preguntas e otras qualesquier escripturas, e presentar qualesquier testigos e pedir á las dichas justicias los rresciban, pregunten y esaminen por las dichas preguntas, e cerca dello hacer e hagais todos los autos e diligencias que convengan e sean necesarios, e lo pedir e sacar todo por testimonyo serrado e sellado en pública forma en manera que haga fe, para que yo lo pueda traer, dar e presentar ante Su Magestad e ante los dichos señores del su Consejo de las Yndias, el qual poder os doy con sus yncidencias e dependencias, emergencias, anexidades e conexidades, e os rrelievo en forma de derecho sobre las leyes *de judicium sisti judicatum solvi*, e me obligo de aver por firme e verdadero todo lo susodicho, e de no yr contra ello en ningun tiempo; e dello otorgué la presente carta de poder antel escrivano e testigos yuso escriptos, ques fecha en la villa de Madrid estando en ella la corte e rreal Consejo de Su Magestad, á tres dias del mes de Jullio de mill e quinientos e quarenta e seys años. Testigos que fueron presentes Nyculas de Gaz, Niculas de Soria e Juan Gomez, vecino de Becerril, e Diego Sanchez, estante en esta corte; e lo firmó de su nombre en el registro desta. *Adelantado Cabeca de Vaca*. E yo, Pedro Gutierrez, escrivano de Su Magestad, que al otorgamiento desta carta de poder en uno con los dichos... (1) presente fui e sigun que ante mi paso lo fize escrevir e escrevi, e doy fee que conozco al dicho otorgante; en fe de lo qual fize aqui este myo signo á tal en testimonio de verdad.—*Pedro Hernandez*.

Don Carlos, por la divina clemencia enperador semper augusto, rrey de Alemania, Doña Juana su madre y el mismo Don Carlos, por la gracia de Dios rreyes de Castilla, de Leon, de Aragon, de las dos Çecilias, de Jerusalen, de Navarra, de Granada, de Toledo, de Valencia, de Galicia, de Ma-

(1) Roto el ms.

yorca, de Sevilla, de Cerdeña, de Cordova, de Corcega, de Murcia, de Jaen, de los Algarves, de Algecira, de Gibraltar, de las yslas de Canaria, de las Yndias, yslas e tierra firme del mar Oceano, condes de Flandes e de Tirol, etcetera, a todos los corregidores, asistentes, governadores, alcaldes e otros jueces e justicias qualesquier de todas las cibdades, villas e lugares destos nuestros rreynos e señorios, e a cada uno e qualquier de vos en vuestros lugares e jurisdiciones a quien esta nuestra carta fuere mostrada e su traslado signado de escrivano público, salud e gracia. Sepades que pleyto esta pendiente ante nos en el nuestro Consejo de las Yndias entre el licenciado Villalobos, nuestro procurador fiscal en el dicho nuestro Consejo de las Yndias, de la una parte, y Alvar Nuñez Caveça de Vaca, de la otra, sobre ciertas cosas de quel dicho nuestro procurador fiscal le tiene acusado, contenidas en el proceso de dicho pleyto, en el qual por los del dicho nuestro Consejo han sido rrescibidos a prueva en forma, con termino de ciento y veinte dias para hacer sus provancas en estos rreynos, e agora el dicho Alvar Nuñez Caveça de Vaca nos suplica le mandasemos dar nuestra carta de rrecebtoria para ello ó como la nuestra merced fuese; lo qual visto por los del nuestro Consejo tovimoslo por bien, por la qual vos mandamos a todos e a cada uno de vos, sigun dicho es, que si la parte del dicho Alvar Nuñez paresciere ante vos dentro del dicho termino de los dichos ciento y veinte dias que corren y se quentan desde diez dias del mes de Mayo deste presente año de la data desta nuestra carta, e vos rrequiriere con ella, hagays venir e parescer ante vos á todas e qualesquier personas de quien dixere que se entiende aprovechar por testigo en la dicha cabsa, e ansi parescidos, por ante dos escrivanos públicos de la cibdad, villa o lugar donde la dicha provanca se oviere de hacer, nombrados por cada una de las partes el suyo, tomeys y rrescivays dellos y de cada uno dellos juramento en forma devida de derecho, e sus dichos e depusiciones a cada uno por si, secreta e apartadamente, preguntandoles ante todas cosas como se llaman e de donde son vecinos, e si son parientes de algunas de las dichas partes y en que grado, y por las otras preguntas generales que la ley dispone, e despues por las del ynterrogatorio o ynterrogatorios que por parte del dicho Albar Nuñez ante vos fuere presentado, y al testigo que dixere que sabe lo contenido en la pregunta, preguntalde como lo sabe, y al que dixere que lo cree, como y porque lo cree, y al que dixere que lo oyo decir, que a quien y como y quando; por manera qûe cada uno dellos dé rrazón suficiente de su dicho e depusicion, e lo que dixeren e dipusieren, escripto en limpio, firmado de vuestro nombre e signado del escrivano ante quien pasare, serrado y sellado en pública forma en manera que haga fe, lo haced dar y entregar a la parte del dicho Alvar Nuñez para que lo pueda presentar en el dicho nuestro Consejo en guarda de su derecho, pagando los derechos que por ello justamente oviere de aver; e si la parte del dicho nuestro procurador fiscal dentro de tercero dia primero siguiente de como con esta nuestra carta fuere rrequerido no nombrare su escrivano e lo juntare con el escrivano nombrado por la parte del dicho Alvar Nuñez, mandamos que la dicha provança aya de pasar e pase antel escrivano que ansi fuere nombrado por parte del dicho Alvar Nuñez, y balga y haga tanta fee como si ante ambos a dos pasase, lo qual ansí haced é cumplid aunque la parte del dicho nuestro procurador fiscal ante vos no parezca dentro del dicho termino a ver presentar, jurar e conocer los dichos testigos, por quanto por los del dicho nuestro Consejo le fue dado y asignado el mismo plazo é término para ello. Dada en la villa de Madrid á veynte y seys dias del mes de Junio de mil e quinientos e quarenta e seys años.—*Yo el Principe.*—Yo Pedro de los Cobos, secretario de sus cesáreas y cathólicas Magestades, la fize escrevir por mandado de Su Alteza.—*El licenciado Gutierre Velazquez.*=*El licenciado Gregorio Lopez.*=*El licenciado Salmeron.*=Registrada, *Juan de Luyando.*=Por chanciller, *Martin de Ramoyn.*

En la villa de Madrid, estando en ella el Consejo de Su Magestad, a postrero dia del mes de Junio, año del Señor de mill e quinientos e quarenta e seys años, yo, Juan de Cueva, escrivano de Su Magestad, de pedimento de Alvar Nuñez Cabeça de Vaca notifiqué esta provision rreal de Su Magestad al licenciado Antonio Villalobos, fiscal de Su Magestad en su rreal Consejo de Yndias, para que si quisiese fuese a ver, presentar, jurar e conocer los testigos que por el dicho Alvar Nuñez fuesen presentados, e nombrase su escrivano questoviese presente a la provança, y el dicho licenciado Villalobos, fiscal, dixo que le nombrase los lugares donde el dicho Alvar Nuñez queria hazcer su provança y quel estava presto de nombrar escrivano, estando presentes por testigos Juan Cobo é Cristobal de San Martin, escrivano, estantes en esta corte.

Despues de lo susodicho, a dos dias del mes de Jullio del dicho año, el dicho Alvar Nuñez declaro ante my el dicho escrivano, que avia de hacer la dicha provança en Cordova, Ecija e Jaen e Sevilla y Antequera y Baeza y Cadiz y Arjonilla é Linares y Toledo y Málaga y la Rambla y el Coronil y Velez Málaga y Utrera y Jerez y Sanlucar y Andujar, e otros lugares destos rreynos, la qual declaracion, yo el dicho escrivano notifiqué al dicho fiscal, el qual dixo que nombrava e nombró á todos los escrivanos de Consejo de todas las cibdades, villas e lugares donde Alvar Nuñez hiciere su provança á los quales les notifiqué questen presentes á la dicha provança, con protestacion que haciendose de otra manera sea en si ninguna la provança que hiciere. En fe de lo cual yo el dicho escrivano fize aqui este mio signo á tal en testimonio de verdad. *Juan de Cueva.*

Presentada la dicha carta e provision rreal de Su Magestad por el dicho Pedro Alvarez de Santa Cruz en el dicho nombre, pidio e rrequirio al dicho señor alcalde mayor la cumpla como en ella se contiene; el dicho señor alcalde mayor tomó la dicha carta e provision rreal de Su Magestad en las manos e la besó e puso sobre su cabeça e dixo que la obedescia e obedescio como carta e mandado de su emperador, rreyes e señores naturales, a quien Dios nuestro Señor dexe bibir e rreynar por largos tiempos con crecimiento de muchos mas rreynos e señorios a su santo servicio, y en quanto al cumplimiento della es presto de la cumplir como en ella se contiene, a lo qual fueron presentes por testigos Manuel de Quiros, escrivano publico, e Pedro de Mora, vecinos en la dicha cibdad de Andujar.

E luego el dicho Pedro Alvarez de Santa Cruz dixo que por la dicha provision de Su Magestad se manda que la provança que se ha de hacer por virtud de lá dicha provision de Su Magestad, se ha de hacer que pase ante dos escrivanos, y el fiscal de Su Magestad nombro por escrivano para ello al escrivano del Consejo de la dicha cibdad de Andujar, sigun por la notificacion de la dicha provision paresce, que pedia e pidio lo mande notificar á Pedro de Cardenas, escrivano del Consejo, esté presente á la provança que en esta dicha cibdad se ha de hacer, y nombre lugar y hora para que se junte conmygo el dicho escrivano para hacer la dicha provança; el dicho señor alcalde mayor mando notificar al dicho Pedro de Cardenas, escrivano del Consejo desta dicha cibdad, esté presente á la dicha provança en su posada del dicho señor alcalde mayor, desde las siete de cada dia hasta las nueve; donde no, que sin el se tomaran los testigos del dicho Adelantado. Testigos, los dichos.

El dicho dia fue notificado lo susodicho al dicho

Pedro de Cardenas, escrivano del Consejo en la dicha cibdad de Andujar, el qual dixo que es presto destar presente á la dicha provança, como se le manda.

El dicho dia, antel dicho señor alcalde mayor y en presencia de vos los dichos escrivanos, presentó por testigo el dicho Pedro Alvarez de Santa Cruz, en el dicho nombre, a Pedro Cantero, vecino de Linares, estante al presente en esta dicha cibdad de Andujar, el qual juró por Dios e por Santa Maria e por los Santos Evangelios e por la señal de la cruz a tal ✠ en que puso su mano derecha, de decir la verdad de lo que supiere, e preguntado le fuese en esta cabsa ques presentado por testigo, á la confesion del qual dicho juramento dixo, si juro e amen. Testigos, los dichos.

Despues de lo susodicho, en la dicha cibdad de Andujar, dia, mes e año dicho, antel dicho señor alcalde mayor parescio el dicho Pedro Alvarez de Santa Cruz en el dicho nombre, e presentó un escripto de ynterrogatorio que su tenor dize en la manera siguiente.

Por las preguntas siguientes sean preguntados los testigos que son o fueren presentados por parte de Alvar Nuñez Cabeça de Vaca, Adelantado e Governador mayor de las provincias del Rio de la Plata, en el pleyto que contra el trata el licenciado Villalobos, fiscal de Su Magestad en el Consejo de las Yndias (1).

---

(1) Sigue copia del interrogatorio que va al principio de este documento y que juzgamos ocioso repetir.

E presentado el dicho escripto de interrogatorio por el dicho Pedro Albarez de Santa Cruz en la manera que dicho es, el dicho señor alcalde mayor lo rescibio en quanto es pertinente e lo mando poner en el proceso.

E lo quel dicho Alonso Cantero dixo e declaro en su dicho e depusicion seyendo rrescibido e preguntado por nos los dichos escrivanos por las primera y diez y seys preguntas y las demas en adelante del dicho ynterrogatorio por do el dicho Pedro Albarez de Santa Cruz pidio fuese preguntado, es lo siguiente:

El dicho Alonso Cantero, vecino de Linares, estante al presente en la dicha cibdad de Andujar, testigo presentado por el dicho Pedro Albarez de Santa Cruz en el dicho nombre, habiendo jurado sigun derecho e siendo preguntado por nos los dichos escrivanos por la primera y diez y seýs y las demas en adelante preguntas del dicho ynterrogatorio por do el dicho Pedro Albarez de Santa Cruz pidio fuese preguntado, dixo lo siguiente:

1. A la primera pregunta dixo que conoce al Adelantado Alvar Nuñez Cabeça de Vaca, y no conoce al licenciado Villalobos, fiscal, y tiene noticia de las provincias del Rio de la Plata, ques en las Yndias del mar Oceano, porque ha estado en ellas cerca de once años por conquistador dellas.

Preguntado por las preguntas generales del oficio, dixo ques de hedad este testigo de treinta e cinco años, poco mas o menos, e no es pariente del dicho Adelantado e no desea que vença este pleito la una parte mas que la otra, salbo que Dios ayude a la parte que traxere justicia, e no le enpecen las otras preguntas generales por do fue preguntado.

16. A la diez y seys pregunta dixo que lo que desta pregunta sabe es questando este testigo en la dicha provincia del Rio de la Plata, en la cibdad que se dice la Asuncion, ques en el Paraguay, y estaban trescientos hombres de conquista, poco mas ó menos, y llego por Cuaresma, avia mas de tres años, a la dicha provincia y cibdad el dicho Adelantado Albar Nuñez Cabeça de Vaca con trescientos hombres de conquista, poco mas o menos, y como llegaron se holgaron mucho este testigo y los demas que alla estavan, con su venida y con ver gente de España, y se dixo en el campo entre la gente que yva quel dicho Adelantado y la dicha su gente avian ydo a la dicha provincia por las partes y lugares questa pregunta dize; y esto sabe desta pregunta.

17. A las diez y siete preguntas dixo que llegado el dicho Adelantado á la dicha provincia y cibdad se ynformo si hera bivo o muerto Juan de Ayolas, teniente de governador en la dicha provincia, y tuvo sabiduria y certidumbre de yndios quel dicho Ayolas y los españoles que con el avian ydo a entrar heran muertos de mano de los yndios, y esto se tuvo por cosa muy cierta entre la gente cristiana que alli se hallo.

18. A las diez y ocho preguntas dixo que sabe lo en ella contenido; preguntado como lo sabe dixo que por queste testigo se hallo presente a todo lo contenido en esta pregunta.

19. A la diez y nueve preguntas dixo que en yr

el dicho Adelantado con la dicha gente que llevava por el camino que se dixo aver ydo quando llego a la dicha cibdad de la Asuncion, se hizo mucho servicio a Su Magestad, porque la tierra por do fue no estava andada ni descubierta de los cristianos, y el la descubrió y aseguró con la dicha gente que llevava.

20. A la veinte pregunta dixo que sabe lo en ella contenido; preguntado como lo sabe, dixo que porque se hallo presente a lo contenido en esta pregunta.

21. A la veinte y una preguntas dixo queste testigo vido quel dicho Adelantado daba e dio a los yndios muchas dádivas de las cosas questa pregunta dice, y con esto la tierra estava pacifica; no sabe este testigo si por ello los yndios le dieron al dicho Adelantado algun ynterese, pero a lo queste testigo vido el lo daba graciosamente, y esto sabe e vido desta pregunta.

22. A la veynte y dos preguntas dixo que lo sabe como en ella se contiene; preguntado como lo sabe, dixo que por queste testigo se hallo presente a lo contenido en esta pregunta.

23. A la veynte y tres preguntas dixo que sabe lo en ella contenido, porque ansi lo bido como esta pregunta lo dice.

24. A la veynte y quatro preguntas dixo que la sabe como en ella se contiene; preguntado como la sabe dixo que por queste testigo se hallo presente a lo contenido en esta pregunta.

25. A la veinte e cinco preguntas dixo que sabe lo en ella contenido; preguntado como lo sabe dixo

que porqueste testigo se hallo presente á lo contenido en esta pregunta.

26. A la veinte e seys preguntas dixo que la sabe como en ella se contiene, porque lo vido como esta pregunta lo dize.

27. A la veinte e siete preguntas dixo que sabe lo en ella contenido; preguntado como lo sabe dixo que porqueste testigo se hallo presente á lo contenido en esta pregunta.

28. A la veinte e ocho preguntas dixo que sabe lo en ella contenido, porque ansi lo vido ser y pasar como esta pregunta lo dice, y se hallo presente á ello:

29. A la veinte e nueve preguntas dixo que sabe lo en ella contenido; preguntado como lo sabe dixo que porque se hallo presente á lo contenido en esta pregunta, e lo vido ser ansi.

30. A la treinta preguntas dixo que la sabe como en ella se contiene; preguntado como lo sabe, dixo que porqueste testigo lo vido ser y pasar como esta pregunta lo dize, y se hallo presente á ello.

31. A la treinta y una preguntas dixo que sabe lo en ella contenido, porque ansi lo vido ser y pasar como en esta pregunta se contiene.

32. A la treinta y dos preguntas dixo que al tiempo quel capitan Gonçalo de Mendoça mando yr a este testigo y a la gente de su compañia á la provincia de Arianecocies, para que les diesen de comer por sus rrescates, les mando que lo pidiesen y rrequiriesen se lo diesen, y si no lo quisiesen dar, que lo tomasen por fuerça, porque la gente moria de hambre, y fueron al dicho pueblo y les pidieron

que les diesen de comer por sus rrescates, porque no querian guerra con ellos, sino paz, e no se lo quisieron dar, y les bolvieron á rrequerir una y dos y tres veces que les diesen por su rrescate mantenimientos; donde no, que los tomarian por fuerça, y los dichos yndios dixeron que se fuesen, que no les querian dar mantenimientos; si no, que si no se yvan que los flecharian, y tomaron sus arcos y comenҫaron á flechar, y como se vido esto entraron por fuerça de armas al dicho lugar y tomaron el mantenimiento necesario, porque si no entraran perecieran de hambre, y alli estòvieron hasta quel Adelantado les mandase lo que avian de hacer; y esto sabe desta pregunta.

33. A las treinta y tres preguntas dixo que dixo lo que dicho ha en la pregunta antes desta.

34. A la treinta y quatro preguntas dixo que dice lo que dicho ha, y fue y pago como esta pregunta lo dize, estando este testigo presente.

35. A la treinta y cinco preguntas dixo que sabe lo en ella contenido, porque ansi lo vido y paso como esta pregunta dize.

36. A la treinta y seys preguntas dixo ques ansi como esta pregunta lo dize, porque se hallo este testigo presente á ello.

37. A la treinta e siete preguntas dixo que sabe lo en ella contenido, porque fue y paso presente este testigo, como esta pregunta lo dize.

38. A la treinta e ocho preguntas dixo que sabe lo en ella contenido porque se hallo presente y fue y paso como esta pregunta lo dize.

39. A la treinta e nueve preguntas dixo que al

parescer deste testigo las casas y boyos que quemaron los yndios de guerra porque no abitasen los cristianos en ellas, serian hasta ciento en siete poblezuelos que quemaron.

40. A la quarenta preguntas dixo ques ansi como esta pregunta lo dize, porque ansi lo a visto este testigo ser y pasar como esta pregunta dize.

41. A la quarenta y una preguntas dixo que sabe lo en ella contenido, porque ansi lo vido como esta pregunta lo dize.

42. A la quarenta e dos preguntas dixo que sabe lo en ella contenido; preguntado como lo sabe dixo que porque ansi lo vido ser y pasar como esta pregunta lo dize.

43. A la quarenta e tres preguntas dixo ques ansi como esta pregunta lo dize, porque lo vido este testigo como en ella se contiene.

44. A la quarenta e quatro preguntas dixo ques ansi como esta pregunta lo dize, porque ansi lo vido este testigo.

45. A la quarenta e cinco preguntas dixo ques ansi como esta pregunta lo dize, porque ansi lo vido y paso como esta pregunta lo dize.

46. A la quarenta y seis preguntas dixo que sabe lo en ella contenido, porque fue y pasó como esta pregunta lo dize, presente este testigo.

47. A la quarenta e siete preguntas dixo ques ansi como esta pregunta lo dize, por queste testigo se hallo presente á lo contenido en esta pregunta.

48. A la quarenta e ocho preguntas dixo ques ansi como esta pregunta lo dize, por queste testigo lo vido ser y pasar como la dicha pregunta lo dize.

49. A la quarenta é nueve preguntas dixo que sabe lo en ella contenido, porque cativaron una lengua de yndios y por tormento declaro lo contenido en esta pregunta, y vido que paso lo contenido en esta pregunta, y por ynformacion de una yndia que se vino que le abia llevado presa, dixo que abia pasado lo contenido en esta pregunta en lo que toca á la justicia que hicieron de los cristianos que llevaron los dichos yndios.

50. A la cinquenta preguntas dixo que sabe lo en ella contenido, porque ansi lo vido.

51. A la cinquenta e una preguntas dixo ques ańsi como esta pregunta lo dize, porque ansi lo vido ser y pasar como lo dize esta pregunta.

52. A la cinquenta y dos preguntas dixo que sabe lo en ella contenido, porque ansi lo vido como esta pregunta lo dize.

53. A la cinquenta y tres preguntas dixo ques ansi como esta pregunta lo dize, porque ansi pasó y fué como esta pregunta lo dize, estando este testigo presente a lo questa pregunta dize.

54. A la cinquenta y quatro preguntas dixo queste testigo vido como para castigar a los dichos yndios porque no querian venir en conocimiento, antes venian a hacer daño en los cristianos, fue gente de guerra sobre ellos y traxeron munchos esclavos y mataron algunos yndios, segun fue notorio, porqueste testigo no fue esta jornada por estar mal dispuesto.

55. A la cinquenta y cinco preguntas dixo que sabe lo en ella contenido, porque ansi lo vido ser y pasar como esta pregunta lo dize.

56. A la cinquenta y seys preguntas dixo que sabe lo en ella contenido, porque ansi lo vido como esta pregunta lo dize.

57. A la cinquenta y siete preguntas dixo ques ansi como esta pregunta lo dize, porqueste testigo se hallo presente á lo en ella contenido.

58. A la cinquenta y ocho preguntas dixo que sabe lo en ella contenido, porque ansi fue cosa muy notoria en la tierra, y este testigo oyo decir que abian ahorcado al dicho Aracare porque tratava traicion contra los cristianos.

59. A la cinquenta y nueve preguntas dixo queste testigo oyo decir lo en esta pregunta contenido, en el puerto de Buenos Ayres, donde al presente rresidia este testigo, pero no lo sabe.

60. A la sesenta preguntas dixo queste testigo oyo decir lo contenido en esta pregunta, en la cibdad de la Asuncion, á los cristianos que alli estavan.

61. A la sesenta y una preguntas dixo que dize lo que dicho ha en las preguntas antes desta.

62. A la sesenta y dos preguntas dixo que sabe lo en ella contenido, porqueste testigo vido como fueron los cristianos á la guerra questa pregunta dize, y fue publico e notorio pasar lo contenido en esta pregunta, porqueste testigo no fue la dicha jornada con la dicha gente.

63. A la sesenta y tres preguntas dixo queste testigo vido partirse á la guerra questa pregunta dize, la gente en ella contenida, y despues oyo decir publicamente que abia pasado lo questa pregunta dize.

64. A la sesenta y quatro preguntas dixo queste testigo no sabe lo contenido en esta pregunta.

65. A la sesenta y cinco preguntas dixo que no la sabe.

66. A la sesenta y seys preguntas dixo que en lo queste testigo se hallo presente a dicho lo que sabe en las preguntas antes desta, y desta pregunta no sabe más.

67. A la sesenta y siete preguntas dixo ques ansi como esta pregunta lo dize, porque ansi lo vido ser como en ella se contiene.

68. A la sesenta y ocho preguntas dixo ques ansi como esta pregunta lo dize, porque ansi lo vido este testigo como esta pregunta lo dize.

69. A la sesenta y nueve preguntas dixo ques ansi como esta pregunta lo dize, porque ansi lo vido ser como esta pregunta lo dize.

70. A la setenta preguntas dixo que no la sabe.

71. A la setenta y una preguntas dixo ques ansi como esta pregunta lo dize, porque ansi lo a visto ser y pasar como esta pregunta lo dize.

72. A la setenta y dos preguntas dixo ques ansi como esta pregunta lo dize, porque ansi lo a visto este testigo como esta pregunta lo dize.

73. A la setenta y tres preguntas dixo que sabe lo en ella contenido, porque ansi lo vido como esta pregunta lo dize.

74. A la setenta y quatro preguntas dixo que sabe lo en ella contenido, porque ansi lo vido ser y pasar como esta pregunta lo dize.

75. A la setenta y cinco preguntas dixo que sabe lo en ella contenido; preguntado como lo

sabe, dixo que porque ansi lo vido ser y pasar como esta pregunta lo dize, y esto que dicho ha es la verdad, por el juramento que hizo, e firmolo de su nombre; fuele encargado el secreto de su dicho y ansi lo prometio.—*Alonso Cantero*.—*Pedro de Cardenas*, escrivano del Consejo.

E tomado e rrecibido el dicho testigo, de la manera que dicho es, el dicho Peralvez de Santa Cruz dixo que en esta dicha ciudad no tiene su parte otra provança; que pedia e pidio al dicho señor alcalde mayor se lo mande dar en manera que haga fe, conforme á la dicha provision de Su Magestad, para lo llevar en guarda del derecho del dicho su parte; el dicho señor alcalde mayor se lo mando dar en manera que haga fee, e para su validacion interponia su derecho e lo firmo de su nombre.= *El licenciado Sahagun*. = E yo, Pedro de Cardenas, escrivano del concejo de la cibdad de Andujar, por Sus Magestades, en uno con el dicho señor alcalde mayor y Francisco Montagudo, escrivano público, á lo que dicho es que de mi hace mencion presente fui e fize aqui este mio signo en testimonio de verdad.=*Pedro de Cárdenas,* escrivano de Consejo.

E yo, Francisco Montagudo, escrivano público en la dicha cibdad de Andujar, en uno al dicho señor alcalde mayor y escrivanos e testigos á lo que dicho es que de mi hace mencion presente fui, e lo fize escrevir en estas veinte y siete hojas de papel de pliego entero, con esta en que va mi signo en testimonio.=*Francisco Montagudo,* escrivano público.

DOS PROVANZAS

HECHAS EN LA VILLA DE SANTIPONCE Y EN LA CIUDAD DE SEVILLA

POR

ALVAR NUÑEZ CABEZA DE VACA

PARA EL PLEITO QUE SIGUE CONTRA EL FISCAL DE S. M.

SOBRE LOS CARGOS
Y ACUSACIONES QUE LE TIENE PUESTOS. 1546 (1)

---

(1) Archivo de Indias. — Simancas. —Justicia. — Consejo. — Distrito de la Audiencia de Charcas.—Est. 52, Caj. 5, Leg. $\frac{2}{10}$.

En la villa de Santiponce, villa e jurisdicion de los muy reverendos señores prior e monjes del monesterio de San Ysidro, de la Orden de los monjes hermitaños de San Geronimo, cerca de Sevilla la vieja, en martes, veinte dias del mes de Jullio, año del nascimiento de nuestro salvador Jesucristo de mil e quinientos e quarenta e seys años, antel señor Andres Muñoz, alcalde desta dicha villa, y en presencia de mi, Alvaro Muñoz, escrivano publico e del consejo de la dicha villa por merced de los dichos señores prior e monjes del dicho monesterio, e de los testigos de yuso escritos, parecio presente Diego Sanchez, vecino de la ciudad de Sevilla, por bos e en nombre del Adelantado Alvar Nuñez Caveça de Vaca, por virtud del poder que del dixo que tiene, e presento una carta de recepturia provision rreal de Su Magestad, firmada del Principe nuestro señor e de los señores del real Consejo de las Yndias de Su Magestad, sellada con el sello real, e una carta de poder firmada e signada de escrivano, segun por ella parecia, e un interrogatorio de preguntas, su tenor de todo lo qual, uno en pos de otro, dice en esta guisa.

Sepan quantos esta carta de poder vieren como yo, el Adelantado Alvar Nuñez Cabeça de Vaca, governador e capitan general de la provincia del Rio de la Plata, residente en la corte de Su Magestad, otorgo e conozco por esta presente carta que doy e otorgo mi poder cumplido, libre, llenero, bastante, segun que mejor e más cumplidamente lo puedo e debo dar e otorgar e de derecho se rrequiere y es necesario, a vos Diego Sanchez, vecino de la ciudad de Sevilla, que estays absente, bien ansi como si fuesedes presente, especialmente para que por mi e en mi nombre e como yo mismo podades parecer e parescades ante todas e qualesquier justicias y jueces de Sus Magestades, de qualquier ciudad, villa o lugar destos sus rreynos e señorios, ante los quales e ante cada uno e qualquier dellos podades presentar e presenteys una carta de recepturia, provision real de Su Magestad, con un interrogatorio de preguntas, e les pedir e rrequerir tomen e rresciban los testigos que les presentardes, e los pregunten por las preguntas del dicho interrogatorio, en cumplimiento de la dicha carta de Su Magestad, é acerca dello facer e fagays todos los abtos e deligencias que convengan e sean necesarios, e lo que los dichos testigos dixeren e depusieren lo pedir y sacar todo por testimonio en manera que haga fee, sinado e firmado del escrivano ante quien pasare, e me lo enviar para que yo lo pueda dar e presentar donde a mi derecho convenga, el qual poder vos doy con sus incidencias e dependencias, emergencias, anexidades e conexidades, e con libre e general administracion; me obligo de aver por firme todo lo susodicho, so la qual vos rrelievo en forma de derecho so la clausula de *judicium sisti judicatum solvi,* con sus clausulas acostumbradas que basten para este poder ser bastante; en testimonio de lo qual otorgue la presénte carta antel escrivano e testigo de yuso escritos, ques fecha e otorgada en la villa de Madrid estando en ella la corte e rreal Consejo de Su Magestad, a tres dias del mes de jullio, año de mil e quinientos e quarenta e seys años; testigos que fueron presentes á lo que dicho es, Niculas de Garnica, e Juan Gomez, é Pero Sanchez, estantes en la dicha corte, e lo firmo de su nombre en el registro desta carta. *Adelantado Caveça de Vaca.* E yo, Pero Hernandez, escrivano de Su Magestad, que al otorgamiento desta carta en uno con los dichos testigos presente fui, e segun que ante mi paso la fice escrevir, e doy fee que conozco al dicho otorgante, en fee de lo qual fice aqui este mio signo a tal en testimonio de verdad.—*Pero Hernandez* (1).

En la villa de Madrid, estando en ella el Consejo de Su Magestad, a postrero dia del mes de Junio, año del Señor de mil e quinientos e quarenta e seys años, yo, Juan de Cueva, escrivano de Su Magestad, de pedimiento de Alvar Nuñez Caveça de Vaca notifique esta provision rreal de Su Magestad al licenciado Villalobos, fiscal de Su Magestad en su rreal Consejo de Yndias, para que si quisiesen fuesen a ver presentar, jurar e conocer los testigos que por el dicho Alvar Nuñez

(1) Sigue una Real Cédula de D. Carlos y D.ª Juana, que por estar ya copiada en las informaciones anteriores no la reproducimos.

fuesen presentados, e nombrase su escrivano que estoviere presente a la provança, y el dicho licenciado Villalobos, fiscal, dixo que le nombrase los lugares donde el dicho Alvar Nuñez queria hazer su provança, e qu' estava presto de nombrar escrivano; estando presentes por testigos Juan Cobo e Cristoval de San Martín, escrivano, estantes en esta corte.

Despues de lo susodicho, a dos dias del mes de Jullio del dicho año, el dicho Alvar Nuñez declaro ante mi el dicho escrivano que avia de facer la dicha provança en Cordoba, Ecija, e Jaen, y Sevilla, e Antequera, e Baeça, e Calis, e Arjonilla, e Linares, e Toledo, e Malaga, e la Rambla, y el Coronil, e Velez Malaga, e Utrera, e Xerez, e Sanlucar, e Andujar, e otros lugares destos rreynos, la qual declaracion yo el dicho escrivano notefique al dicho fiscal, el qual dixo que nombraba e nombro a todos los escrivanos de concejo de todas las cibdades, villas e lugares donde el dicho Alvar Nuñez hiciere su provança, los quales pide se le notefique qu' esten presentes a la dicha provança, con protestacion que faciendose de otra manera sea en si ninguna la provança que se hiciere; en fee de lo qual, yo, el dicho escrivano fize aqui este mio signo a tal en testimonio de verdad. *Juan de Cueva.*

Por las preguntas siguientes sean preguntados los testigos que son ó fueren presentados por parte de Alvar Nuñez Cabeça de Vaca, Adelantado e governador de las provincias del rrio de la Plata, en el pleyto que contra el trata el licenciado Villalobos, fiscal de Su Magestad en el Consejo de las Yndias (1).

E asi presentadas las dichas escrituras en la manera que dicha es, el dicho Diego Sanchez, en el dicho nombre, dixo que pedia e requeria al dicho señor alcalde que porque el tiene de facer cierta provança en esta villa, en cumplimiento de la dicha carta de Su Magestad tome e resciba los testigos que le presentare e los mande esaminar por las preguntas del dicho interrogatorio, e lo que dixeren e depusieren los dichos testigos se lo mande dar por testimonio escrito en limpio, firmado de su nombre, sinado e firmado de mi el dicho escrivano, e cerrado e sellado en manera que haga fee, para guarda e conservacion del derecho del dicho Alyar Nuñez Cabeça de Vaca, su parte, e lo pidio por testimonio; testigos que fueron presentes a lo que dicho es, Juan Muñoz, vecino de Guillena, y Miguel Sanchez, vecino del lugar de Palomares.

E luego el dicho señor alcalde tomó la dicha carta de rrecepturia de Su Magestad en sus manos, e la beso e puso sobre su cabeça e dixo que la obedecia e obedecio como a carta e mandado de su rrey e señor natural; y en quanto al cumplimiento della dixo que el dicho Diego Sanchez trayga e presente los testigos de que se entiende aprovechar en el dicho nombre, e qu' esta presto de los tomar e rrescebir e hacer justicia; testigos los dichos.

(1) Sigue copia del interrogatorio ya copiado en otro lugar.

E luego en el dicho dia, mes e año susodicho, antel dicho señor alcalde, el dicho Diego Sanchez en el dicho nombre traxo e presento por testigo a fray Alonso de Medina, natural de la cibdad de Baeça, frayle de la dicha horden de San Gerónimo, rresidente en el dicho monesterio de San Ysidro, del qual fué tomado e rrecibido juramento en forma de derecho por el dicho señor alcalde, por Dios e por Santa Maria e por las palabras de los Santos Evangelios e por la señal de la cruz, donde corporalmente puso la mano derecha, que diria verdad de lo que supiese e le fuese preguntado, e a la conclusion del dicho juramento dixo: *si juro e amen;* e prometio de lo ansi cumplir; testigos, los dichos.

E lo quel dicho fray Alonso de Medina dixo e declaro, siendo preguntado por las preguntas del dicho ynterrogatorio por donde el dicho Diego Sanchez pidio fuese preguntado, es lo siguiente:

El dicho fray Alonso de Medina, frayle en el dicho monesterio de San Ysidro, testigo presentado por el dicho Diego Sanchez en el dicho nombre, aviendo jurado e seyendo preguntado por las preguntas del dicho ynterrogatorio por donde fue pedido se preguntase, lo que dixo e depuso es lo siguiente:

1. A la primera pregunta dixo que conoce al dicho Adelantado Aluaro Nuñez Cabeça de Vaca, e al dicho fiscal dixo que no lo conoce, e que tiene noticia de la dicha provincia del dicho Rio de la Plata porqu' estuvo en ella muncho tiempo, e siendole fechas las preguntas generales de la premá-

tica de Su Magestad dixo que ninguna dellas le tocan, e que desea venza el pleito el que toviere justicia, e ques de hedad de veinte e nueve años, poco más o menos.

2. A la segunda pregunta dixo que conocio al dicho don Pedro e le oyo decir que hera de la ciudad de Guadix, e que oyo decir como Su Magestad le daba la conquista del Rio de la Plata con docientas leguas de costa fasta la mar del Sur, e que las condiciones dixo que no las sabe, porque no a bisto las provisiones de Su Magestad; e questo es lo que sabe cerca desta pregunta.

3. A la tercera pregunta dixo que la sabe como en ella se contiene, e que donde dize mil hombres que murieron de ambre e de yndios, que no se afirma mas que serian ochocientos e cinquenta hombres, poco más ó menos; preguntado como lo sabe, dixo que porque se hallo en la dicha provincia dende el primero año quel dicho don Pedro fué a ella, fasta el año de quarenta e cinco años.

4. A la quarta pregunta dixo que la sabe; mas donde dize que nombro por su heredero por governador el dicho don Pedro á Juan de Ayolas, dixo que lo oyo decir e que por tal se tenia en la dicha provincia, e que lo demas no sabe, porque no lo vido.

5. A la quinta pregunta dixo que la sabe como en ella se contiene; preguntado como la sabe, dixo que porque lo vido e se hallo en la dicha provincia al tiempo que Alonso Cabrera, vecino de Loxa, allegó a ella.

6. A la sesta pregunta dixo que la sabe como

en ella se contiene; preguntado como la sabe, dixo que porque lo vido e se hallo presente quando el dicho Antonio Lopez, e Felipe de Cáceres [se] adereçaron para venir en los rreynos d'España.

7. A la sétima pregunta dixo que sabe como Alvaro Nuñez Cabeça de Vaca aporto al Rio de la Plata con cierta gente e navios, porque asi fue público e notorio, e que lo demas no lo sabe porque no se hallo a ello presente.

15. A las quince preguntas dixo que lo que save desta pregunta es que lo oyo decir asi como en ella se contiene, públicamente, en la dicha provincia.

16. A las diez e seys preguntas dixo que la sabe como en ella se contiene; preguntado como la sabe dixo que porque se halló en el dicho pueblo de los cristianos e conocio el alegria que todos rescibieron de la llegada del dicho Alvar Nuñez é su gente.

17. A las diez e siete preguntas dixo que tiene por cierto que el dicho Alvar Nuñez Cabeça de Vaca rescibiria bastante ynformacion de la muerte del dicho Juan de Ayolas, e que lo demas no lo sabe.

18. A las diez e ocho preguntas dixo que lo sabe como en ella se contiene; preguntado como la sabe dixo que porqu' estuvo presente quando le obedecieron.

19. A las diez e nueve preguntas dixo que la sabe como en ella se contiene; preguntado como la sabe, dixo que porque si no descubriera el camino por alli, es asi que si Nuestro Señor no pro-

veyera murieran mucha parte de los cristianos quel dicho Alvar Nuñez Cabeça de Vaca llevava, y en descubrir e entrar por la parte que entro se hizo muy gran servicio a Su Magestad, e tiene por cierto que del dicho descubrimiento, con boluntad de Nuestro Señor, será Su Magestad bien servido.

20. A las veinte preguntas dixo que sabe e vido que el dicho Alvaro Nuñez Cabeça de Vaca repartio de lo que llevava, a la gente que alla estaba, e dio harina e vino para que se celebrase el culto divino, e hizo edificar una yglesia, y este testigo por su mandado entendia en la obra della y en este exercicio vio al dicho Alvar Nuñez Cabeça de Vaca con un pison en la mano pisar, e ayudar a levantar el dicho fundamento de la dicha yglesia.

21. A las veinte e una preguntas dixo que la sabe como en ella se contiene; preguntado como las sabe, dixo que porque vido dar algunas cosas de las que en la dicha pregunta se contiene.

22. A las veinte e dos preguntas dixo que lo que sabe desta pregunta es que vido que mandava a los españoles que tratasen bien a los yndios e no les hiciesen ningunos daños, ni les tomasen sus haciendas; e lo demas en la dicha pregunta contenido no lo sabe.

23. A las veinte e tres preguntas dixo que la sabe como en ella se contiene; preguntado como la sabe, dixo que porque se hallo presente e vido quando el dicho Alvar Nuñez embio a descubrir la tierra e a saber los secretos della.

24. A las veinte e quatro preguntas dixo que lo que sabe desta pregunta es quel dicho Alvar Nu-

ñez Cabeça de Vaca hizo ciertos vergantines, que fueron diez, en los quales vergantines fueron trescientos e cinquenta hombres, poco mas o menos, e diez caballos e yeguas, con mil yndios, poco mas o menos, que yvan en sus canoas, e este testigo yva con ellos e llegaron al puerto puesto por nombre de los Reyes, e tomo la posesion el dicho Alvar Nuñez por Su Magestad, siendo rescebido por los naturales de la dicha tierra pacificamente, y edifico un pueblo, haciendo una yglesia en el comedio del dicho pueblo.

25. A las veinte e cinco preguntas dixo que lo que sabe desta pregunta es que oyo decir a muchos soldados, los nombres de los cuales no se le acuerdan, quel dicho Alvaro Nuñez habia hablado a los principales de los yndios, e dandoles a entender lo en esta pregunta contenido, e les vio dar camisas e rrescates.

26. A las veinte e seis preguntas dixo que lo que sabe desta pregunta es que vido que daba muncha madera e todo recaudo para poner en astillero la caravela.

27. A las veinte e siete preguntas, dixo que la sabe como en ella se contiene; preguntado como lo sabe, dixo que porque lo vido e se hallo en el ayuntamiento de los españoles, e que adonde dice cient ombres no se acuerda si heran tantos, pero que serian ochenta, poco más o menos.

28. A las veinte e ocho preguntas dixo que la sabe como en ella se contiene; preguntado como lo sabe, dixo que porque hallo en el ayuntamiento de los españoles e lo vido.

29. A las veinte e nueve preguntas dixo que sabe que Gonçalo de Mendoça, con ciento e cinquenta hombres, poco más ó menos, fue a buscar bastimentos para se sustentar a si e a la gente que consigo llevaba, e llegaron al primero pueblo, que nombraban ser Arianecocies, e los yndios deste pueblo avian levantado sus haciendas e bastimentos e estaban de guerra esperando la gente española, e antes quel dicho Gonçalo de Mendoça llegase a ellos, dende lexos, por la lengua que consigo llevava les mando decir muchas veces que estuviesen quedos, que no yban a la guerra, sino a conocellos por amigos e a que les diesen de sus bastimentos para sustentar sus personas, e diciendoles estas e otras palabras llegaron al pueblo, donde este testigo vido a los yndios emplumados e con arcos e flechas en las manos e unas mechuelas de fuego en la boca, a uçança de guerra segun entre ellos se usa; oyo decir al interprete que decian que no creyan a los cristianos, e les tenian miedo, e les vido andar de una parte a otra haciendo motin, qu' es apercibiendose para la guerra; e que lo demas desta pregunta sabe e vido.

30. A las treinta preguntas dixo que la sabe como en ella se contiene; preguntado como la sabe, dixo que porque se hallo en ello presente e lo vido.

31. A las treinta e una pregunta dixo que la sabe como en ella se contiene; preguntado como la sabe, dixo que porque se hallo en el ayuntamiento de los cristianos, e porque vido los amonestamientos quel dicho Gonçalo de Mendoça hizo a los yn-

dios por munchas veces, prometiendoles planchas e otros rrescates e asegurandolos por todas las vias que podia para evitar no hiziese guerra, ni muriesen yndios; e questo sabe porque se hallo presente.

32. A las treinta e dos preguntas dixo que la sabe porque se hallo presente, e no vido que tales palabras dixese el dicho governador al dicho Gonçalo de Mendoça.

33. A las treinta e tres preguntas dixo que la sabe como en ella se contiene, porque fue con los dichos españoles e lo vido.

34. A las treinta e quatro preguntas dixo que la sabe como en ella se contiene; preguntado como lo sabe, dixo que porque se hallo en ello e lo vido.

35. A las treinta e cinco preguntas dixo que las sabe como en ellas se contiene; preguntado como las sabe, dixo que porque se hallo en ello e vido los dichos yndios nombrados guaxarapos e guatos.

36. A las treinta e seis preguntas dixo que las sabe como en ellas se contiene; preguntado como lo sabe, dixo que porque se hallo presente e pasó como en la pregunta se contiene.

37. A las treinta y siete preguntas dixo que la sabe como en ella se contiene; preguntado como lo sabe, dixo que porque se hallo en ello e lo vido.

38. A las treinta e ocho preguntas dixo que no vido muertos más que uno o dos yndios, e que vido como el dicho Gonçalo de Mendoça mandava que los yndios no matasen nyngunos yndios, poniendoles delante lo mucho que ofendían a Dios; esto es lo que sabe desta pregunta.

39. A las treinta e nueve preguntas dixo que no se acuerda quantas casas serian las quemadas, porque vido que los mismos yndios las quemaron, y entendio de Gonçalo de Mendoça que le peso mucho que las quemasen, e que vido que heran muy rruynes, de paja y madera.

40. A las quarenta preguntas dixo que la sabe como en ella se contiene; preguntado como lo sabe, dixo que porque lo a visto en la dicha provincia.

41. A las quarenta e una preguntas dixo que la sabe como en ella se contiene; preguntado como lo sabe, dixo que porque lo a visto.

42. A las quarenta e dos preguntas dixo que la sabe como en ella se contiene; preguntado como lo sabe, dixo que porque lo vido e se hallo presente a todo, e al enviar que envio el dicho Gonçalo de Mendoça por seguro a los yndios, por muchas veces.

43. A las quarenta e tres preguntas dixo que las sabe como en ellas se contiene; preguntado como lo sabe, dixo que porque lo vido e se hallo en ello.

44. A las quarenta e quatro preguntas dixo que sabe e vido que quedo mucho bastimento en las labranças de los yndios, asi mayz como mandioca.

45. A las quarenta e cinco preguntas dixo que las sabe, y que donde dize perescieran todos de hambre, que es ansi, e que vido que pasaron muy grandes trabajos e vinieron en mucha estrecheza e peligro.

46. A las quarenta e seis preguntas dixo que las sabe porque lo vido, e qu' es ansi que no pudieran vivir en la tierra si lo sobredicho no se hiziera.

47. A las quarenta e siete preguntas dixo que las sabe, porque se halló presente.

48. A las quarenta e ocho preguntas dixo que sabe lo que en ellas se contiene; preguntado como lo sabe, dixo que porque vido a los yndios alli de paz.

49. A las quarenta e nueve preguntas dixo que oyo decir todo lo contenido en la pregunta, porque estaba absente en el tiempo que pasó, è donde dice cinquenta yndios no se acuerda que tantos oyo decir que heran.

50. A las cinquenta preguntas dixo que las sabe porque lo oyo decir, pero queste testigo estava enfermo en este tiempo.

51. A las cinquenta e una preguntas dixo que no la sabe, más de que oya decir estando enfermo que todavia andaban de guerra.

52. A las cinquenta e dos preguntas dixo que oyo decir que se avian juntado el governador e oficiales, e visto por la ynformacion que hicieron en concordia de los en la dicha pregunta contenidos, e que oyo decir tenian los yndios a quien se hizo la guerra muchas tinajas de vino para el dia que tenian concertada la traycion: unas ponçoñosas e otras buenas.

54. A las cinquenta e quatro preguntas dixo que no la sabe.

55. A las cinquenta e cinco preguntas dixo que lo que sabe es que vinieron los yndios nombrados agazes, de paz en la muestra, como antes solian, dobladamente, y el dicho governador los rrescibio por amigos y en esta amistad hacian cosas perju-

diciales a los de la tierra e daban desasosiego a los cristianos, y ésto es lo que sabe de la dicha pregunta.

56. A las cinquenta e seis preguntas dixo que prendieron ciertos agazes, no se acuerda el número de ellos, e estuvieron presos ciertos dias, e que esto es lo que sabe.

57. A las cinquenta e siete preguntas dixo que lo que sabe es que oyo decir, porque al presente no estava en el pueblo, que entrando a sacar los dichos yndios de donde estavan presos, se defendian lo más que podian, y en esta defensa murieron uno o dos.

58. A las cinquenta e ocho preguntas dixo que oyo decir que yendo Aracare, yndio natural del rrio del Paraguay, en compañia de los españoles que yban con Domingo de Yrala, en seguimiento de Juan de Ayolas, se bolbio e hizo bolver cierta cantidad de yndios con sus canoas, hablando mal de los cristianos; e esto es lo que sabe.

59. A las cinquenta e nueve preguntas dixo que no la sabe.

60. A la sesenta pregunta dixo que no la sabe.

61. A la sesenta e una preguntas dixo que oyo decir que el governador, siendo ynformado de lo que el dicho yndio avia fecho, envio una carta al capitan Vergara, qu' estava hacia la tierra del dicho yndio Aracare, e que le prendiese, e asi oyo decir que lo prendio e se acabo contra el proceso; e esto es lo que sabe.

62. A la sesenta e dos preguntas dixo que oya decir qu' estavan muchos yndios, debdos e amigos

del dicho Aracare, levantados e de guerra, procurando facerla a los amigos de los cristianos, y sabido por el governador, de los dichos yndios amigos, lo que pasava, mando a Gonçalo de Mendoça con dos vergantines para que tuviese pacifica la tierra, e estando el dicho Gonçalo de Mendoça en esta pacificacion vinieron a quejarse ciertos principales que venian a ellos, los debdos e amigos del dicho Aracare, porque tenia enemistad con los cristianos, e pidieron ser socorridos, e ynformado desto el dicho governador envio al capitan Vergara con ciertos cristianos para pacificarlos, e no aprovecho, antes se decia se apercibian de armas e otras cosas para la guerra, e sabe que hirieron ciertos soldados, de los quales murieron quatro, e segun decian los que se hallaron presentes, murieron por no guardarse e tener en poco las heridas por ser pequeñas.

63. A la sesenta e tres preguntas dixo que sabe e vido como Francisco de Rivera, capitan, fue con ciertos cristianos e doce o trece yndios a descubrir la tierra, los quales yndios, sin quedar no mas de uno, se bolvieron aviendo andado la mayor parte del camino, de la qual causa se cree que hirieron a todos los cristianos los primeros yndios que toparon, y sabe que no peligro ninguno de los cristianos, e quel dicho governador por entonces no les hizo nada, e que lo demas en esta pregunta contenido oyo decir que paso asi.

64. A la sesenta e quatro preguntas dixo que no las sabe.

65. A las sesenta e cinco preguntas dixo que

oyó decir que la gente del pueblo Viejo, que es en el puerto de los Reyes, que los yndios de la isla, que son los que se dieron por esclavos, heran todos unos e se tratava amistad entrellos.

66. A las sesenta e seys preguntas dixo que sabe e vido que ninguna guerra se hizo sin que los yndios diesen ocasiones justas a ello.

67. A las sesenta e siete preguntas dixo que la sabe como en ella se contiene; preguntado como lo sabe, dixo que porque se hallo en el ayuntamiento de los dichos cristianos, e lo vido.

68. A la sesenta e ocho preguntas dixo que las sabe como en ellas se contiene; preguntado como lo sabe, dixo que porque lo vido e se hallo en las amonestaciones que el dicho governador hizo a los cristianos, e que vido que mando castigar a dos cristianos, teniendolos presos, e les reprehendian de palabra a los dichos cristianos e hacian mal tratamiento a los dichos yndios.

69. A las sesenta e nueve preguntas dixo que sabe e vido que se pagavan los bastimentos e otras cosas que de los dichos yndios se avian, e asi vido que lo hacian e mandava el dicho governador.

70. A las setenta preguntas dixo que no la sabe.

71. A las setenta e una preguntas dixo que sabe e vido que en esta provincia del Rio de la Plata a pasado lo en esta pregunta contenido.

72. A las setenta e dos preguntas dixo que no las sabe.

73. A las setenta e tres preguntas dixo que sabe e vido quel dicho governador dio bastimentos

a los cristianos e yndios en el puerto de los Reyes e dio muchas xaquetas e calçones a los españoles, de algodon, sin yntercse.

74. A las setenta e quatro preguntas dixo que sabe e vido quel dicho governador governo en paz e justicia, sin que oviese alboroto ni escandalo, aciendo buen tratamiento a los españoles, e desque fue preso, a cabo de ciertos dias se fueron ciertos cristianos, por dos o tres veces, la via del Brasil, e dellos fueron bueltos por gente que enbiaba el capitan Domingo d'Irala, e que sintio este testigo muchos cristianos desplacientes desta prision; y esto es lo que sabe.

75. A las setenta e cinco preguntas dixo que lo que sabe desta pregunta es que dos frayles de San Francisco, fray Bernardo de Armenta, comisario, é fray Alonso Lebron, su compañero, se partieron de la ciudad de Nuestra Señora de la Asuncion con voluntad del capitan Vergara e conçentimiento de los oficiales de Su Magestad, e llevaron consigo ciertas yndias, de las quales iban hijas prencipales, e tambien fueron con los dichos frayles quatro cristianos; y esto es lo que sabe.

76. A las setenta e seis preguntas dixo que todo lo que tiene dicho es la verdad y es publica voz e fama, e lo firmo de su nombre.=*Fray Alonso Baptista.*

E asi tomado e rrecibido el dicho testigo, el dicho señor alcalde dixo que lo mandava e lo mando dar escrito en limpio, sinado e firmado, cerrado e sellado en publica forma e manera que faga fee, al dicho Diego Sanchez, en el dicho nombre, en todo lo qual dixo que ynterponia e ynterpuso su autoridad e decreto tanto quanto puede e con derecho debe, e lo firmo de su nombre, siendo presentes por testigos los dichos Juan Muñoz, vecino de Guillena, y Miguel Sanchez, vecino del lugar de Palomares, Andres Muñoz, alcalde, e yo, Alvaro Muñoz, escrivano publico y del consejo de la dicha villa de Santiponce por merced de los muy rreverendos señores prior y monjes del monesterio de San Ysidro, que a todo lo que dicho es, con el dicho señor alcalde que aqui firmo su nombre, e con los dichos testigos presente fuy, e segun que ante mi paso fize escrevir e escrevi; por ende fiz aqui este mio signo é soy testigo.=*Alvaro Muñoz, escrivano publico y del consejo.*

A todos quantos este fee vierdes, que Dios honrre e guarde de mal.—Yo, Bartolome Piçarro, escrivano de Sus Magestades y su notario público en la su corte y en todos los sus reynos y señorios, y escrivano que soy en el oficio e juzgado del muy noble señor licenciado Pedro de Palacios, teniente de asistente en esta cibdad de Sevilla e su tierra por el muy ylustre señor el marischal don Pedro de Navarra, marques de Cortes, asistente en esta dicha cibdad de Sevilla e su tierra por Sus Magestades, vos fago, señores, saber y doy fee y verdadero testimonio, que en siete dias del mes de agosto deste presente año en qu' estamos de mil e quinientos e quarenta seys años, antel dicho señor teniente y por ante mi el dicho escrivano parecio Diego Sanchez en nombre de Alvar Nuñez Caveça de Vaca, cuyo poder presentó, y presento ansimismo una provision carta de receptoria de Su Magestad, y un ynterrogatorio, que todo ello uno en pos de otro es esto que se sigue (1).

E asi presentadas todas las dichas escrituras en la manera que dicha es, pidio e rrequirio a su merced mande cumplir la dicha carta como en ella se contiene, y que mande notificar á Francisco de la Barrera Farfan, escrivano del cabildo desta cibdad, a quien la parte contraria tiene mandado por su parte, que se halle presente por la otra parte al esaminar de los testigos, porquel en nombre de su parte nombra a Bartolome Piçarro, escrivano de Su Magestad, e pidio justicia. E luego, el señor teniênte mando quel dicho Diego Sanchez, en nombre de su parte, presente los testigos que quisiere, de que se entiende aprovechar, y que se notifique al dicho Francisco de la Barrera que se halle presente al esaminar de los testigos, conforme a la provision de Su Magestad, lo qual fue notificado en nueve dias del dicho mes e año susodicho a Francisco de la Barrera, escrivano del cabildo, en su persona, el qual dixo que lo oye.

E despues de lo susodicho, en nueve dias del dicho mes de agosto del dicho año parecio el dicho Diego Sanchez en el dicho nombre del dicho Alvar Nuñez y presento por su testigo en la dicha razon a Francisco Timon, tonelero, vecino desta dicha cibdad, en la Carreteria, del qual fue tomado e rrecibido juramento en forma devida de derecho,

---

(1) Sigue copia del poder, de la Real Cédula y del interrogatorio, documentos idénticos á los ya conocidos.

e siendo preguntado por lo contenido en el dicho ynterrogatorio, dixo e declaró lo siguiente:

Francisco Timon, tonelero, vecino de Sevilla, en la Carreteria, testigo presentado en la dicha razon, aviendo jurado en forma de derecho e siendo preguntado, dixo lo siguiente:

1. A la primera pregunta dixo que conosce al Adelantado Alvar Nuñez Cabeça de Vaca podia aver cuatro o cinco años, y que no conosce al licenciado Villalobos, e que tiene noticia e conoscimiento de las provincias del rrio de la Plata, que son en las Yndias del mar Oceano, de once años a esta parte.

Preguntado por las preguntas generales dixo qu' es de edad de treinta años, poco más o menos, e que no es pariente de ninguna de las partes, e que vença el pleyto quien tuviere justicia, e que no le tocan ninguna de las otras preguntas generales.

2. A la segunda pregunta dixo que oyo decir lo contenido en esta pregunta a algunas personas que no tiene noticia de sus nombres.

3. A la tercera pregunta dixo que sabe y vido quel dicho don Pedro de Mendoça por mandado de Su Magestad fue a las dichas provincias del Rio de la Plata y llevo consigo mil y quinientos soldados y armas, y este testigo fue con el en su compañia, y llevo munchos caballos y yeguas y bastimentos y otras cosas, y llegado a la dicha provincia edificó en un puerto do dicen Buenos Aires un pueblo, y estando alli los yndios les daban mucha guerra y tenian pocos mantenimientos, de manera que murieron myll hombres, poco mas ó menos,

de hambres y muertos de yndios, y el dicho don Pedro, visto esto quiso venir a estos reynos y en el camino dicen que murio, y esto sabe este testigo porque, como dicho tiene, fue con el dicho don Pedro e se hallo presente a todo lo que dicho tiene.

4. A la quarta pregunta dixo que al tiempo y antes quel dicho don Pedro de Mendoça partiese de la dicha provincia dejó por heredero y governador de la dicha provincia, para despues de los dias de su vida, al dicho Juan de Ayolas contenido en esta pregunta, el qual quedava en las dichas provincias en una entrada dondel dicho don Pedro lo avia enviado, y questo sabe porque en el dicho rreal y entre toda la gente española fue muy público y notorio.

5. A la quinta pregunta dixo que sabe y vido lo contenido en esta pregunta segund e como en ella se contiene, porque lo vido segun esta pregunta lo dize.

6. A la sesta pregunta dixo que sabe quel dicho Juan de Ayolas, a quien el dicho don Pedro de Mendoça avia dexado por governador, no bolvio mas de la entrada que avia echo por mandado del dicho don Pedro, e si bolbiera, este testigo lo supiera, y no pudiera ser menos, pues estava en el rreal de los españoles, y por el poco socorro que tenian los españoles que avian quedado, los unos y los otros acordaron de enviar a estos reynos a un Antonio Lopez, piloto, e Felipe Cáceres, contador, para pedir socorro a Su Magestad, ansi de gente como de otras cosas que avian menester,

porque los matavan los yndios; y esto sabe desta pregunta, porque se hallo presente, como dicho tiene, y lo vido.

7. A la sétima pregunta dixo que no la sabe.

8. A la otava pregunta dixo que el dicho Alvar Nuñez Cabeça de Vaca fue á la dicha provincia y llevo gente y caballos y bastimentos y municiones y otras cosas, porque lo vido, y lo demas no lo sabe.

9. A la novena pregunta dixo que este testigo vido que entre las cosas que el dicho Alvar Nuñez llevó a la dicha provincia fueron quatro navios y caravelas, en los quales llevo quatrocientos ombres y nueve clerigos, e veynte o veynte y dos caballos e yeguas; e questo es lo que sabe desta pregunta.

15. A las quince preguntas dixo que este testigo sabe y vido quel dicho governador fue á las dichas provincias, donde estava poblado de los españoles, por tierra, desde la costa de Santa Catalina, ques el repartimiento del Brasil, en que ay quatrocientas leguas, poco mas ó menos, y lo salieron a recibir por tierra y las naos fueronse por otra parte a la boca del rrio; la una de las naos fue a la boca del rrio, y oyo decir que tardo cinco meses en el camino, y que nunca hizo daño nynguno a los naturales, antes les hizo muy buenos tratamientos porque estuviesen de paz, lo qual oyo decir a las personas que yvan con el dicho Alvar Nuñez; y esto sabe desta pregunta y no otra cosa.

16. A las diez e seis preguntas dixo que sabe e vido quel dicho Alvar Nuñez Cabeça de Vaca lle-

go a la cibdad de la Asuncion, qu' es en el rrio del Paraguay, donde estavan poblados hasta trescientos hombres, poco mas ó menos, y este testigo entrellos, y se alegraron todos mucho con su llegada, admirandose de ver como avia podido pasar por aquella tierra por donde avia pasado, por ser, como es, muy fragosa y de sierras y montañas, y como avian llegado vimos ellos y los caballos que llevavan; y questo sabe desta pregunta.

17. A las diez e siete preguntas dixo que allegado el dicho Alvar Nuñez Cabeça de Vaca a la cibdad de la Asuncion, se ynformo e supo muy cierto como el dicho Juan de Ayolas hera muerto él y algunos cristianos que con el avian ydo, lo qual se supo de los yndios que con el avian ydo y de un esclavo del dicho Juan de Ayolas.

18. A las diez y ocho preguntas dixo que sabe e vido lo en esta pregunta contenido segun e como en ella se contiene, porque se hallo presente al tiempo que paso lo en ella contenido, que fue en la dicha cibdad de la Asuncion.

19. A las diez e nueve preguntas dixo que sabe que en aver ydo el dicho Alvar Nuñez Cabeça de Vaca por el lugar y parte por donde se fue desde el puerto de Santa Catalina a la cibdad del Asuncion, se siguio mucho provecho y gran beneficio, asi a los que llevava consigo como a los qu' estaban en la dicha cibdad del Asuncion y a la pacificacion de la tierra, y se hizo gran servicio a Su Magestad en se descubrir aquel camino y hallar aquella tierra, de tal manera que si no entran por alli y fuera por el puerto de Buenos

Ayres, el y mucha de la gente que con el yva perecieran, y no pudiera ser menos porque no los podian socorrer los qu' estaban en la dicha cibdad del Asuncion, por no poder saber su venida; y questo sabe desta pregunta.

20. A las veinte preguntas dixo que lo que sabe desta pregunta es que luego como llego el dicho Alvar Nuñez y fue rrescevido a la dicha governacion, dio muchas cosas a la gente qu' estaba en la dicha cibdad, de mantenimientos y otras cosas y armas, y a las yglecias el provecho de algunas cosas que avian menester, sin que por ello les llevase cosa alguna, y hizo y edifico una yglesia travajando el por su propia persona en ella, porque los otros hiciesen lo mismo; lo qual sabe porque lo vido.

21. A las veinte y una preguntas dixo que sabe e vido lo contenido en esta pregunta segun e como en ella se contiene, lo qual fue muy publico y notorio en las personas qu' estavan en el dicho rreal.

22. A las veinte e dos preguntas dixo queste testigo sabe y vido que el dicho Alvar Nuñez Caveça de Vaca mando a los españoles que no maltratasen a los yndios, y les hiciesen buen tratamiento y no les tomasen sus haciendas por fuerça, y les pagasen sus trabajos, y para que los yndios entendiesen esto mando llamar y llamo a los prencipales de la comarca, y delante de los religiosos y oficiales de Su Magestad y otras personas qu' estavan en el dicho rreal, por personas interpretes les hizo decir y declarar la provision de Su Magestad y las hordenanças que avian de usar y

guardar, para qu' estuviesen siguros que no les avia de ser hecho daño ninguno por los españoles, sino que serian castigados, amonestandoles primero con la paz y rrequiriendoles con ella, dandoselo todo a entender particularmente; y questo sabe y vido de lo contenido en esta pregunta.

23. A las veinte y tres preguntas dixo que sabe y vido lo contenido en esta pregunta como en ella se contiene, porque el dicho governador envio a este testigo en una compañia a descubrir tierra y bino [despues] que fueron, y envio a otros por otra parte y les dixo y amonesto que hicieran buenos tratamientos a los yndios, y que por esto sabe lo contenido en la pregunta.

24. A las veinte e quatro preguntas dixo que sabe e vido quel dicho governador Alvar Nuñez, con parecer de los oficiales de Su Magestad y de los clerigos e religiosos hizo diez vergantines o once, para subir el rrio arriba desde la cibdad del Asuncion, y dexando rrecaudo en la dicha cibdad se enbarco con quatrocientos ombres, poco mas o menos, y subio el rrio arriva llevando diez caballos y mil yndios, y fueron trescientas leguas por el rrio del Paraguay hasta el puerto quel dicho governador puso por nombre el puerto de los Reyes; y esto fue muy publico y notorio, aunque este testigo no fue en esta jornada con el dicho governador, que avia ydo al descubrimiento al tiempo que se descubrio este puerto; y lo demas contenido en esta pregunta oyo decir este testigo a todas las personas que fueron en la dicha jornada, y esto save desta pregunta.

25. A las veinte e cinco preguntas dixo que lo contenido en esta pregunta este testigo lo oyo decir a las personas que fueron con el dicho governador en la dicha jornada contenida en la pregunta antes desta.

26. A las veinte y seis preguntas dixo que sabe e vido lo en esta pregunta contenido como en ella se contiene, lo qual es publico y notorio entre todas las personas qu' estavan en el rreal y vieron la dicha caravela puesta en astillero.

55. De las cincuenta e cinco preguntas dixo que lo contenido en esta pregunta fue muy publico y notorio entre todas las personas que estavan en el dicho real, y este testigo lo vido asi como esta pregunta lo dice y declara.

56. A las cincuenta e seis preguntas dixo que sabe e vido lo contenido en esta pregunta, segun parecera por el proceso y procesos que sobre lo en ella contenido pasaron, a los quales se refiere, antel escrivano en esta pregunta contenido.

57. A las cinquenta e siete preguntas dixo que sabe que los dichos yndios que asi sentenciaron, los seys dellos qu' estavan en una casa, por si se pusieron en defensa y en efecto se defendieron hasta tanto que por fuerça fueron de alli sacados para executar la sentencia, y hirieron algunos dellos porque no se quisieron dar, sino decian que alli avian de morir y no salir de alli, de lo qual el dicho governador no supo cosa alguna hasta qu' estava hecho, ni otras personas algunas más de los que yban por los dichos yndios para executar la sentencia, e questo sabe por queste testigo fue uno

de las personas que yban por los dichos yndios para executar la sentencia.

58. A las cincuenta e ocho preguntas dixo queste testigo vido que el dicho Aracare, yndio, contenido en esta pregunta, vino al real de los cristianos e se hizo amigo con ellos diziendo que era ombre prencipal, e que les queria favorecer y descubrirles la tierra, y trataron con él Domingo de Yrala y Alonso Cabrera de yr con el y con cierta gente a buscar a Juan de Ayolas por donde decian que avia entrado, y yendo con ellos tratava secretamente con los naturales de los perder y los llevaba por partes donde se perdiesen, y teniendolos metidos en la tierra, secretamente persuadio algunos yndios que se bolviesen y dexasen a los cristianos en tierra adentro perdidos y los matasen los yndios, y ansi como se vieron perdidos se bolbieron poco á poco y no pudieron aver al dicho Aracare por entonces, para proceder contra el; y questo sabe desta pregunta, porque este testigo fue una de las personas que fue[ron] en esta jornada.

59. A las cincuenta y nueve preguntas dixo que lo en esta pregunta contenido lo oyo decir a las personas que fueron en la dicha jornada, y este testigo vido yr al dicho Aracare con las otras personas contenidas en esta pregunta, hasta entrar la tierra adentro, donde lo dexo a este testigo y se fue adelante en otra compañia por el rrio arriva, lo qual oyo a las personas que avian ydo la dicha jornada, y asi fue muy publico y notorio.

60. A las sesenta preguntas dixo que lo conte-

nido en esta pregunta este testigo lo sabe como en ella se contiene porques una de las personas questuvieron en el dicho rreal y vido como el dicho Aracare hacia guerra a los yndios sus propios parientes, por amor de los cristianos, porque tenian con ellos amistad; y questo sabe desta pregunta y asi es pública voz y fama.

61. A las sesenta y una preguntas dixo que sabe e vido quel dicho governador envio al capitan Vergara una carta viniendo que venian por el rio abaxo, en que le mando que prendiese al dicho Aracare, el qual lo prendio y ahorco, y este testigo lo vido ahorcar por mandado del dicho capitan Vergara; y esto sabe desta pregunta y no otra cosa.

62. A las sesenta y dos preguntas dixo queste testigo vido que Tabere, hermano del dicho Aracare, daba guerra a los yndios amigos y a los cristianos, y que por parte de los yndios amigos fue pedido socorro y el dicho governador envio al capitan Vergara con ciertos cristianos que procurasen de paçificar la tierra y poner a los yndios en paz y en concordia, de manera que no oviese muertes ni heridas, y al quel dicho capitan Vergara procuro asi como se lo avia dicho el dicho governador, [y] no pudo, antes le dieron guerra a el y a los españoles que con el yvan y le hirieron quatro, y anque heran pequeñas las heridas, murieron por mal recaudo y por no aver con que curarlos; y esto sabe este testigo porque fue en esta jornada con el dicho capitan Vergara y con los demas que en ella fueron, y lo vido, y questo sabe desta pregunta.

68. A las sesenta y ocho preguntas dixo que sabe e vido lo contenido en está pregunta como en ella se contiene, porqu' estuvo en el rreal todo el tiempo quel dicho Alvar Nuñez fue governador, y antes.

69. A las sesenta y nueve preguntas dixo que sabe e vido quel dicho governador en todo el tiempo qu' estuvo en la dicha provincia hacia pagar y pagava a los yndios los mantenimientos que se tomavan, aunque los yndios los diesen de voluntad, en rrescates y otras cosas de que los yndios quedaban muy contentos, y la misma paga les hacia quando los llevava a algunas partes; y esto sabe y vido desta pregunta.

70. A las setenta preguntas dixo que sabe e vido que los dichos yndios estavan muy bien con el dicho governador, y despues que lo prendieron se alborotaron algunos dellos; y questo sabe desta pregunta.

74. A las setenta y quatro preguntas dixo que lo que sabe desta pregunta es queste testigo vido despues que prendieron al dicho governador, que ubo grandes alvorotos y quistiones y vandos de una parte y de otra y mataron a un yndio y ubo algunas personas heridas y otros se fueron y huyeron del rreal como vieron preso al dicho governador, e que antes que lo prendiesen, todo el tiempo que fue governador tuvo la tierra quieta y pacifica y no obo quystiones, ni muertes ni heridas entre los cristianos, y esto sabe desta pregunta, e ansimismo vido que murieron dos cristianos en una quystion que obo despues que prendieron al

dicho governador, e questo sabe e vido desta pregunta porque se hallo presente en todo el dicho tiempo a lo que dicho ha.

75. A las setenta y cinco preguntas dixo que no lo sabe.

76. A las setenta y seys preguntas dixo que dize lo que dicho tiene, en que se afirma, e qu' es la verdad para el juramento que hizo, e ansi es publico y notorio, e dixo que no sabe firmar.

E despues de lo susodicho, en once dias del dicho mes de agosto e del dicho año de mil e quinientos e quarenta e seys años, antel dicho señor teniente parecio Diego Sanchez en nombre del dicho Adelantado y presento por su testigo en la dicha rrazon a Estefano de Rodas, marinero, estante en esta cibdad de Sevilla, natural de Rodas, del qual fue tomado y recibido juramento en forma devida de derecho, por Dios y por Santa Maria y por las palabras de los santos Evangelios y por la señal de la cruz en que puso su mano derecha corporalmente, so cargo del qual prometio de decir verdad de lo que supiere y le fuese preguntado en este caso de qu' es presentado por testigo; siendo preguntado por las preguntas del dicho ynterrogatorio dixo y declaro lo siguiente.

Estefano de Rodas, marinero, natural de Rodas, estante en esta cibdad, testigo presentado en la dicha razon, aviendo jurado en forma de derecho e siendo preguntado y esaminado por las preguntas del dicho ynterrogatorio dixo y declaro lo siguiente:

1. A la primera pregunta dixo que conosce al

Adelantado Alvar Nuñez Cabeça de Vaca podra aver cinco años, poco mas o menos, y que no conosce al licenciado Villalobos, e que tiene noticia e conocimiento de las provincias del rrio de la Plata, del dicho tiempo que a estado en ellas.

Preguntado por las preguntas generales dixo qu' es de hedad de veinte e siete años, poco mas o menos, e que vença el pleito quien tuviere justicia, e que no le empeçe ninguna de las otras preguntas generales.

7. A las siete preguntas dixo que no la sabe.

8. A las ocho preguntas dixo que no la sabe.

9. A las nueve preguntas dixo queste testigo sabe e vido quel dicho Alvar Nuñez Cabeça de Vaca fue a la dicha provincia del rrio de la Plata, porqueste testigo fue con el, y vido que llevo dos navios y una caravela y otra caravela questava en Canarias esperando armada y se fue con el, y asimismo llevo en los dichos navios quatrocientos ombres, entre los quales llevo nueve clerigos y llevo veinte e cuatro caballos e yeguas de silla, que llegaron alla vivos, sin otros que se murieron en los navios, que no sabe quantos heran.

10. A las diez preguntas dixo que no la sabe.

11. A las once preguntas dixo que no la sabe.

12. A las doce preguntas dixo que no la sabe.

13. A las trece preguntas dixo que sabe e vido lo en ella contenido, como en ella se contiene, porqueste testigo se partio con el dicho Alvar Nuñez Cabeça de Vaca por el tiempo contenido en esta pregunta, y llegaron a la ysla de Santa Catalina por el março siguiente, y alli se ynformo el dicho

Alvar Nuñez como el dicho Juan de Ayolas hera muerto; y esto sabe desta pregunta.

14. A las catorce preguntas dixo queste testigo vido quel dicho Alvar Nuñez reposo algunos dias en el dicho puerto de Santa Catalina por la necesidad que la gente tenia de algun refresco, y los caballos que le auian quedado, y estando alli supo como los yndios de la comarca del puerto de Buenos Ayres se avian alçado y revelado y que a esta causa no podia desembarcar en el dicho puerto de Buenos Ayres sin muy gran riesgo, por causa de los yndios, ni tampoco pudo subir por el rrio arriba sin llevar los cavallos, ni gente que llevava, ni menos por tierra por aquella parte del rrio; e questo sabe e vido de lo contenido en esta pregunta, porque fue con el dicho Alvar Nuñez y se hallo presente á ello.

15. A las quince preguntas dixo queste testigo sabé y vido quel dicho governador con mucho travajo procuro de descubrir y calar la tierra por otra parte, para llegar adonde estavan los españoles, y ansi anduvo quatrocientas leguas por tierra y tardo cinco meses, sin que se hiciese ningun daño en los naturales, antes les hacia muy buenos tratamientos y les dava muchas dádivas, de manera que los hizo qu'estuviesen de paz, y esto sabe desta pregunta porque como dicho tiene, yba con el dicho governador; y lo demas que en ella dice lo oyo decir publicamente a muchas personas que particularmente no tiene memoria.

19. A las diez e nueve preguntas dixo que sabe lo en esta pregunta contenido como en ella se con-

tiene, porqueste testigo es marinero y tiene noticia de los grandes peligros que se siguen y ay siempre en aquel rrio de la Plata navegando por el, y del gran provecho que se siguio en yr por tierra a la cibdad del Asuncion, y por esto sabe lo contenidó en esta pregunta.

20. A las veinte preguntas dixo que sabe e vido que luego como llego el dicho governador a la dicha cibdad del Asuncion edifico una yglèçia y travajava el con su persona en ella, y que lo demas contenido en esta pregunta no lo sabe.

21. A las veinte y una pregúntas dixo que sabe e vido lo contenido en esta pregunta segun como en ella se contiene, porque se hallo presente en la dicha cibdad del Asuncion en el tiempo qùe pasó lo en ella contenido.

22. A las veinte e dos preguntas dixo que sabe e vido lo contenido en esta pregunta asi como en ella lo dice y declara, porque se hallo presente en la cibdad del Asuncion al tiempo que pasó lo en ella contenido.

23. A las veinte e tres preguntas dixo que sabe e vido lo contenido en èsta pregunta como en ella se contiene, porque vido lo en ella contenido.

24. A las veinte e quatro preguntas dixo que sabe y vido lo contenido en esta pregunta como en ella se contiene porque vido hechos los vergantines questa pregunta dize, y fue con el dicho governador el dicho viaje por marinero hasta el puerto que pusole por nombre de los Reyes, donde vido este testigo lo demás questa pregunta dize y declara, y por esto sabe lo en ella contenido.

25. A las veinte e cinco preguntas dixo que sabe e vido lo contenido en esta pregunta como en ella se contiene, porque se hallo presente en el dicho puerto de los Reyes al tiempo que pasó lo en ella contenido.

26. A las veinte e seis preguntas dixo que vido que antes quel dicho Adelantado partiese de la dicha cibdad del Asuncion dexo puesta en astillero una carabela para enbiar aviso a Su Magestad de lo que se hiciese y avia hecho.

27. A las veinte siete preguntas dixo que lo contenido en esta pregunta este testigo lo oyo decir a capitanes y gente española que estavan en el puerto de los Reyes, de que no tiene memoria particularmente, y questo sabe desta pregunta y no otra cosa.

28. A las veinte y ocho preguntas dixo que oyo decir lo contenido en esta pregunta a los soldados españoles que fueron con el dicho Alvar Nuñez la jornada questa pregunta dice.

29. A las veinte e nueve preguntas dixo que lo contenido en esta pregunta lo oyo decir publicamente a muchas personas españolas en el puerto de los Reyes, y este testigo vido partir al dicho Gonçalo de Mendoça y a la gente que consigo yva, que decian que yva a hacer y efetuar lo contenido en esta pregunta.

30. A las treinta preguntas dixo que lo contenido en esta pregunta este testigo lo oyo decir muy publicamente entre los españoles qu' estavan en el puerto de los Reyes, y ansi fue muy publico y notorio entre toda la gente.

31. A las treinta y una pregunta dixo que oyo decir lo contenido en esta pregunta, publicamente a todas las personas qu' estavan en el dicho puerto, e fue muy público e notorio.

32. A las treinta y dos preguntas dixo queste testigo cree e tiene por cierto quel dicho governador no mando al dicho Gonçalo de Mendoça, ni a otra persona alguna, que hiciesen guerra a fuego ni a sangre a los dichos yndios, porque si lo mandara este testigo lo supiera, y no pudiera ser menos, como sabia las otras cosas que se hacian y hordenavan entrel dicho governador y entre los oficiales de Su Magestad, que luego se publicavan, y questo sabe desta pregunta.

43. A las quarenta y tres preguntas dixo que sabe e vido lo contenido en esta pregunta porque este testigo fue en un vergantin por marinero para traer el mantenimiento al puerto de los Reyes, y bolbio en el dicho bergantin al dicho puerto con el dicho mantenimiento, y por esto sabe lo contenido en esta pregunta.

44. A las quarenta y quatro preguntas dixo queste testigo vido que demas del mantenimiento que se tomo a los yndios, de las dichas sementeras, quedó harta cantidad de mantenimientos para los que las avian sembrado, porque quando este testigo fue en el dicho vergantin vido que despues de cargado el dicho mantenimiento en el, quedó mucha cantidad.

45. A las quarenta e cinco preguntas dixo que sabe lo contenido en esta pregunta como en ella se contiene porque se hallo presente en el puerto de

los Reyes y vido la necesidad grande que padecian los españoles y yndios amigos, a causa de los mantenimientos, que no los avian sino heran los de los dichos yndios contenidos en esta pregunta.

46. A las quarenta y seys preguntas dixo que dice lo que dicho tiene en las preguntas antes desta, en lo que se afirma.

48. A las quarenta y ocho preguntas dixo que sabe e vido lo en esta pregunta contenido como en ella se contiene, porque se hallo presente en el dicho puerto de los Reyes al tiempo que paso lo en ella contenido, y por esto sabe lo en ella contenido.

49. A las quarenta y nueve preguntas dixo queste testigo oyo decir lo contenido en esta pregunta, segund e como en ella se contiene, a toda la gente del rreal de los cristianos, entre los quales fue muy publico y notorio y obo muy gran pesar en el real, de la prision y muerte de los cinco cristianos que los yndios avian preso, y asi parecio muy claramente porqueste testigo y otros cristianos fueron a una ysla donde los cristianos solian pescar y hallaron alli las canoas en que avian ydo y la leña que solian traer a sus casillas que alli en la ysla solian tener hechas de paja, y no hallaron alli a los cristianos que solian estar, de lo qual ovieron mucho pesar este testigo y los que con el yvan.

50. A las cinquenta preguntas dixo que sabe e vido lo contenido en esta pregunta como en ella se contiene, porque se hallo presente las veces que paso lo en ella contenido.

51. A las cinquenta e una preguntas dixo que lo contenido en esta pregunta este testigo lo sabe y vido como en ella se contiene, lo qual fue y es muy publico y notorio entrè todas las personas en el rreal de los cristianos.

52. A las cinquenta y dos preguntas dixo que no la sabe.

54. A las cinquenta y quatro preguntas dixo que vido que muchos de los dichos yndios que hacian la guerra a los cristianos fueron presos y dados por esclavos, y que otros fueron muertos; e questo sabe desta pregunta y no otra cosa.

55. A las cincuenta e cinco preguntas dixo que lo contenido en esta pregunta este testigo lo oyo decir muy publicamente en el rreal de los cristianos por cosa muy publica y notoria, y por tal fue avida y tenida.

57. A las cincuenta e siete preguntas dixo que no la sabe.

65. A las sesenta y cinco preguntas dixo que sabe y vido que la guerra que se hizo y declaro por el dicho governador y los otros oficiales, hera á los yndios que dicen del pueblo del Viejo, qu' es en el puerto de los Reyes, y los çocorinos que dicen de la ysla, que son todos unos y los que hacían la guerra, y questo sabe desta pregunta.

67. A las sesenta y siete preguntas dixo que sabe e vido lo contenido en esta pregunta como en ella se contiene, porque se hallo presente á ello.

68. A las sesenta y ocho preguntas dixo que sabe lo contenido en ésta pregunta porque lo vido e se hallo presente al tiempo quel dicho governa-

dor apercibio a los españoles que no hiciesen ningun daño a los yndios, y si lo hacian los castigava.

69. A las sesenta y nueve pregunta dixo que sabe e vido lo contenido en esta pregunta como en ella se contiene, porque estava presente en el dicho rreal todo el tiempo quel dicho Alvar Nuñez fue governador.

70. A las setenta pregunta dixo que sabe e vido que todos los yndios de la dicha provincia estavan y estuvieron muy bien con el dicho governador y lo querían mucho, y lo demás contenido en la pregunta no lo sabe.

73. A las setenta y tres preguntas dixo que vido quel dicho governador, en el tiempo qu' estuvo en el dicho puerto de los Reyes, daba e dio de vestir a los españoles proves, sin que les llevase ynteres alguno, y questo sabe desta pregunta y no otra cosa alguna.

74. A las setenta y quatro preguntas dixo que en el tiempo quel dicho Alvar Nuñez Cabeça de Vaca fue governador tuvo en mucha paz e concordia e justicia a los cristianos, de manera que no ovo alvoroto ni muerte de ninguno, ni herida entrellos; y questo sabe desta pregunta y no otra cosa de lo en ella contenido.

75. A las setenta y cinco preguntas dixo queste testigo vido que los dichos fray Bernaldo de Armenta y fray Alonso Lebron, su compañeró, llevaron muchas hijas y mugeres de ombres prencipales, yndias, y se fueron á la costa del Brasil con ellas, y que no sabe si heran contra la voluntad de

sus padres o no, ny sabe otra cosa de lo contenido en esta pregunta.

76. A las setenta y seys preguntas dixo que dice lo que dicho tiene, en que se afirma, e qu' es la verdad de lo que pasa, so cargo del juramento que hizo, e dixo que no sabia firmar, y no fue preguntado por más preguntas porque ansi lo pidio la parte.

E desto que dicho es, segund que ante mi el dicho escrivano paso di la presente por mandado del dicho señor teniente y de pedimiento del dicho Diego Sanchez, firmada del dicho señor teniente e firmada e signada de mi signo, qu' es fecha en la dicha cibdad de Sevilla en los dichos dias, mes e año sobredichos.=*Palacios*.

E yo, Bartolome Piçarro, escrivano y notario público de Su Magestad, sobredicho, la fize escrevir y fize aqui este mio signo, que es á tal, en testimonio de verdad.—*Bartolome Piçarro, escrivano de Su Magestad.*

PROVANZA

HECHA EN LA VILLA DE MADRID

POR

ALVAR NUÑEZ CABEÇA DE VACA

PARA EL PLEITO QUE SIGUE CON EL FISCAL DE S. M.

SOBRE LOS CARGOS

Y ACUSACIONES QUE LE TIENE PUESTOS. 1546 (1)

(1) Archivo de Indias. — Simancas. — Justicia. — Consejo. — Distrito de la Audiencia de Charcas. — Est. 52, Caj. 5, Leg. $\frac{2}{10}$.

Citacion al fiscal.

En la villa de Madrid, a veinte e seys dias del mes de Junio de mill e quinientos e quarenta e seys años, yo, Juan de Cueva, escrivano de Su Magestad, de pedimiento de Alvar Nuñez Cabeça de Vaca, governador de la provincia del rrio de la Plata, notefique al licenciado Villalobos, fiscal de Su Magestad en su rreal Consejo de Yndias, que si quesiese se hallase presente a ver presentar, jurar e conocer los testigos quel dicho Alvar Nuñez Cabeça de Vaca ante mi quisiese presentar en el pleito que con el trata, estando presente Cristoval de San Martin, escrivano.

E luego el dicho licenciado Villalobos, fiscal, dixo que lo oya.

Presentacion de testigos.

E despues de lo susodicho, dia y mes y año susodicho, en presencia de mi el dicho Juan de la Cueva, escrivano, parecio presente el dicho Alvar Nuñez Cabeça de Vaca, e dixo que para en prueva de su ynstruccion en el pleito que trata con el dicho fiscal, presentava y presento por testigos a Pero Hernandez, estante en esta corte, y al capitan Juan de Salazar, los quales pedio asolviesen el dicho Pero Hernandez por todas las preguntas de su ynterrogatorio, y el dicho capitan Juan de Salazar por la primera y segunda y tercera y quarta y quinta y sexta y diez e seis y diez e siete y diez y ocho y diez y nueve, veinte, veinte y una veynte y dos veinte y tres veinte y quatro veinte y cinco, veinte y seis, quarenta, cinquenta y cinco cinquenta e seys, cinquenta e siete, cincuenta y ocho, cincuenta y nueve, sesenta, sesenta e seys, sesenta e siete, sesenta y ocho, sesenta e nueve, setenta, setenta e una, setenta e dos, setenta e quatro, setenta y cinco, setenta e seys preguntas de su ynterrogatorio, de los quales y de cada uno dellos, yo, el dicho escrivano tome e recibi juramento en forma devida de derecho sobre una señal de cruz que con sus manos derechas tocaron corporalmente, e siendoles echado por mi el dicho escrivano la confision del dicho juramento, ellos e cada uno dellos dixo: *si juro, e amen;* testigos qu' estavan presentes e los vieron jurar, Lope Yvañez de Tolea, e Martin de Ogia, criado de Bernardino de Mercado, estantes en esta corte.

Presentacion de más testigos.

E despues de lo susodicho, dia mes y año susodicho, ante mi el dicho escrivano y los testigos de yuso escriptos parescio presente el dicho Alvar Nuñez Cabeça de Vaca e dixo que para en el dicho pleito que trata con el dicho fiscal presentava y presento por testigos al Adelantado don Pedro de Heredia, e a Bernardino de Mercado, estantes en esta corte, los quales pedio asolviesen por la primera, quarenta, setenta y una setenta y dos preguntas de su ynterrogatorio, de los quales y cada uno dellos yo el dicho escrivano tome e recibi juramento en forma de derecho sobre una señal de cruz que con sus manos derechas corporalmente tocaron, e siendoles por mi el dicho escrivano echada la confision del dicho juramento, dixeron: *si juro, y amen;* testigos que los vieron jurar, Jorge Vazquez, escrivano, e Rodrigo Muñoz, corredor, estantes en esta corte.

Presentacion de más testigos.

E despues de lo susodicho, a veinte y ocho dias del mes de Junio del dicho año, ante mi el dicho escrivano e los testigos de yuso escriptos parecio presente el dicho Alvar Nuñez Cabeça de Vaca e dixo que para en prueva de su ynstrucion en el pleito que trata con el dicho fiscal, presentava y presento por testigo al licenciado Ximenez, y a Andres de Cobasrrubias, los quales pedio dixesen por la primera, quarenta, setenta e una, setenta e dos preguntas de su ynterrogatorio, de los quales y cada uno dellos yo el dicho escrivano tome e rrecibi juramento en forma de derecho, e siendoles por mi echada la confision del dicho juramento, dixeron; *si juro, e amen;* testigos que los vieron jurar, Pedro Hernandez, escrivano, y Juan Gadea, estantes en esta corte.

Presentacion de más testigos.

E despues de lo susodicho, a siete dias del mes de Julio del dicho año, ante mi el dicho escrivano e los testigos de yuso escriptos parescio presente el dicho Alvar Nuñez Caveça de Vaca e dixo que para en prueva de su yntrucion en el pleito que trata con el dicho fiscal, presentava e presento por testigo a Alonso de Montalvan, vecino desta villa de Madrid, el qual pedio dixese por la primera, quarenta, setenta y una, setenta y dos preguntas de su ynterrogatorio, del qual yo el dicho escrivano tomé y recibi juramento en forma de derecho sobre una señal de cruz que con su mano derecha corporalmente toco, e siendole echada la confision del dicho juramento, dixo: *si juro, e amen;* testigos que le vieron jurar, el Adelantado Eredia, e Juan Cobos, estantes en esta corte.

Presentacion de otro testigo.

E despues de lo susodicho, en la dicha villa de Madrid, a ocho dias del mes de Julio del dicho año, ante mi el dicho escrivano e los testigos de yuso escriptos parecio presente el dicho Alvar Nuñez Caveza de Vaca, e dixo que para en prueva de su yntrucion para en el dicho pleyto que trata con el dicho fiscal, presentava y presento por testigo a Andres de Tapia, estante en esta corte, para en la primera, setenta e una, setenta y dos preguntas de su ynterrogatorio, del qual yo el dicho escrivano tomé y recibí juramento en forma devida de derecho, e siendole echada la confision del dicho juramento, dixo: *si juro, e amen;* testigos que le vieron jurar, el capitan Salazar e Jorge Vazquez, escrivano.=Paso ante mi, *Juan de Cueva,* escrivano.

PROVANZA

El dicho capitan Juan de Salazar, testigo jurado y presentado por el dicho Alvar Nuñez Cabeça de Vaca, e siendo preguntado por la primera pregunta del dicho ynterrogatorio, dixo e depuso lo siguiente.

1. A la primera pregunta del dicho ynterrogatorio dixo que conoce al dicho Alvar Nuñez Caveça de Vaca, e al licenciado Oviedo, fiscal de Su Magestad, por vista e trato e conversacion que con ellos a tenido e tiene, e sabe e tiene noticias de las provincias del rrio de la Plata por aver estado e rresidido en ellas por tiempo y espacio de once años, poco más ó menos.

Siendo preguntado por las preguntas generales de la ley de Madrid, dixo qu' es de edad de treinta e ocho años, poco más ó menos tiempo, e queste testigo no es pariente de ninguna de las partes, ni a sido dadivado, corruto ni sobornado por ninguna de las partes porque en su dicho oviese de decir el contrario de la verdad, mas de que queria que venciese el pleito la parte que toviese justicia; e siendo preguntado por las otras preguntas del dicho ynterrogatorio para en que fue presentado, dixo y depuso lo siguiente.

2. A la segunda pregunta del dicho ynterrogatorio dixo que lo que desta pregunta sabe es queste testigo vio al dicho don Pedro de Mendoça el año de treinta e cinco pasado estar en la cibdad de Sevilla haciendo su armada para pasar a las dichas provincias del rrio de la Plata, y el dicho año se embarco para ellas el dicho don Pedro, y este testigo se embarco y paso con el a las dichas provincias del rrio de la Plata, y el dicho don Pedro de Mendoza mostro a este testigo las capitulaciones que avia tomado con Su Magestad sobre la governacion de las dichas provincias, y este testigo las leyo e vio que entre otras cosas en ellas contenidas se contenia lo contenido en la dicha pregunta; y de lo demás no tiene memoria, y desta pregunta esto es lo que sabe.

3. A la tercera pregunta dixo que sabe quel dicho don Pedro de Mendoça se embarco e paso a las dichas provincias del rrio de la Plata con hasta mil e quinientos ombres, poco mas o menos, e muchos cavallos e yeguas, e moniciones e otros bastimentos y aparejos necesarios para tierras nuevas, e con lo susodicho llego a entrar por el rrio adentro hasta quarenta o cinquenta leguas, e de todo lo que llevava llego todo con el, eceto la nao de Marañon, en que yva Alonso Cabrera, y llego hasta donde las naos podieron surgir y estar, y alli edifico un puerto que se dice por nombre Buenos Aires, y estando alli en el dicho lugar de Buenos Aires, sin aver conocido a los yndios, ni aver cabsa ni rrazon para ello, venian a la contina sobre los cristianos e les davan guerra y matavan dellos

y quemavan el dicho pueblo, e sabe que asi de la guerra que los yndios les davan, como de ambre, morieron en el dicho pueblo e tierra adonde salian a buscar bastimentos, hasta mil ombres, poco mas o menos, e despues, aviendo enviado el dicho don Pedro a este testigo por una parte a descubrir, e a Juan de Ayolas por otra, este testigo volvio de alli a diez meses con ciertas planchas de plata y otros metales a darle quenta de lo que en la tierra avia hallado, y de como dexaba hecha una fortaleza y en ella cristianos y mucha amistad con gran cantidad de yndios; hallo como el dicho don Pedro era venido para estos rreynos porque avian venido gran cantidad de yndios sobre él a hacer guerra, y le avian dicho que avian muerto a todos los que avian ydo con este testigo y el dicho Juan de Ayolas al rrio arriva a descobrir, y creer que por esta causa, demas de su dolencia, fue la cabsa porquel dicho don Pedro se vino, e dende a cierto tiempo aporto a la dicha provincia el dicho Alonso Cabrera, que avia quedado perdido en la mar, e dixo que avia buelto en España e sabia como el dicho don Pedro era muerto en la mar y la nao suya quedava en Sevilla; fue preguntado como sabe lo que tiene dicho; dixo que porque lo vio e se hallo presente a todo lo que tiene dicho, y desta pregunta esto dixo que sabe.

4. A la quarta pregunta del dicho ynterrogatorio dixo que lo que desta pregunta sabe es que quando este testigo volvio, como tiene dicho en la pregunta antes desta, de su descubrimiento, le dixeron como el dicho don Pedro avia dexado por

su teniente para la dicha governacion al dicho Juan de Ayolas, que era ydo, como tiene dicho, a descubrir tierra, e despues quel dicho Alonso Cabrera fue a las dichas provincias se certifico como el dicho don Pedro avia dexado por su teniente e heredero al dicho Juan de Ayolas, e asi vio que Su Magestad lo aprovaba por una cedula o provision que llevava el dicho Alonso Cabrera; y desta pregunta esto es lo que sabe.

5. A la quinta pregunta dixo que como tiene dicho en las preguntas antes desta, vio este testigo como despues de venido el dicho don Pedro a estos rreynos, fue a dicha provincia del rrio de la Plata el dicho Alonso Cabrera y llevo consigo cierta gente, que a parecer deste testigo serian hasta setenta o ochenta ombres, poco mas o menos, porque quando el dicho Alonso Cabrera, e Francisco Ruiz Galan, qu' estava en Buenos Ayres por teniente del dicho don Pedro en aquel puerto, llegaron adonde este testigo estava en la dicha fortaleza e pueblo que avia edificado, llevavan consigo las dichos ochenta ombres, poco mas o menos, demas de la quel dicho Francisco Ruiz llevava; y desta pregunta esto es lo que sabe.

6. A la sexta pregunta del dicho ynterrogatorio dixo este testigo que quando el dicho Alonso Cabrera y el dicho Francisco Ruiz Galan llegaron á la dicha fortaleza y pueblo del Asuncion, donde este testigo estuvo, le dixeron como los dos avian tenido en Buenos Ayres ciertas diferencias en que avian estado para se matar, e que despues se avian conformado en ynviar e avian ynbiado de

un acuerdo e parecer una carabela en quel dicho Antonio Lopez venia por piloto, a Su Magestad, a le ynformar cada uno por si de lo que le parecia, e como Juan de Ayolas no parescio, ni este testigo, de queste testigo y la gente que con el estaba recebieron grande agravio por lo aber enbiado a decir a Su Magestad sin primero ser ynformados si el dicho Juan de Ayolas y este testigo y la gente que con ellos estaban eran muertos o bibos, por no aver mas de quince o diez y seis meses que no sabian unos de otros, y a esta causa este testigo, ni los que con el estavan, en diez años no pudieron dar relacion a Su Magestad de lo que pasava, ni a sus deudos y parientes, de como eran vivos; e sabe este testigo que despues queste testigo fue por una parte y el dicho Juan de Ayolas por otra a descubrir tierra, no bolvio mas el dicho Juan de Ayolas, antes tuvo noticia de dos vergantines quel dicho Juan de Ayolas dexo por donde entro para que le esperasen, como no avia vuelto mas, e de ciertos yndios como lo avian muerto; y desta pregunta esto dixo que sabe.

16. A las dies e seis preguntas dixo este testigo que la sabe como en ella se contiene; fue preguntado como la sabe: dixo que porqueste testigo estava en la ciudad de la Asuncion, quel avia poblado, quando llego a ella el dicho Alvar Nuñez Caveza de Vaca, con todo lo en la pregunta contenido, e vio como toda la gente o la mayor parte de ella se alegro mucho con la yda del dicho Alvar Nuñez e se maravillava como el dicho Alvar Nuñez avia podido pasar por la tierra donde avia

pasado, e averla dexado en tanta paz como todos decian que la avia dexado, por ser tan largo camino y fragoso y no aver pasado por alli jamas cristianos, ni tener noticia que se podiese horadar aquella tierra; e desta pregunta esto es lo que sabe, e demas de lo susodicho dixo que save que de aver el dicho Alvar Nuñez pasado e ydo por donde fue para llegar a la cibdad de la Asuncion, se siguio mucho provecho y pacificación entre los yndios y cristianos, porque del dicho camino yvan a la dicha ciudad a contratar con los cristianos y entender las cosas de Dios y de los cristianos.

17. A las diez y siete preguntas del dicho ynterrogatorio dixo este testigo que lo que desta pregunta sabe es que antes que llegase el dicho Alvar Nuñez Caveça de Vaca a la dicha cibdad de la Asuncion, este testigo y los otros cristianos que en la dicha cibdad estavan tenian inquisicion de muchos yndios como al dicho Juan de Ayolas e a todos los cristianos que con el yvan los avian muerto una generacion de yndios que se llaman payaguaes, y les avian tomado oro y plata que trayan en cantidad, e que en la dicha cibdad se abrio el testamento del dicho Juan de Ayolas e se vendio de su hacienda e se hicieron sus onrras por su anima, este testigo y los otros cristianos qu' estavan en la dicha cibdad, tan solenes quanto en la tierra se podieron hacer; quando llego el dicho Alvar Nuñez a la dicha cibdad de la Asuncion los cristianos que en ella estavan le recebieron por governador en nombre de Su Magestad, por ser notorio entrellos ser muerto el dicho Juan de Ayo-

las, e ansimismo lo hicieron los yndios prencipales y otros muchos de la tierra, e cree haria ynquisicion de la dicha muerte, pero este testigo no lo sabe si la hizo; y desta pregunta esto dixo, que sabe.

18. A las diez y ocho preguntas del dicho ynterrogatorio dixo que sabe quel dicho Alvar Nuñez Cabeça de Vaca, despues de aver llegado á la dicha cibdad de la Asuncion presento las provisiones de Su Magestad ante los oficiales y capitanes de Su Magestad y otra mucha gente, e los cristianos le recevieron por tal governador en nombre de Su Magestad y le entregaron las varas de justicia, y el las torno a dar, y todo el tiempo qu' estuvo en la dicha provincia le obedecieron por tal governador, e por tal fue avido e tenido hasta que le prendieron e quitaron las varas de justicia quel avia puesto e las dieron á otras personas; fue preguntado como sabe lo susodicho; dixo que porque lo vio e se hallo presente a todo ello; y desta pregunta esto es lo que sabe.

19. A las diez y nueve preguntas del dicho ynterrogatorio dixo que como tiene dicho en la diez y seis preguntas antes desta, en aver ydo el dicho Alvar Núñez por el dicho camino hiço gran servicio a Su Magestad y mucho provecho a todos los cristianos, por las razones que en la dicha pregunta tiene dichas y otras, e que cree e tiene por cierto que si el dicho Alvar Nuñez y la gente que con el yva fueran por el puerto de Buenos Ayres, se perdieran todos, asi por la guerra que los yndios les hicieran, como por hambre, a cabsa de aver

levantado el dicho pueblo que alli estava fundado; porque con ser pocos los que envio el dicho Alvar Nuñez al dicho puerto de Buenos Ayres en la nao, con hallar alli un xanor con maiz e bastimentos que los cristianos avian dexado quando el puerto se levanto, estovieron en gran peligro de morir de hambre, e si no fueran socorridos de la Asuncion con vergantines y gente e bastimentos, morieran todos; y desta pregunta esto es lo que sabe.

20. A las veinte preguntas del dicho ynterrogatorio dixo que lo que desta pregunta save es que despues de recibido el dicho Alvar Nuñez por tal governador, dio vino e harina para celebrar el Santisimo Sacramento en la yglesia mayor y monesterio y se decia misa con sus ornamentos, e ansimismo vio e supo y entendio que a algunas personas dio rropas que se vestiesen, e lienço para camisas, sin ynterese nenguno, e vio que el con su propia persona, con los capitanes e gente mas onrrada, començo con sus propias manos edeficar e hacer la yglesia mayor de la dicha cibdad, adonde este testigo tenia hecha la dicha fortaleza, porque la yglesia queste testigo tenia hecha, como avia crecido la gente era ya pequeña y no en tan buen lugar, e quando fue a la entrada dexó mandado a este testigo que acabase la dicha yglesia, y este testigo la hiço y acabo; y desta pregunta esto es lo que sabe.

21. A las veinte e una preguntas del dicho ynterrogatorio dixo este testigo que la sabe como en ella se contiene; fue preguntado como la sabe; dixo que porque lo vio por sus ojos y hablo con muchos

yndios a quien el dicho Alvar Nuñez dio lo en la pregunta contenido, y dellos conocio estar muy contentos y satisfechos del dicho Alvar Nuñez; y desta pregunta esto dixo que sabe.

22. A las veinte y dos preguntas del dicho ynterrogatorio dixo que lo que della sabe es que sabe e vio quel dicho Cabeça de Vaca mandava a los españoles lo en la dicha pregunta contenido, e para se lo dar a entender a los yndios y las provisiones y ordenanzas de Su Magestad, sabe que llamo a muchos yndios prencipales de la tierra y por ynterpete se lo dio a entender como no les avia de ser hecho agravio, ni mal tratamiento, sino buenas obras, e quien otra cosa les hiciese que se lo viniesen a quejar a el, quel los castigaria, e que no tiene entera memoria si paso de todos los rreligiosos en la pregunta contenidos, e que tampoco tiene entera memoria si les dio entender las provisiones de Su Magestad, como la pregunta dize, e vio que por estas cosas que les dixo, quando algunos yndios les hacian algun mal tratamiento algunos cristianos, se venian a quejar al dicho governador y el los castigaba y rremediaba; y desta pregunta esto es lo que sabe.

23. A las veinte y tres preguntas del dicho ynterrogatorio dixo que lo que desta pregunta sabe es que despues de lo susodicho, el dicho Alvar Nuñez, cree con parecer de los contenidos en la pregunta, aunque dello no tiene entera memoria, embio por el rrio arriva y por tierra, como la pregunta dice, a cristianos e yndios para que unos por tierra y otros por el rrio descobriesen lo que

en la tierra oviese, e que si les mando que tratasen bien a los yndios, o no, no tiene memoria, mas de que cree lo haria porque tenia siempre por costumbre de lo hacer; y desta pregunta esto es lo que sabe.

24. A las veinte y quatro preguntas del dicho ynterrogatorio dixo que lo que desta pregunta sabe es que vio quel dicho governador Cabeça de Vaca hiço ciertos vergantines y barcas en la cantidad que la pregunta dice, poco mas o menos, y el dicho governador y los dichos quatrocientos cristianos e cierta cantidad de yndios, que oyo decir serian hasta novecientos, porquel no los conto, los quales yndios yvan de su voluntad, qu' eran amigos, y ansimismo llevo los cavallos e yeguas que la pregunta dice, pocos mas menos, e partieron de la dicha ciudad para entrar por la tierra adentro, e quando bolbieron este testigo supo de la gente que avia ydo en la dicha compañia, como avian entrado trescientas y cinquenta leguas a la tierra adentro hasta aquel puerto que la pregunta dice, que dicen que puso por nombre de los Reyes, e que alli los avian rrecibido de paz y el dicho governador avia hecho alli un pueblo e yglesia; y lo demas contenido en la dicha pregunta no lo sabe, porqueste testigo no fue en la dicha entrada; y desta pregunta esto es lo que sabe.

25. A las veinte e cinco preguntas del dicho ynterrogatorio dixo que dice lo que dicho tiene en las preguntas antes desta, y que desta pregunta no sabe otra cosa mas de que oyo decir quel dicho governador avia dado muchas cosas a los yndios que

alli le avian venido a ver; fue preguntado a quien lo oyo decir; dixo que a muchos cristianos de los que venian de la dicha entrada; y desta pregunta no sabe otra cosa.

26. A las veinte y seis preguntas del dicho ynterrogatorio dixo que lo que desta pregunta sabe es que al tiempo quel dicho governador se partio para la dicha entrada dexo echo mucha cargazon y aparejos para hacer la dicha caravela, y hecha mucha tablazon en la tierra adentro para hacer la dicha caravela, e dexo oficiales para que la heciesen e les dio y dexo rropa e hacienda para que con mas brebedad y mejor voluntad la heciesen, y dexo mandado a este testigo, por una ynstrucion, la heciese hacer y diese todo lo que para la hacer fuese menester, e partido el dicho Alvar Nuñez a la dicha entrada, este testigo lo hiço poner por obra sin perder ninguno mano della, e quando el dicho Alvar Nuñez bolbio de la dicha entrada estava casi todo hecho, y se hacia para avisar á Su Magestad del suseso de la entrada y de todo lo de la tierra, y despues desto prendieron al dicho Alvar Nuñez y el capitan Domingo de Yrala y oficiales de Su Magestad la mandaron deshacer y se deshiço; y desta pregunta esto es lo que sabe.

40. A las quarenta preguntas del dicho ynterrogatorio dixo este testigo que lo que desta pregunta sabe es que en el tiempo queste testigo a estado en la dicha provincia del Rio de la Plata a visto que los yndios de la dicha provincia por qualquier enojo que tengan sacan lo que tengan en sus casas y les ponen fuego y las queman y las ban a hacer

a do mejor les parece y les paresca que la tierra este más descansada, e prencipalmente a visto que hacen lo susodicho quando piensan tener guerra con los cristianos y hacerles mal; quando quieren ir a les hacer guerra sacan de sus casas sus mugeres e hijos y todo lo que tienen e lo ponen en montes e sierras donde esten mas escondidos, e van a hacer sus saltos e trayciones, e no saliendo con lo que van a hacer, vuelven huyendo y pasan por sus casas y les ponen fuego porque si los cristianos vinieren tras ellos no hallen adonde repararse, y ansimismo a visto que quando estan cansados d'estar en un sitio, queman las casas y las ban a hacer á otras partes, y esto es cosa que lo usan ordinariamente porque son las casas de paja e armadas sobre maderos delgados, e las tornan a hacer en un dia muy brevemente; y desta pregunta esto es lo que sabe, y a oydo decir que hacen lo mismo en otras Yndias.

55. A las cinquenta e cinco preguntas dixo que la sabe como en ella se contiene; fue preguntado como la sabe; dixo que porque lo vio pasar como en la dicha pregunta se contiene, antes que fuese el dicho governador Cabeça de Vaca, y despues porque vio que Francisco Ruiz Galan y el capitan Vergara hecieron ynformaciones contra los yndios agaces y los daban por esclavos, porque despues de aver tenido con ellos paces las avian embiado y venido á saltear, y les matavan muchos yndios de los amigos e cristianos nuevamente convertidos y los llevavan presos, e de las haciendas de los cristianos llevavan las yndias que andavan

senbrando o limpiando los maizes, e á las unas matavan y a las otras llevavan cautivas y las traian a rescatar por el rrio por rropa y planchas y hachas y otros rrescates y mucho mayz y mandioca, e los cristianos ni los yndios no eran señores de yr a pescar al rrio, con temor dellos; e ansimismo de noche rrovavan los mayzes y los destruian, y dellos rrecevian grandes injurias y molestias, y quanto mejores palabras los cristianos les daban y mas los rrequerian, mas se ensoverbecian y decian qu' era de miedo dellos, y asi se alavaban dello a otras generaciones, las quales lo benian á decir a los cristianos y aun los tenian en poco por caso de los dichos agazes, los quales son gente que no sembran, ni cogen, ni viven de otra cosa sino de pesquerias y saltear a todas generaciones, como señores del rrio y de mas canoas que otros yndios ningunos; y desta pregunta esto es lo que sabe.

56. A las cinquenta e seis preguntas del dicho ynterrogatorio dixo que lo que desta pregunta save es que visto los daños que rrecebian de los yndios agazes, y delitos grandes que hacian contra los cristianos e yndios convertidos, y menosprecio que de todos hacian, asi los oficiales de Su Magestad, como todo el pueblo a una boz, estaban de bôto que si podiesen prender algunos de los dichos yndios agazes fuese hecha justicia dellos para evitar los daños y males que dellos rrecebian, para escarmentarlos; pero que quando prendieron a los contenidos en la dicha pregunta este testigo estava en la cama malo avia año y medio, e no sabe

las deligencias que sobre ello paso, ni se hecieron; y desta pregunta esto es lo que sabe y no otra cosa.

57. A las cinquenta e siete preguntas dixo queste testigo no se hallo presente a lo susodicho en la pregunta contenido, por estar malo, como dicho tiene, pero que oyo decir con grande alvoroto por la dicha ciudad que los agazes qu' estavan presos no se querian dejar sacar a ejecutar la justicia, antes se defendian, e que los que los yvan a sacar no podian entrar con ellos con espadas y rrodelas, y a esta causa les tiravan con vallestas, e quel governador no estava presente porqu' estava en su casa, e nunca oyo decir que lo mandase, ni sabe otra cosa desta pregunta.

58. A las cincuenta y ocho preguntas del dicho ynterrogatorio dixo este testigo que de lo que desta pregunta save es quel dicho yndio Aracare se hiço amigo de los cristianos, y muchas veces vino a tratar con este testigo, de quarenta leguas de camino, quando este testigo governaba la tierra antes que fuese el dicho governador Cabeça de Vaca, e despues que Domingo de Yrala mandó fue a una entrada el y Alonso Cabrera, y oyo decir este testigo quel dicho yndio Aracare yva entre los otros yndios amigos, e que hacian mucho caso del por ser baliente e porque decian quel sabia aquella entrada, que su padre y un hermano suyo avian entrado por alli, e los cristianos vio que yvan muy confiados que aquel y otros los avian de poner en tierra poblada, y ansi este testigo y la otra gente fueron con el a la dicha entrada e an-

dovieron veinte e siete dias por tierra despoblada y anegada y estovieron a punto de se perder todos, e asi acabados los mantenimientos que llevaba, y la gente que començaban a adolezer, se bolvieron, y de la vuelta vio que los cristianos e yndios se quexaban del dicho yndio Aracare, e llegados adonde avian dexado los vergantines, el dicho yndio desaparecio con otra mucha gente e armas, e á mas este testigo le vio que los cristianos e yndios todos decian que merecia ser ahorcado por los aver engañado en los llevar por donde los llevo, y desta entrada morieron muchos cristianos e yndios y adolecieron otros muchos; y desta pregunta esto es lo que sabe.

59. A las cinquenta e nueve preguntas del dicho ynterrogatorio dixo que sabe que despues que fue el dicho governador Caveça de Vaca a la dicha provincia, el dicho yndio Aracare, quando supo que avia governador nuevo vino a le ablar, y el dicho governador le recibio muy bien y el dicho yndio se bolvio muy contento porque le avian tratado tambien, y porque crei quel dicho governador le dio rrescate como lo daba a otros, e luego se dixo entre ellos como avia de llevar cristianos a les mostrar un camino por donde se podia hacer la entrada sin peligro de morir de ambre ni sed, e despues de alli a cierto tiempo vio este testigo partir los cristianos contenidos en la pregunta, a se juntar con el dicho Aracare para hacer la entrada ellos y otros muchos yndios amigos que con ellos yvan, e de alli a cierto tiempo vinieron ciertos yndios que dixeron como el dicho Aracare era en-

trado en la tierra adentro con los dichos cristianos e yndios que con ellos yvan, e despues de alli a cierto tiempo este testigo vio bolver a los dichos cristianos e muchos yndios amigos, comarcanos de la dicha cibdad, e venian muy flacos e desbaratados, e todos daban grandes quejas del dicho Aracare, porque decian que yendo por la tierra adentro por tierra de enemigos se les avia vuelto con toda su gente y de toda su tierra, e decian que convocava a los yndios comarcanos a la cibdad que se volviesen y dexasen los cristianos, e los dichos comarcanos no los avian querido dexar y el dicho Aracare se avia vuelto con toda la dicha gente, e q̃ue de buelta venia poniendo fuego a los campos, e decian los cristianos e yndios que lo hacia a fin de que los enemigos veniesen a los humos, como es su costumbre, e toppassen con los cristianos e yndios desbaratados como venian e los matasen, e desta entrada sabe este testigo que morieron muchos yndios y los que escaparon venieron muy flacos y desbaratados; y desta pregunta esto es lo que sabe.

A las sesenta preguntas del dicho ynterrogatorio dixo que lo que desta pregunta sabe es que en la tierra donde el dicho yndio Aracare bivia uvo grandes levantamientos y guerras unos con otros; los unos sustentando los cristianos, e otros travajando porque se les heciese guerra, e fue muy publico e notorio y publica voz e fama entre los cristianos e yndios quel dicho yndio Aracare se avia señalado por enemigo de los cristianos, e yndocia a todos los yndios de la tierra que no fuesen amigos de los cristianos, y a los que lo querian ser se les yva a rovar y a les hacer guerra, y a esta causa los yndios venieron muchas veces a pedir socorro al dicho governador para contra el dicho Aracare y los otros queran enemigos de los cristianos, porque los robaban y matavan porqu' eran amigos de los cristianos; y desta pregunta esto es lo que sabe.

61. A la sesenta y una preguntas del dicho ynterrogatorio dixo que lo que desta pregunta sabe es quel dicho capitan Vergara estava con ciertos vergantines e gente el rrio arriba, cerca de la tierra del dicho Aracare, e veniendo de vuelta el dicho capitan Vergara a la dicha cibdad de la Asuncion, oyo este testigo decir a los cristianos que con el venian quel dicho capitan avia prendido y echo ahorcar al dicho yndio Aracare, riveras del rrio que se llama Paraguay; y esto es lo que sabe de la dicha pregunta y no otra cosa.

66. A las sesenta e seys preguntas del dicho ynterrogatorio dixo que save que quando se hiço guerra a Tavere, yndio prencipal, y a todos los de su valia, que heran muchos, fue por se aver declarado por enemigo de los cristianos y porque andava pedricando y ynvocando a todos los yndios de la tierra para que todos fuesen enemigos de los cristianos e le ayudasen a hacer guerra contra ellos, y salteava y rrovava los pueblos de los que se mostravan ser amigos de los cristianos, los quales, viendose muy molestados del dicho yndio enviaron mensageros al dicho governador Cabeça de Vaca avisandole de lo que en el caso pa-

sava, e como los fatigavan y molestavan por ser amigos de los cristianos, y pedian les diesen socorro e ayuda de los cristianos, e donde no, que lo que no avian querido hacer de su voluntad lo harian por fuerza, e ansi vio que visto lo susodicho por el dicho governador, cree lo platico con los cristianos, oficiales de Su Magestad, capitanes e gente, aunque dello no tiene entera memoria, e tuvo parecer de todos como cosa que tanto complia, e por evitar mayores daños envio al capitan Vergara con ciertos vergantines e gente para que los rrequeriese veniesen a la obidencia de Su Magestad e se dexasen de aquellas guerras e alteraciones, e que serian de todo lo pasado perdonados, y ansimismo de un cristiano que avian muerto, que andaba entrellos de paz, antes quel dicho governador fuese a la dicha provincia; e ansi vio que partio el dicho capitan Vergara con este mandado e llegado alla fue publico en la cibdad de la Asuncion quel dicho capitan les rrequirio a los dichos yndios veniesen a la dicha ovidencia de Su Magestad como el dicho governador les mando, e que serian perdonados de lo arriva dicho, e que los dichos yndios le rrespondieron que no querian venir a tal ovediencia, ni querian ser amigos de los cristianos, porque decian qu'eran mas valientes quellos, e asi decian todos los que venian a la cibdad a donde el dicho Alvar Nuñez estava, como los yndios estavan muy bastecidos de bastimentos y armas, y fortificados los pueblos de muy grandes palizadas e fuertes, e que de alli salian e venian a hacer guerra al dicho capitan y a los que con el estavan, e oyo decir este testigo a los que asi venian quel dicho capitan enviava a decir al dicho governador qu' era forzado ir a acometer prencipalmente al pueblo donde estava el dicho yndio Tabere con la mejor gente de guerra de toda la tierra, porque de alli salian a hacer todos los daños y males, e ansimismo fue publico y notorio en la dicha cibdad quel dicho capitan, e cristianos, e yndios amigos que con el estaban, acometieron el dicho pueblo e pelearon con el dicho Tabere y sus yndios y los echaron del, e se fueron huyendo a otros pueblos, e visto los yndios vencidos y los de alrededor que los mas fuertes eran rompidos e que todavia los cristianos los cometian con paz, venieron a ellos e se hecieron y vinieron a la ovidiencia, e vio venir de la dicha entrada heridos tres o quatro cristianos, de los quales morieron los tres, e nunca oyo decir que oviesen muerto ningund yndio, e si morieran no podiera ser que este testigo no lo supiera, porque luego lo dixeran los yndios amigos que alli se hallaron; y este testigo oyo decir que quando los cristianos entraron a los dichos yndios en el dicho pueblo de Tabere, quando se yvan huyendo, las casas qu' estavan por el camino donde yvan les yvan poniendo fuego, como es su costumbre, porqueste testigo no sabe quantas serian, mas de que despues de hechas las pazes y venido el dicho capitan oyo decir a los propios yndios que avian sido contra los cristianos, que venian a casa deste testigo y a la dicha cibdad a contratar como amigos, que las casas quellos avian quemado las avian tornado a hacer mejores y muy mayores, e decian a este testigo que avian sido engañados, e que nunca mas querian ser malos, sino muy amigos de los cristianos; e sabe que despues quando el dicho governador Cabeça de Vaca hiço la entrada, los yndios prencipales de la dicha guerra y muchos mas fueron con el y le servieron muy bien en la dicha entrada a el y a todos los cristianos, e sabe que despues an sido muy buenos amigos hasta queste testigo salio de la tierra, porque despues de la dicha guerra el dicho governador Alvar Nuñez lo hiço con ellos muy bien, asi en dalles muchos rescates y cosas quellos mucho quieren, como en hacerles muy buenos tratamientos; y desta pregunta esto dixo que sabe.

67. A las sesenta e siete preguntas del dicho ynterrogatorio dixo que dice lo que dicho tiene en la pregunta antes desta, a que se refiere, e oyo decir estando preso el dicho Cabeça de Vaca, a ciertas personas onrradas y de creer, qué en el dicho puerto de los Reyes, a los yndios comarcanos del dicho puerto el dicho Alvar Nuñez les avia hecho muy buenos tratamientos y dado muchas cosas, tanto que los dichos yndios, de contentos del dicho Alvar Nuñez por lo que les avia dado y buenos tratamientos que les avia hecho, de su voluntad avian traido muchas hijas suyas a los cristianos y dadoselas para que los serviesen, e que al tiempo quel dicho Alvar Nuñez partiera del dicho puerto de los Reyes para la Asuncion, heciera volver a todos las dichas sus hijas y no consintiera que ningun cristiano truxese ninguna, e por esta causa

los dichos yndios quedaran muy amigos e rrogaran al dicho governador que bolviese presto, quellos les mostrarian el camino que avian de llevar para donde avia oro y plata; y esto es lo que oyo decir y sabe desta pregunta.

68. A las sesenta y ocho preguntas del dicho ynterrogatorio dixo que la sabe como en ella se contiene; fue preguntado como la sabe; dixo que porque lo vio e se hallo presente a ello e vio que muchas veces el dicho governador, con la lengua ynterprete de los yndios demando delante deste testigo á muchos yndios prencipales que, ¿que cristianos andaban por sus casas e les hacian algun agravio?; que lo dixesen, quel los castigaria, e sobre ello vio quando venia a caso, veya que castigaba e rreprendia a algunos cristianos, y sabe que por esta causa algunos cristianos estavan mal con el dicho governador; y esto es lo que sabe desta pregunta.

69. A las sesenta e nueve preguntas del dicho ynterrogatorio dixo que la sabe como en ella se contiene; fue preguntado como la sabe; dixo que porque lo vio por sus ojos como la pregunta lo dice, e veya que quando los yndios trayan mantenimientos a casa del dicho governador, veya como les daba cuñas y otros rescates en pago de los dichos mantenimientos, y quando enviava sus criados a los buscar, veya que les daba los dichos rrescates con que los pagasen, y aun graciosamente vio que muchas veces les daba muchos rrescates y que siempre que les mandaba a los yndios hacer alguna cosa se lo pagaba á su

voluntad; y desta pregunta esto dixo que sabe.

70. A las setenta preguntas del dicho ynterrogatorio dixo que como tiene dicho en las preguntas antes desta, sabe que los yndios de paz todos estavan muy bien con el dicho Alvar Nuñez Cabeça de Vaca, y quando le tenian preso, este testigo veya andar muchos dellos tristes y entendia dellos qu' era por la prision del dicho governador, pero que si le querian soltar o no, no lo sabe, porque los yndios son muy callados y no dan quenta de lo que quieren hacer; y desta pregunta esto es lo que sabe.

71. A las setenta e una preguntas del dicho ynterrogatorio dixo que lo que desta pregunta sabe es que en la dicha provincia del rio de la Plata, donde este testigo a estado, a visto que los yndios de la dicha provincia han hecho y hacen lo contenido en la dicha pregunta como en ella se contiene, y es condicion derecha de todos los yndios que este testigo a visto e tratado, e lo vio prencipalmente quando don Pedro de Mendoça fue a la dicha provincia, que llegando al puerto de Buenos Ayres, sin aver hablado con yndios ni dadoles ocasion ninguna venieron sobre el dicho don Pedro y sobre los cristianos que con el yvan y mataron mas de docientos o trescientos cristianos, en veces, y quemaron el real dos o tres veces, e quanto mas los cristianos les rrequerian con pazes, en menos los tenian y mas daños les hacian, y les mataron en el campo ochenta cavallos e yeguas; e ansimismo vio que yendo al rrio arriva a buscar yndios amigos con quien hacer paz y dar-

les lo que tenian y que les diesen mantenimientos, no solamente no lo querian hacer, pero les salian de guerra e los querian hechar del rrio e tierra; e conoce este testigo y entiende de los yndios e sus condiciones, que si no veen y conocen quel poder de los cristianos es mayor quel suyo, no quieren venir a obediencia y a ser sojuzgados; y desta pregunta esto es lo que sabe y entiende.

72. A las setenta y dos preguntas del dicho ynterrogatorio dixo que la sabe y es verdad como en ella se contiene, porque a visto que de su natural son viciosos e comen carne humana y hacen algunos pecados contra natura y no entienden el pecado que en ello hacen, y los questo hacen les pesa porque los cristianos los apartan dello, hasta que lo entienden y se ven sojuzgados, e tiene este testigo por cierto que se querian ver libres de cristianos; y desta pregunta esto es lo que sabe.

74. A las setenta e quatro preguntas del dicho ynterrogatorio dixo este testigo que lo que desta pregunta sabe es que todo el tiempo queste testigo estuvo en la dicha provincia junto con el dicho governador, vio que tenia en mucha paz y sosiego e justicia a todos los españoles e yndios de paz, en manera que ninguno se osava desmandar, ni en todo el dicho tiempo nunca este testigo vio ni oyo decir que oviese entrellos ni ninguno dellos alvoroto ni escandalo, ny vio en todo el dicho tiempo que ninguno se heriese ni matase, e si lo oviera este testigo lo viera, e no podiera ser menos, e que sabe que despues que prendieron al dicho governador uvo ciertos rruidos y escandalos entre los

cristianos, y en un rruido hirieron un hombre y de la herida morio, e vio otros rruidos en que cortaron a uno una mano y otro estuvo herido a punto de muerte, y uvo otros rruidos y escandalos que no avia quando estava suelto el dicho governador, e ansimismo vio que despues de la dicha prision del dicho governador se hacian molestias y malos tratamientos y agravios a los cristianos españoles que no avian sido ni querian ser en la prision del dicho governador, ny querian ser de la opinion de los officiales de Su Magestad que le avian preso y capitan que ellos avian puesto de su mano, asi como prenderlos e quitarles las armas y amenazarlos y molestarlos en todo lo que podian y en la tierra se ofrecia; e vio asimismo que algunos españoles, de ver estos agravios y molestias se fueron de la dicha cibdad de la Asuncion a la tierra adentro, e vio quel capitan y oficiales de Su Magestad enviaron por ellos y los alcanzaron a veinte y a treinta leguas y los traxeron presos y atados con gran alvoroto de la tierra e yndios; e ansimismo vio que con otros no podieron, ni fueron poderosos para los aver ni prender, y asi se fueron y pasaron por entre los yndios, e yvan a gran rriesgo de las vidas y daño de la tierra y españoles que en ella estavan y quedavan, y por nuevas de yndios este testigo supo que yvan atravesando derecho a la mar e avian muerto los yndios algunos dellos; e desta pregunta esto dixo que sabe.

75. A la setenta e cinco preguntas del dicho ynterrogatorio dixo que lo que desta pregunta sa-

be es qu' estando el dicho governador preso vio e le parecio a este testigo que no avia justicia, porque pasavan los daños que tiene dichos en la pregunta antes desta, e no se castigavan ni se osava hacer justicia, y este testigo, como servidor de Su Magestad y doliendose de los daños que se hacian hablo al dicho capitan Yrala y oficiales de Su Magestad, diciendoles si se avian todos de perder por falta de justicia y desordenes, que entre alarves no se hacia lo que pasava en aquella cibdad y tierra; que pues avian hecho un yerro, no hiciesen tanto, y le respondieron que embarcado el governador y echado de la tierra, la harian, que hasta tanto no convenia; e ansimismo les dixo como todos los yndios prencipales se le quejavan a este testigo de los daños y males que se les hacia en sus casas despues de la prision del dicho governador, e sabe que a esta causa se partieron y este testigo vio partir a fray Vernaldo de Armenta y fray Alonso Levron para su casa, qu' estava dos leguas de la dicha cibdad, y el dicho fray Vernaldo rogo a este testigo, antes que se partiese, que porque otro dia se partia le hiciese merced de le ver, y este testigo fue otro dia a su casa, e vio ciertos cristianos qu' estavan para yr con el, los quales decian qu' era con licencia del dicho capitan Yrala, e vio muchas cargas hechas y aparejadas en unos cueros de venados que avian de llevar los yndios e yndios que con ellos yvan, qu' era verdad que llevaron yndias hijas de prencipales de aquella tierra y de otros yndios, y este testigo oya decir y era pública voz y fama que algunas de las yndias no querian yr e yvan descontentas y que les hacian guardia porque no se quedasen, e que los padres dellas quedavan muy quejosos y descontentos por levarles sus hijas a otras tierras, e si el capitan e oficiales les dieron favor y ayuda para ello, este testigo no lo sabe, mas de que sabe que tenian mucha amistad y trato y conversacion con ellos siempre, y a la dicha partida mas, y partidos que fueron de alli, a dos o tres dias este testigo vio como bolvieron los cristianos que los avian ydo a acompañar por mandado del capitan y oficiales, e decian de los dichos frayles mucho mal, e que las yndias que levavan que les hechavan grillos a algunas dellas y a otras açotavan e les hacian gran guardia porque se querian volver, y a lo queste testigo tiene entendido de la dicha tierra e yndios, lo susodicho eran cosas para alterarse los yndios e tierra; y desta pregunta esto es lo que sabe.

76. A las setenta e seys preguntas dixo que dice lo que dicho tiene de suso, en que se afirmava, e afirmo que era publico y notorio y publica voz y fama en la dicha cibdad de la Asuncion, e firmolo de su nombre.—*Juan de Salazar.*

El dicho Pero Hernandez, testigo presentado, aviendo jurado e siendo preguntado por el dicho ynterrogatorio, lo que dixo e depuso es lo siguiente:

A la primera pregunta dixo que conoce a los contenidos en la pregunta, e tiene noticia de las dichas provincias del Rio de la Plata porqu' este testigo a estado en ellas mucho tiempo.

E siendo preguntado por las preguntas generales de la premática de Su Magestad, dixo que ninguna dellas le van ni enpecen, e que desea vença este pleito quien tuviere justicia, e qu' es de edad de treynta e quatro años, poco más o menos.

A la segunda pregunta dixo que sabe la pregunta; preguntado como la sabe, dixo que porque este testigo vido la capitulacion del dicho don Pedro, ecebto que no tiene memoria si facia mencion en lo que toca á nombrar heredero.

3. A la tercera pregunta dixo que la sabe la pregunta como en ella se contiene; preguntado como la sabe, dixo que porque este testigo fue con el dicho don Pedro de Mendoça a la dicha provincia, e vido que paso lo que la pregunta declara, e este testigo lo vido e se hallo presente a ello.

4. A la quarta pregunta dixo que la sabe la pregunta como en ella se contiene: preguntado como la sabe, dixo que porque ante este testigo, como escrivano de Su Magestad, pocos dias antes quel dicho don Pedro de Mendoça se absentase de la dicha provincia nombró al dicho Juan de Ayolas por heredero suyo en la dicha governacion, como la pregunta lo declara, el qual avia enviado a una entrada e descubrimiento de la dicha tierra.

5. A la quinta pregunta dixo que la sabe la pregunta como en ella se contiene; preguntado como la sabe, dixo que porque lo vido e estava al dicho tiempo en la dicha provincia.

6. A la sexta pregunta dixo queste testigo sabe e vido que despues quel dicho Juan de Ayolas fue a hacer la dicha entrada nunca mas volvio donde estavan los españoles que en la dicha provincia re-

sidian, ni fue dellos más visto, e le tuvieron siempre por muerto a el e a todos los cristianos que con el fueron, e si volviera no pudiera ser menos sino queste testigo lo viera e supiera, porque residio en la dicha provincia ocho o nueve años despues que fue a la dicha entrada hasta que se supo claramente de su muerte del dicho Juan de Ayolas e cristianos, e ansi es publico e notorio, y queste testigo vido enviar a pedir el dicho socorro a Su Magestad al dicho Antonio Lopez, piloto, e a Felipe de Caceres; e questo es lo que sabe de lo contenido en la dicha pregunta.

7. A la setima pregunta dixo que se remite a la dicha capitulacion que la pregunta declara.

8. A la otava pregunta dixo que lo que desta pregunta sabe es que al tiempo quel dicho Alvar Nuñez Caveça de Vaca fue a la dicha provincia del rrio de la Plata, donde este testigo y los otros conquistadores estavan, publicamente oyo este testigo decir al dicho tiempo a muchas personas de los que con el llegaron al dicho tiempo, que avia traido el dicho Alvar Nuñez quatro navios de armada para el socorro de la dicha tierra, e que los dos dellos le avian dado a la costa, e otro, por ser viejo, avia mandado deshacer, e que en una nao gruesa que hera la capitana avia venido al rio de la Plata la gente que dexo en la ysla de Sancta Catalina e todos los aparejos e cosas necesarias que traya, porquel dicho Alvar Nuñez Caveça de Vaca se vino por tierra, e que al tiempo quel dicho Alvar Nuñez llego a la dicha provincia donde estavan los cristianos que en ella residian, vido que

truxo para el socorro de la dicha tierra cierta cantidad de cavallos e yeguas e otras vestias de servicio, e en vergantines por el rio se descargo la dicha nao capitana, e vido que se truxo al puerto del Asuncion mucha cantidad de caxas de ropas e mucho vino e vinagre e aceite e otras cosas muy provechosas e necesarias a la dicha tierra, e este testigo le oyo decir al dicho tiempo al dicho Alvar Nuñez Cabeça de Vaca que para comprar las dichas cosas avia gastado grandes contias de maravedises e que para la paga dello se avia enpeñado y adeudado, e que devia a Francisco Lopez, vecino de Caliz, cinco mill ducados, sin otras muchas contias que devia en estos reynos; e questo sabe de la pregunta.

9. A la novena pregunta dixo que dice lo que dicho tiene en la pregunta antes desta e queste testigo vido que el dicho Alvar Nuñez Cabeça de Vaca llevo a la dicha provincia, asi por tierra como por mar, desde la ysla de Sancta Catalina a la cibdad de la Asuncion, mucha gente, e este testigo fizo el alarde della, e a lo que le paresce e se acuerda seria quatrocientas personas, e clerigos cree que fueron seis o siete, e los cavallos no tiene memoria que tantos serian, mas de oyr decir publicamente que por la mar se le avian muerto muchos dellos.

10. A la decima pregunta dixo queste testigo a visto la provança que se hiço en Caliz por los oficiales de la Contratacion que alli rreside, que a la provança se remite; e esto sabe desta pregunta, e que le paresce a este testigo que se gastaria

gran suma de dineros en la dicha armada e que no hera mucho gastarse los dichos catorce mil ducados, y que cree e tiene por cierto que se gastarian.

11. A la oncena pregunta dixo queste testigo a visto una fee que paresce que fue la visita de las naos del armada que llevo el dicho Alvar Nuñez a la dicha provincia, que a ella se remite.

12. A las doce preguntas dixo que dice lo que dicho tiene en las preguntas antes desta, a que se refiere, e que estando en la dicha provincia, muchas veces este testigo oyo decir al dicho Alvar Nuñez Cabeça de Vaca que avia gastado en los sueldos de los pilotos, maestres, marineros, grandes contias de maravedises, e que por [in]advertencia e olvido no avia fecho myncion del tal gasto en la provança que avian recibido los de la Contratacion de Caliz, e queste testigo ansy lo tuvo por cierto, e le parece que de los tales sueldos no se hizo myncion; e questo sabe de la pregunta.

13. A las trece preguntas dixo que lo en ella contenido este testigo lo oyo decir muchas veces al dicho Alvar Nuñez Cabeça de Vaca estando en la dicha provincia, e a todos o la mayor parte de los españoles que llevo en su compañia, e ansi era e es publico e notorio; e questo es lo que sabe de la pregunta.

14. A las catorce preguntas dixo que a los pilotos, marineros e otras personas de las quel dicho Alvar Nuñez Cabeça de Vaca llevó a la dicha provincia, este testigo les oyo decir muchas veces que avia sido muy necesario e cumplidero repo-

sar el dicho Alvar Nuñez Cabeça de Vaca en la dicha ysla de Santa Catalina, asi por los casos contenidos en la pregunta, como porque alli tuvo aviso de lo que convenia para la salvacion e buen suceso de su armada, e que los yndios contenidos en la pregunta siempre an sido e son enemigos de los cristianos e an fecho grandes daños, e es gente muy belicosa e guerrera, e todas las armadas que a la dicha tierra fuesen, sino llevasen ombres de muy gran conocimiento e yspiriencia llevarian gran peligro e rriesgo de se perder; e esto sabe de la pregunta.

15. A las quince preguntas dixo que la sabe la pregunta como en ella se contiene; preguntado como la sabe, dixo que porque este testigo estava e residia en la dicha provincia, en la cibdad del Asuncion, donde el dicho Alvar Nuñez Cabeça de Vaca fue e llego al tiempo que partio calando e descubriendo la dicha tierra, e le vido venir con hasta docientos e cinquenta hombres de pie e de cavallo, e porque a los pilotos oyo decir con juramento que heran quatrocientas leguas de tierra las que avian caminado, donde se avian ocupado tiempo de cinco meses, e a todos los españoles que anduvieron el dicho camino, este testigo les oyo decir, e a las lenguas yntrepetes que alli se hallaron, quel dicho Alvar Nuñez avia fecho a los yndios de la dicha tierra tan buenos tratamientos, e les avia dado tan largamente, que los avia asigurado e dexado con mucha paz, lo qual avian tenido por imposible poderse hacer, porque los dichos yndios avian muerto muchos cristianos portugue-

ses que avian entrado por mandado del rey de Portugal a descubrir la dicha tierra, e los dichos yndios avian quedado muy pacificos e sosegados e amigos de los españoles; e questo es lo que responde a la dicha pregunta.

16. A las diez e seys preguntas dixo que la sabe la pregunta como en ella se contiene; preguntado como la sabe, dixo que porqueste testigo estava e residia en la dicha provincia al tiempo quel dicho Alvar Nuñez Cabeça de Vaca llego a la dicha provincia, e vido que de su llegada todos generalmente se alegraron, eçebto los que mandavan en la dicha provincia e tenian cargos de justicia, que este testigo sabe que les peso de su llegada, e todos los españoles e este testigo se maravillaron mucho de aver podido pasar por la dicha tierra, por ser tal como la pregunta declara, mayormente con tanta paz e sin muerte ni perdida de gentes, cristianos ni yndios, e con tanta paz, e que al tiempo quel dicho Alvar Nuñez llego a la dicha cibdad de la Asuncion estarian alli hasta trescientos hombres, poco mas o menos, porqueste testigo fizo antes pocos dias de su llegada alarde de la dicha gente, e sabe qu' esta la dicha cibdad de la Asuncion, de la boca del rio que dicen de la Plata, trescientas leguas, poco mas o menos, porqueste testigo lo á subido e a baxado algunas veces.

17. A las diez e siete preguntas dixo que la sabe la pregunta como en ella se contiene; preguntado como la sabe, dixo que porque ante este testigo se hizo la dicha provança de la muerte del dicho Juan de Ayolas e cristianos.

18. A las diez y ocho preguntas dixo que la sabe como en ella se contiene; preguntado como la sabe, dixo que porque lo vido e se hallo presente a la dicha presentacion e obidencia que le fue dada en el tiempo contenido en la pregunta, e vido que dio e proveyo de nuevo las varas de la justicia a personas que las administrasen, e vido quel dicho Alvar Nuñez Cabeça de Vaca e sus justicias administravan enteramente justicia a todos los casos que se ofrecieron, a lo que a este testigo le parescio, e ansi vido que fue avido e tenido e tratado por governador del dicha provincia, pasificamente, syn contradicion alguna.

19. A las diez e nueve preguntas dixo que la sabe la pregunta como en ella se contiene; preguntado como la sabe, dixo que porque con la venida del dicho Alvar Nuñez Caveça de Vaca vido este testigo que se aseguraron e pacificaron mucho los naturales de la dicha tierra, e los españoles se asiguraron e tuvieron mas reposo e quietud, e sabe por lo que tiene d'espiriencia de la dicha tierra, que el dicho Alvar Nuñez fizo gran servicio a Su Magestad, asi en el descubrimiento e pacificacion que dexo en el camino e tierra que descubrio, como en el socorro que fizo a los españoles que estavan en la dicha provincia harto desconfiados de tal socorro, que nunca creyeron ni tovieron por cierto que les viniera, y mayormente por [la] parte que el dicho Alvar Nuñez vino, por ser tan peligrosa e dificultosa la tierra por donde vino, e por no se aver descubierto, e porque se avia despoblado el puerto de Buenos Ayres contra la voluntad de todos los es-

pañoles, por ser el dicho puerto la llave e entrada de su socorro e rremedio, e despues que fue despoblado todos desconfiaron e nunca creyeron poder ser socorridos jamas, e ansi es claro, cierto e notorio, e este testigo lo sabe por la muy gran espiriencia e conocimiento que tiene de la dicha tierra e de los puertos del rio del Parana, que si el dicho Alvar Nuñez viniera con su armada al dicho puerto de Buenos Ayres, el e toda su armada se perdieran e consumieran, e lo mismo los que residian en la dicha tierra, porque de no ser socorridos no esperavan otra cosa sino que los naturales los avian de matar a todos.

20. A las veinte preguntas dixo que lo que desta pregunta sabe es que llegado el dicho Alvar Nuñez Cabeça de Vaca a la dicha provincia, estando en la cibdad de la Asuncion vido que a personas nesesitadas dio e rrepartio de la rropa que llevava, de los qu' estavan en la dicha tierra, sin ynterese ninguno, e vido que reparó a otras muchas personas que no tenian armas, de armas e municiones, e en los alardes que el hacia les proveyo siempre de lo que avian menester, e nunca este testigo vido ny oyo que les llevase por ello ynterese alguno, antes vido que muchas e diversas veces les socorria de todo lo que avian menester, e daba e dio de comer a muchos pobres necesitados, en su casa, hordinariamente, sin les llevar ningun ynterese, e vido este testigo que proveya otras cosas necesarias, e vido quel dicho Alvar Nuñez personalmente se hallo en la nueva fundacion de la ygleçia del puerto e cibdad del Asuncion e trabajó en ella

como qualquiera de los otros que en la fundacion se hallaron.

21. A las veinte e una preguntas dixo que la sabe la pregunta como en ella se contiene; preguntado como la sabe, dixo que porque lo vido e se hallo presente quando muchas veces el dicho Alvar Nuñez dio e repartio muchos rescates e otras cosas entre los dichos yndios, dandoselo graciosamente syn ynterese alguno, de cuya cabsa este testigo vido que los dichos yndios estavan muy contentos e agradados del dicho Alvar Nuñez Caveça de Vaca.

22. A las veinte e dos preguntas dixo que la sabe la pregunta como en ella se contiene; preguntado como la sabe, dixo que porque lo vido e se hallo presente a lo contenido en la pregunta.

23. A las veinte e tres preguntas dixo que la sabe la pregunta como en ella se contiene; preguntado como la sabe, dixo que porque lo vido e se hallo presente a lo contenido en la pregunta.

24. A las veinte e quatro preguntas dixo que la sabe la pregunta como en ella se contiene; preguntado como la sabe, dixo que porque a todo lo en ella contenido se hallo, e paso asi, e lo vido este testigo, e ante [este] testigo, como escrivano, tomo el dicho Alvar Nuñez Caveça de Vaca la posesion en nombre de Su Magestad, e vido fundar pueblo faciendo casas en el dicho puerto de los Reyes, e despues lo vido cercado de palizada fuerte a la redonda, e vido como con toda paz e concordia fue el dicho Alvar Nuñez recivido por los naturales de la dicha tierra.

25. A las veinte e cinco preguntas dixo que la sabe la pregunta como en ella se contiene; preguntado como la sabe, dixo que porque lo vido, e que se hallo presente e vido dar e repartir entre los dichos yndios muchos rrescates, graciosamen te, sin ynterese alguno, por los contentar e pacificar, e vido que se fizo con ellos todo lo demas en la pregunta contenido.

26. A las veinte e seys preguntas dixo que la sabe la pregunta como en ella se contiene; preguntado como la sabe, dixo que porqueste testigo vido traer por mandado del dicho Alvar Nuñez Caveça de Vaca a la cibdad del Asuncion antes que se partiese para hacer la dicha entrada, la madera, ligazon e tablazon para hacer la dicha caravela, e mando al capitan Juan de Salazar d'Espinosa, que dexo en la dicha cibdad por su theniente, luego se hiciese la dicha caravela para el efecto en la pregunta contenido, e ansi hera e fue público e notorio.

27. A las veinte e siete preguntas dixo que la sabe la pregunta como en ella se contiene; preguntado como la sabe, dixo que porque delante deste testigo tomo los dichos pareceres para hacer la dicha entrada, e este testigo estuvo e se hallo presente e vido todo lo demás en la pregunta contenido, e para dar la vuelta estuvo presente este testigo al tiempo que se le dieron los dichos pareceres.

28. A las veinte e ocho preguntas dixo que la sabe la pregunta como en ella se contiene; preguntádo como la sabe, dixo que porque lo vido e se

hallo presente a todo, e ante este testigo, como escrivano, se fizo la dicha junta para tomar los dichos pareceres, e pasó como la pregunta lo declara.

29. A las veinte e nueve preguntas dixo que como dicho tiene, este testigo estuvo e se hallo presente al acuerdo e pareceres que se dieron sobre lo contenido en la pregunta, e vido como se determino que fuese el dicho Gonçalo de Mendoça con la dicha gente, a cabsa de la muy gran necesidad e peligro que la gente tenia de perecer de ambre por falta de los dichos mantenimientos, y este testigo vido como al dicho Gonçalo de Mendoça le fue dicho e apercibido procurase de aver bastimentos de los dichos yndios por rescate, pagandoselo a su contentamiento con toda paz, sin les facer ningun mal ni agravio, faciendoles muy buenos tratamientos por los atraer de paz a la obidiencia de Su Magestad, a todo lo qual este testigo estuvo e se hallo presente al tiempo que se le dixo e apercivio al dicho Gonçalo de Mendoça.

30. A las treinta preguntas dixo que dice lo que dicho tiene en la pregunta antes desta, e que al dicho Gonçalo de Mendoça se le dio ynstrucion estando presentes los dichos oficiales de Su Magestad e clerigos e capitanes, con cuyo acuerdo e parecer se avia dado, determinado e acordado la yda del dicho Gonçalo de Mendoça, la qual firmo el dicho Alvar Nuñez Cabeça de Vaca e este testigo como escrivano, a la qual este testigo se refiere, e que este testigo vido quel dicho Alvar Nuñez, al tiempo de la partida del dicho Gonçalo de Mendoça, e antes, le apercivio e mando procura-

se con buena manera, palabras e buenos tratamientos atraer a los dichos yndios a la paz e obidiencia de Su Magestad, e les pagase lo que diesen e no consintiese se les tomase ninguna cosa por fuerza; y esto es lo que pasa cerca de lo contenido en la pregunta.

31. A las treinta e una preguntas dixo que lo que sabe desta pregunta es qu' estando acordando el dicho governador con los dichos oficiales de Su Magestad e clerigos e capitanes, sobre el remedio de tan gran necesidad de mantenimientos, visto el peligro en que todos estavan, los dichos oficiales e clerigos e todos los demas dixeron e afirmaron al dicho tiempo que se podia tomar el bastimento del altar por fuerza, e que a quien lo resistiese e defendiese se les hiciese guerra; e questo sabe, e vido al dicho tiempo dar por parecer a todos los susodichos, e en lo demas se remite a lo que dicho tiene en las preguntas antes desta.

32. A las treinta e dos preguntas dixo queste testigo no vido ni oyo quel dicho governador mandase al dicho Gonçalo de Mendoça que ficiese guerra a fuego e a sangre, e que no cree ni tiene por cierto que tales palabras fuesen en la ynstruccion que se le dio al dicho Gonçalo de Mendoça firmada del dicho Alvar Nuñez e este testigo, porque delante este testigo espresamente se le mando que no les ficiese ningun daño ni mal tratamiento, e que si los bastimentos le fuesen resistidos, se los tomase pagandoselos moderadamente, sin les facer daños, atrayendolos a la obidiencia de Su Magestad, e si otra cosa se le mandara no pudiera ser

menos sino queste testigo lo viera e supiera, por estar e se hallar, como se hallo, a todo presente.

33. A las treinta e tres preguntas dixo que la sabe la pregunta como en ella se contiene; preguntado como la sabe, dixo que porque vido partir al dicho Gonçalo de Mendoça con la dicha gente, e porque al dicho Gonçalo de Mendoça este testigo le oyo decir lo contenido en la pregunta e en la provança que fizo antel dicho governador, e ante este testigo, como escrivano, asi con los yntrepetes que tuvo para hacer las diligencias que les fueron mandadas hacer con los dichos yndios, como con otras personas que se hallaron presentes e fueron a lo contenido en la pregunta, por sus dichos e declaraciones constó e se averiguó lo contenido en la dicha pregunta, e ansi fue al dicho tiempo publico e notorio.

34. A las treinta e quatro preguntas dixo que todo lo contenido en la pregunta este testigo lo oyo decir a los dichos Gonçalo de Mendoça e a los españoles que alli se hallaron, e ansi lo provo en la provança que hizo para su descargo ante [este] testigo e antel dicho Alvar Nuñez, a la qual este testigo se refiere.

35. A las treinta e cinco preguntas dixo que dice lo que dicho tiene en la treinta y quatro pregunta antes desta, a que se refiere.

36. A las treinta y seis preguntas dixo que dice lo que dicho tiene en la pregunta treinta y quatro, a que se refiere, y lo mismo torna a decir en esta pregunta.

37. A las treinta e siete preguntas dixo que dice

lo que dicho tiene en la treinta y quatro preguntas deste su dicho, a que se refiere, e si necesario es lo torna a decir de nuevo.

38. A las treinta y ocho preguntas dixo que dice lo que dichò tiene en la treinta y quatro pregunta deste su dicho, a que se refiere, e si necesario es lo torna a decir de nuevo.

39. A las treinta e nueve preguntas dixo que dice lo que dicho tiene en la treinta y quatro pregunta deste su dicho, a que se refiere, e si necesario es lo torna a decir de nuevo.

40. A las quarenta preguntas dixo que la sabe la pregunta como en ella se contiene; preguntado como la sabe, dixo que porque en tiempo de diez años que estuvo en la dicha provincia, muchas e diversas veces, los dichos yndios, antes de llegar a sus casas, e syn les facer ningun daño, antes llevando ynstruccion e proposito de no les facer enojo e aviendoles hablado los yntrepetes convidandoles con la paz, sin embargo desto e de otros cumplimientos que se les hicieron ponian e pusieron fuego ellos mismos por su mano a sus propias casas e se yvan e fueron pòr los montes llevando sus mugeres e hijos, esto a fin e proposito que los cristianos no se aprovechasen de nada e porque se muriesen de hambre e no parasen en la tierra, e esta es una general costumbre que los dichos yndios tienen, e este testigo sabe e vido que las dichas casas de los dichos yndios son de paja, y sy los dichos yndios quieren, en el mismo dia que las queman las pueden tornar a hacer, por ser de paxa e madera e pequeñas.

41. A las quarenta e una preguntas dixo que publico e notorio es que en las casas de los dichos yndios no avia ni se hallo oro ni plata, sino solamente una cuenta de oro de ocho quilates e otras quentas de plata e çiertas planchuelas de plata e media hachuela de plata, que todo ello hera muy poquita cosa, que se supo de los yndios naturales que aquello hera de lo que truxo Juan de Ayolas, que los payaguas que lo mataron e tomaron lo que traya lo contratavan con otras generaciones, pero que no se hallo otra cosa en las dichas casas, porque viven los dichos yndios de lo contenido en la pregunta, e no de otra cosa, e esto es publico e notorio.

42. A las quarenta e dos preguntas dixo queste testigo estuvo e se hallo presente al tiempo quel dicho Alvar Nuñez Caveça de Vaca despacho la dicha carta al dicho Gonçalo de Mendoça, la qual vido este testigo quel dicho Alvar Nuñez mando leer antes de se la enviar al contador Felipe de Caceres, en presencia de mucha gente, y en ella vido este testigo que enviava a mandar al dicho Gonçalo de Mendoça lo contenido en la pregunta, e lo demas que la pregunta declara, en la probança quel dicho Gonçalo de Mendoça hiço ante este testigo para su descargo se contiene, á la qual se refiere.

43. A las quarenta e tres preguntas dixo que la sabe la pregunta como en ella se contiene, porque lo vido que pasó ansy e segun e como la pregunta lo declara.

44. A las quarenta e quatro preguntas dixo que

publicamente este testigo oyo decir al dicho tiempo a todos los que se hallaron con el dicho Gonçalo de Mendoça en la dicha tierra quando se vinieron donde estava el dicho Alvar Nuñez Caveça de Vaca, que juravan a Dios que quedavan en las simenteras de los dichos yndios, bastimentos para mantenerse cinco mill añys *(sic)*, e por la provança que para en descargo hiço el dicho Gonçalo de Mendoça asi lo averiguo, e a ella se remite e es publico e notorio.

45. A las quarenta e cinco preguntas dixo que la sabe la pregunta como en ella se contiene; preguntado como la sabe, dixo que porque se hallo presente e vido que se hizo muy gran diligencia en buscar los dichos mantenimientos, e vido la muy gran necesidad e peligro que por falta dellos avia en el dicho tiempo, e sabe e vido que los cristianos no pudieron hacer simenteras porque todos enfermaron luego como llegaron al puerto de los Reyes quando se retiro de la entrada, e cree e tiene por muy cierto este testigo que a no se hallar los dichos mantenimientos en la tierra de los dichos arianecocies, todos murieran de hambre, e esto e cosa muy notoria e publica, porque no avia mantenimientos con que sustentar la dicha gente.

46. A las quarenta è seys preguntas dixo que la sabe la pregunta como en ella se contiene; preguntado como la sabe, dixo que por lo que dicho tiene en la pregunta quarenta è cinco deste su dicho, y porque al tiempo quel dicho Alvar Nuñez Caveça de Vaca hiço juntar a los dichos oficiales

de Su Magestad, clerigos e capitanes e otras personas que alli se hallaron, entre todos se platico e truxo á la memoria el grande e notorio peligro en que todos los españoles estavan, e los yndios guaranyes amigos que alli estavan, porque a no se hallar brevemente bastimentos, todos avian de perecer de hambre, e por ser el caso de tan gran confusion e peligro e donde yva las vidas de tantos, no se pudo dexar de enviar al dicho Gonçalo de Mendoça a buscar el remedio de lo susodicho, e ansi vido este testigo que todos á una voz los españoles que alli se hallaron pedian se buscasen los dichos mantenimientos, e se tuvo muy gran recelo que no se hallaran e que todos murieran de hambre, e que por lo que dicho tiene en esta pregunta y en las otras deste su dicho sabe lo contenido en la dicha pregunta.

47. A las quarenta e siete preguntas dixo que la sabe la pregunta como en ella se contiene; preguntado como la sabe, dixo que porque ante testigo, como escrivano, paso lo contenido en la pregunta, e dio el dicho Gonçalo de Mendoça la dicha ynformacion, a la que este testigo se refiere.

48. A las quarenta y ocho preguntas dixo que sabe la pregunta como en ella se contiene; preguntado como la sabe, dixo que porque lo vido e se hallo presente al asentar de la amistad e paces e de lo demas que la pregunta declara, e vido como el dicho governador les dio muchas dadivas de rescates e les hiço buenos tratamientos, e vido como los dichos yndios estuvieron de paz algunos dias, porque despues este testigo vido que no la

guardaron, e segun parescio se vido fueron en matar e mataron ciertos cristianos e vinieron a hacer guerra al rreal de los cristianos, e que por esto sabe lo contenido en la pregunta.

49. A las quarenta e nueve preguntas dixo que por el proceso que ante este testigo fizo el dicho Alvar Nuñez sobre lo contenido en la pregunta, parescerá lo que en ella se declara; por tanto, que al dicho proceso se refiere, e queste testigo salio al rebato que hicieron quando junto al rreal se llevaron los dichos cristianos, e que en todo se remite al dicho proceso.

50. A la cinquenta pregunta dixo que la sabe la pregunta como en ella se contiene; preguntado como la sabe, dixo que porque lo vido e se hallo presente, e ansy es publico e notorio.

51. A las cinquenta e una preguntas dixo queste testigo vido como el dicho Alvar Nuñez Caveça de Vaca envio a decir e apercibir muchas veces a los dichos yndios estuviesen de paz, e no alterasen la tierra, ni hiciesen los daños que hacian, pero sin embargo desto cada dia e cada noche avia rebatos e salian a saltear e trayan los españoles desasosegados e alterados, estando, como estavan, al dicho tiempo, enfermos e con hartos trabajos, y esto hacian los dichos yndios como syntian la flaqueza que tenian, por los hechar de la tierra e los matar a todos.

52. A las cinquenta y dos preguntas dixo que la sabe la pregunta como en ella se contiene; preguntado como la sabe, dixo que porque ante este testigo, como escrivano, paso lo que la pregunta

declara e se hizo el dicho proceso, al qual se refiere y por el parecera.

53. A las cinquenta e tres preguntas dixo que dice lo que dicho tiene en la pregunta antes desta, e que cree este testigo que se les hizo a los dichos yndios el dicho apercibimiento, e se les mando hacer por mandado del dicho Alvar Nuñez, e que por el proceso parecera, al qual se refiere.

54. A la cinquenta e quatro preguntas dixo que lo que sabe e vido este testigo de lo contenido en la pregunta es que por los muchos daños e guerra que continuamente los dichos yndios hacian en los cristianos e yndios amigos, para los castigar se hizo lo contenido en la pregunta, pero este testigo no se hallo en el rompimiento que se les hizo, más de que los vido despues herrar con el hierro que se hizo e se dio.

55. A la cinquenta e cinco preguntas dixo que la sabe la pregunta como en ella se contiene; preguntado como la sabe, dixo que porque antes e despues de la venida del dicho Alvar Nuñez Cabeça de Vaca a la dicha provincia, aviendose hecho pazes con los dichos yndios agazes se avian revelado e fecho e hacian muchos daños e muertes de yndios amigos de los cristianos, e dello e sobrello se avian hecho e se hicieron procesos contra los dichos yndios, e venido el dicho governador hacian los dichos robos e muertes en los dichos yndios nuevamente convertidos, e hacian muchos daños, de todo lo qual fue avisado e ynformado el dicho Alvar Nuñez e se quexaron los naturales dello.

56. A las cinquenta e seys preguntas dixo que ante este testigo, como escrivano, hiço proceso el dicho Alvar Nuñez Cabeça de Vaca contra los dichos yndios agaces, e vido que fueron presos ciertos dellos e vido que dieron pareceres clerigos e religiosos e capitanes, que todo esta junto e acomulado en el proceso con otros que antes se hicieron por los jueces pasados, en el qual proceso ovo sentencia, a la qual e á todo lo demás contenido en el dicho proceso e pareceres se refiere este testigo; y esto sabe de la pregunta.

57. A las cinquenta e siete preguntas dixo que en el mesmo dia e ora que subcedio lo contenido en la pregunta, este testigo, acudiendo al alvoroto e voces de la gente, oyo decir a todos los que alli se hallaron lo contenido en la pregunta, y especialmente a los que avian ydo a sacar los dichos yndios, diciendo como los avian acometido e puesto gran diligencia en los matar con las armas secretas que tenian los dichos yndios, e que avia sido gran misterio aver muerto quatro o cinco cristianos porque estavan descuydados, e que este testigo cree e tiene por cierto quel dicho Alvar Nuñez Cabeça de Vaca no mando matar los dichos yndios, porque bien parecio ser un caso acaecido syn se pensar, cabsado por los mismos yndios; e questo sabe de la pregunta.

58. A las cinquenta e ocho preguntas dixo que lo contenido en la pregunta este testigo lo oyo decir publicamente en la dicha provincia, e que el dicho Aracare, aviendo subido por el rio arriva a hacer la dicha entrada se avia vuelto e amotinado

a otros muchos yndios que se bolvieron con el, e que avia hecho mucho daño, e esto hera e fue al dicho tiempo publico e notorio; e esto sabe de la pregunta.

59. A la cinquenta e nueve preguntas dixo que la sabe la pregunta como en ella se contiene; preguntado como la sabe, dixo que porque ante [este] testigo, como escrivano, hiço el dicho Alvar Nuñez Cabeça de Vaca proceso contra el dicho Aracare, yndio, e en las ynformaciones que se refirieron parece e se averigua todo lo contenido en la pregunta, al qual proceso se refiere.

60. A las sesenta preguntas dixo que se refiere al dicho proceso que ansi se hizo contra el dicho Aracare, por el qual parescia lo contenido en la pregunta, e quel dicho Aracare era avido e tenido por yndio bullicioso e revoltoso e enemigo de los cristianos, e ansi lo mostro en ynpedir el decubrimiento de la tierra y en amotinar los naturales amigos de los cristianos, e esto es público e notorio.

61. A las sesenta e una preguntas dixo que ante [este] testigo, como escrivano, se hizo e fulminó el dicho proceso, e save quel dicho capitan Vergara ahorcó al dicho Aracare, yndio, e que al proceso e abtos se refiere, e questo sabe de la pregunta.

62. A las sesenta e dos preguntas dixo queste testigo sabe e vido como vinieron a pedir socorro al dicho Alvar Nuñez Cabeça de Vaca por parte de los yndios amigos, para que fuesen amparados e defendidos de los yndios amigos del dicho Aracare e de sus parientes, y el dicho Alvar Nuñez le envio al dicho capitan Vergara e le mando lo con-

tenido en la pregunta, ansy de palabra como por ynstruccion que le dio firmada de su escrivano, porqueste testigo la vido e leyo, e fue publico e notorio que los dichos yndios le avian hecho guerra e hirieron muchos cristianos, de los quales murieron quatro, e questo sabe de la pregunta.

63. A las sesenta e tres preguntas dixo que la sabe la pregunta como en ella se contiene; preguntado como la sabe, dixo que porqueste testigo, por mandado del dicho Alvar Nuñez tomo ynformacion de testigos, haciendo proceso contra los dichos yndios, e por ella parecio e se averiguo lo contenido en la pregunta, al qual dicho proceso se refiere.

64. A las sesenta e quatro preguntas dixo que este testigo vido como los yndios de la mesma nacion decian e dixeron al dicho Alvar Nuñez que pues avian sido vellacos los dichos yndios, que los ahorcase, e todos los españoles decian que si no se ahorcavan los dichos yndios, cada dia se atreverian otros a cometer trayciones e maldades mayores, e con la muerte de aquellos se asiguraba todo e no se atreverian otros a hacer ninguna cosa, e por virtud del proceso que contra ellos se hiço antel testigo, fueron condegnados a muerte, como por el proceso, a que se refiere mas largamente, parecera.

65. A las sesenta e cinco preguntas dixo que la sabe la pregunta como en ella se contiene; preguntado como la sabe, dixo que porque ansymismo vido este testigo que contra estos dichos yndios contenidos en la pregunta se procedio e hizo

proceso, como por la sentencia parecera, a todo lo qual se refiere.

66. A las sesenta e seys preguntas dixo que sabe e vido que las guerras que se hicieron fue por la horden que la pregunta declara, e por las cabsas, como parecera por los dichos procesos que pasaron ante este testigo, como escrivano, e que a los dichos procesos se refiere, e que este testigo sabe por lo que vido e por lo que parescio por la ynformacion de Gonçalo de Mendoça, que los pueblos que se quemaron heran e fueron de la manera que la pregunta declara, y por la costumbre de los yndios quemados por sus manos antes que los cristianos llegasen a ellos.

67. A las sesenta y siete preguntas dixo que la sabe la pregunta como en ella se contiene; preguntado como la sabe, dixo que por lo que dicho tiene en las preguntas antes desta, e porque vido quel dicho Alvar Nuñez procuro siempre tener paz con los dichos yndios e de les hacer buenas obras e tratamientos, e vido que al tiempo que se partio del dicho puerto de los Reyes los dexo en toda paz y muy amigos de los cristianos e con muchos mantenimientos, e questo sabe de la pregunta.

68. A las sesenta e ocho preguntas dixo que la sabe la pregunta como en ella se contiene; preguntado como la sabe, dixo que porque lo vido e vido castigar a los que algunos agravios hicieron a los dichos yndios, y desta cabsa estuvieron los dichos yndios muy favorecidos y bien tratados.

69. A las sesenta e nueve preguntas dixo que

este testigo vido e se hallo muchas e diversas veces presente al tiempo que los yndios trayan e traxeron mantenimientos e otras cosas al dicho Alvar Nuñez Cabeça de Vaca, e vido que a todos los dichos yndios les pagava por su mano, e les pago lo que ansi le traxeron, e ansi mandava e mando que siempre les pagasen los dichos yndios sus travajos; e questo save desta pregunta.

70. A las setenta preguntas dixo que este testigo vido que los dichos yndios estavan con el dicho Alvar Nuñez Cabeça de Vaca muy bien e le querian bien e estava bien quisto de todos por los buenos tratamientos que les hacia e dádivas que les daba, e por no consentir que fuesen maltratados ni agraviados.

71. A las setenta e una preguntas dixo que lo que della sabe es que en la dicha provincia de el Rio de la Plata, los naturales della mataron muchos cristianos por los echar de la tierra, e hicieron mucha guerra, e este testigo ha visto hacer pazes, e hechas an hecho daño e muerto cristianos, viniendoles a hacer guerra por los echar de la tierra e los destruir, e a visto ansimismo este testigo que los dichos yndios an venido a destruir e arrancar los mantenimientos, e les a visto usar de otras trayciones e cabtelas para matar los cristianos y echarlos de la tierra; e questo sabe e a visto de lo contenido en la pregunta.

72. A las setenta (1) e dos preguntas dixo que la sabe la pregunta como en ella se contiene; pre-

---

(1) En el original: *sesenta*.

guntado como lo sabe, dixo que por lo que dicho tiene en la pregunta antes desta, e porque de quererles quitar sus malos usos e costumbres a los dichos yndios les a visto alterarse, amotinarse y escandalizarse con los cristianos, e esto es publico e notorio.

73. A las setenta e tres preguntas dixo queste testigo vido que en el puerto de los Reyes, el dicho Alvar Nuñez Caveça de Vaca dava e dio de comer por racion hordinaria a mucha de la gente que alli estava, e este testigo se hallava cada dia presente al dar e rrepartir de la dicha racion, e ansimismo se daba e dio por su mandado de comer a muchos de los dichos yndios, e a todos los pobres desnudos, que serian mas de doscientos e cinquenta españoles, les dio por su mano e en presencia este testigo de vestir jaquetas e calçones de algodon, todo lo qual compro de los yndios de aquella comarca a su propia costa, e se lo dio e rrepartio graciosamente sin ynterese alguno, e ansimismo vido que vistio a muchos de los yndios prinçipales que consigo traya, e a sus mugeres; e questo sabe de la pregunta.

74. A las setenta e quatro preguntas dixo que en el tiempo que el dicho Alvar Nuñez governo a la dicha provincia, este testigo vido que tuvo a los españoles en mucha paz e justicia, e no vio este testigo que oviese alvoroto, ni escandalo, ni muertes, ni heridas, unos cristianos con otros, e vido que a todos hacia buenos tratamientos, e este testigo vido que dende luego que fue preso el dicho Alvar Nuñez Cabeça de Vaca, en la dicha provin-

cia subcedieron luego muchos alvorotos e escandalos, e muertes de dos hombres, e otros muchos heridos, e los que governavan hacian muchos agravios a los españoles e a los yndios naturales, de cuya cabsa se yvan e fueron e desmanparaban la tierra, e vido este testigo que se fueron mas de treinta cristianos a perderse por la tierra adentro de los yndios, e ansy desta cabsa se alteraron e sucedieron otros grandes daños e inconvenientes; e questo sabe de la pregunta, a cabsa todo de la prisyon del dicho Alvar Nuñez Cabeça de Vaca.

75. A las setenta e cinco preguntas dixo que lo que desta pregunta sabe es que la principal cabsa porque los oficiales de Su Magestad prendieron al dicho Alvar Nuñez Cabeça de Vaca fue porque a ellos e a los frayles franciscos les yva e fue a la mano en las desordenes que hacian e agravios, los oficiales a los españoles, e los frayles a los naturales, que les querian llevar sus hijas de su tierra contra su voluntad, e por otras reprehensiones que les hizo, e ansi despues de preso el dicho Alvar Nuñez vido este testigo que subcedio lo contenido en la pregunta antes desta, e los dichos frayles se fueron e absentaron de la dicha provincia e se llevaron muchas yndias hijas de los naturales de la dicha provincia, e cristianos españoles que servian a Su Magestad, de que se alteraron los dichos yndios, e vido este testigo que los clerigos de la dicha provincia, o la mayor parte dellos, hizieron un requerimiento al capitan Vergara e a los oficiales de Su Magestad, para que detuviesen los dichos frayles, por los daños e perdidas que de su

yda se esperava resultar, e no lo quisieron hacer por contentar los dichos frayles, e queste testigo oyo decir publicamente que los dichos frayles llevavan las dichas yndias contra su voluntad, e aprisionadas con prisiones, dandoles de açotes porque no querian yr con ellos; e questo sabe de la pregunta.

76. A las setenta e seys preguntas dixo que todo lo que ha dicho es la verdad de lo que sabe e parecio a este testigo, e es la verdad, so cargo del juramento que hizo, e firmolo etcetera.=Paso ante mi, *Juan de Cueva.=Pedro Hernandez.*

El dicho Adelantado don Pedro de Heredia, testigo jurado y presentado por el dicho Alvar Nuñez Cabeça de Vaca, e siendo preguntado por la primera pregunta de su ynterrogatorio, dixo lo siguiente:

1. A la primera pregunta del dicho ynterrogatorio dixo que conoce al dicho Alvar Nuñez Cabeça de Vaca, y al licenciado Villalobos, fiscal de Su Magestad, por vista e trato y conversacion que con ellos y cada uno dellos a tenido e tiene, e que de la provincia del rrio de la Plata no tiene noticia mas de lo aver oydo decir.

Siendo preguntado por las preguntas generales de la ley de Madrid, dixo ques de edad de más de cinquenta años, poco mas o menos tiempo, e que no es pariente de ninguna de las partes, ni padece ninguna de las otras preguntas generales de la ley, mas de que quería que benciese la parte que toviese justicia; e siendo preguntado por las quarenta, e setenta e una, y setenta y dos preguntas del dicho ynterrogatorio para en que fue presentado por testigo, dixo y depuso lo siguiente.

40. A las quarenta preguntas del dicho ynterrogatorio dixo este testigo que lo que desta pregunta sabe es queste testigo no ha estado en la provincia del rio de la Plata, pero que en la provincia de Uravá, qu' es en la governacion de Cartagena, y en la provincia de Veragua, adonde este testigo a estado, andando este testigo descubriendo tierra a visto que los yndios tienen por costumbre y es cosa muy ordinaria entrellos que sabiendo que hay cristianos en la tierra, aunque de los cristianos no ayan recebido daños, porque no hallen adonde se parar, ny reparar, ni les tomar mantenimiento, e por otras cabsas y ardides de guerra que tienen entre si los dichos yndios, queman sus propias casas, e despues quando les parece las tornan a hacer alli o otro cabo, porque son muy ligeras de hacer e de paja, e que adonde los yndios tienen costumbre de quemar las casas las hacen en muy brebe tiempo, y aun quando les parece que no estan bien en un sitio, mudan las casas y las llevan media legua o una adonde les parece que estaran mejor, y lo susodicho de quemar sus casas dixo qu' era publico y notorio que se hace en muchas provincias de las Yndias, en especial en toda la tierra que los yndios labran de paja las casas, e son tierras de vehetrias que no tienen señores que los sujeten, como este testigo a oydo decir qu' es la dicha provincia del Rio de la Plata; y desta pregunta esto dixo que sabe.

71. A las setenta e una preguntas del dicho yn-

terrogatorio dixo este testigo que la sabe como en ella se contiene; preguntado como la sabe, dixo que porque en todas las provincias de las Yndias queste testigo a estado, a visto que los yndios dellas lo usan, como la pregunta lo dice, e se procuran de defender de los cristianos e usan con ellos de los ardides e cautelas que la pregunta dice, y es cosa qu' es entrellos ordinaria; y desta pregunta esto es lo que sabe. E ansimismo save, e a lo queste testigo tiene conocido de los yndios, que si no viesen que los cristianos los tenian sujetados y les tenian ventaja, no se someterian a ellos, ni les harian obidencia, y aora con estar sujetados y en amistad buscan muchas traiciones para matar a los cristianos cuando no estan sobre aviso; y desta pregunta esto dixo que sabe.

72. A las setenta e dos preguntas del dicho ynterrogatorio dixo que lo que desta pregunta sabe es que los yndios, a lo queste testigo conoce dellos, tienen por enemigos a los cristianos, porque los sujetan y ellos querian estar libres, y por estas cabsas y por otras quellos saven, como tiene dicho en la pregunta antes desta, veya que por todas las vias que pueden procuran de los matar y echar de la tierra; y desta pregunta esto es lo que sabe.

76. A las setenta e seys preguntas dixo que dice lo que tiene dicho de suso, en que se afirmava e afirmo, e rretificava e rretifico, e firmolo de su nombre.=*Pedro de Heredia.*

El dicho licenciado Ximenez, testigo jurado y presentado por el dicho Alvar Nuñez Cabeça de

Vaca, e siendo preguntado por la primera pregunta de su ynterrogatorio, dixo lo siguiente:

1.ª A la primera pregunta del dicho ynterrogatorio dixo que conoce á los contenidos en la pregunta, por vista e trato y conversacion que con ellos a tenido e tiene, pero que de la provincia del rrio de la Plata no tiene noticia.

40. A las quarenta preguntas del dicho ynterrogatorio dixo que lo que desta pregunta save es que siempre este testigo a visto, estando y tratando en las partes de las Yndias, que los yndios queman sus buhios y casas por qualquier causa y cosa que se les antoja, especialmente si los cristianos han estado en los dichos buhios o esperan que vendrán a ellos, porque como los dichos buhios son de paja los tornan a hacer muy facilmente adonde se les antoja, y esto lo a visto este testigo muchas veces y ser ordinario entrellos, y esto sabe desta pregunta.

71. A las setenta e una preguntas del dicho ynterrogatorio dixo que lo que della sabe es que este testigo a visto a los yndios rresestir a los cristianos entrando en su tierra, e si los acoxian de paz, despues tratar secretamente trayciones para matarlos, y en tierras donde la paz no es muy fija nunca este testigo a visto lo contrario, sino siempre tratar trayciones y resestir a los cristianos, y esto es lo que sabe desta pregunta.

72. A las setenta y dos preguntas del dicho ynterrogatorio dixo queste testigo tiene a los yndios por onbres que naturalmente aborrecen a los cristianos y que en ninguna manera del mundo los

querian ver en su tierra, y esto a siempre conocido dellos y nunca a visto este testigo lo contrario, ni sentido dellos, y esto sabe desta pregunta.

76. A las setenta e seys preguntas dixo que dice lo que dicho tiene de suso, en que se afirma e afirmó, e firmolo de su nombre.=*Licenciado Ximenez.*

El dicho Andres de Tapia, testigo jurado y presentado por el dicho Alvar Nuñez Cabeça de Vaca, e siendo preguntado por la primera pregunta dixo lo siguiente.

1.ª A la primera pregunta del dicho ynterrogatorio dixo que conoce á los en ella contenidos, por vista e trato y conversacion que con ellos a tenido e tiene, e que del Rio de la Plata no tiene noticia más de por oydas.

Siendo preguntado por las preguntas generales de la ley, dixo qu' es de edad de mas de quarenta e cinco años, poco mas ó menos tiempo; que este testigo no es pariente de ninguna de las partes, ni padece este testigo las otras preguntas de la ley, mas de quanto querrá que venciese la parte que oviese justicia, e siendo preguntado por las quarenta, setenta y una, setenta y dos preguntas del dicho ynterrogatorio para en que fue presentado, dixo y depuso lo siguiente.

40. A las quarenta preguntas del dicho ynterrogatorio dixo que en muchas partes de las Yndias donde este testigo a andado, pasa segun e como la pregunta lo dice y en ella se contiene, e lo tienen asi por costumbre algunos de los yndios, porque los que llaman chichimecas, en la Nueva Es-

paña, y otros de hacia la provincia de Xalisco, andan adonde ay caza o pesquerias, y entretanto que se hallan bien en una parte se estan, y quando les parece queman sus casas y se van a otra parte; y otras veces a visto este testigo, andando en la pacificacion de la Nueva España, que los algunos yndios naturales queman sus pueblos; cree este testigo que deve ser, y ansi se lo an dicho, preguntandolo, porque los españoles no hallen donde se aposentar y se vayan de largo, y aun a visto a los yndios contrarios de los españoles quemar los bastimentos; y desta pregunta esto es lo que sabe, y que en la provincia del rrio de la Plata no a estado, mas de que a oydo decir a algunas personas de las que an venido de la dicha provincia, que en algunas partes son los yndios como los chichimecas de la Nueva España.

71. A las setenta y una preguntas del dicho ynterrogatorio dixo que ansi como la pregunta lo dice, en caso de no querer paz los yndios con los españoles, lo a visto este testigo en la Nueva España, especialmente en Tabasco y en Mexico, y a visto quebrar sus palabras diciendo unas veces que quieren paces, y otras veces revelandose y haciendo á los españoles daños, que por la mayor parte a visto este testigo en la conquista de la Nueva España y en algunas provincias della, que los yndios trabajan y an trabajado de pelear con los españoles antes que hagan paz con ellos, ni la quieren conceder, e que a oydo decir a yndios, deciendo mal de otros: *mirá aquellos, que sin pelear e sin saver para quanto eran sus enemigos ecieron*

paces con ellos; e que por esto tiene por cierto que los mas de los yndios, especial quando se atreven en sus fuerzas e les parece tener ventaja, tienen por costumbre, asi en lo que a visto como en lo que a oydo decir, de pelear con los españoles antes que hagan pazes, esto por la mayor parte, e que en los que a conocido, a conocido subjetarse mas por miedo que por virtud ni caridad, e questo es lo que sabe e a visto, e tiene por cierto que quando españoles llegan a tierras de yndios, los yndios los tienen por enemigos por la mayor parte, como dicho tiene; y esto es lo que sabe desta pregunta.

72. A las setenta y dos preguntas del dicho ynterrogatorio dixo que ansi como la pregunta lo dize lo tiene por cierto y lo a visto en las Yndias en algunas partes por donde a andado, y aun hablando en conversacion con algunos señores yndios, en las cosas de las guerras pasadas en la Nueva España, le an dicho a este testigo: creé que no nos tenemos por satisfechos de nosotros mismos, ni aun creemos que tenemos obligacion a querer bien a los que nos subjetan ansi, si no peleamos con ellos primero que los sirvamos, para provar nuestra ventura, e quando mas no podemos e conocemos que podiendonos matar no lo hacen, aquello les agradecemos, e por aquello nos parece que les devemos el servicio que despues les hacemos; y asi era costumbre en la Nueva España, que los yndios tenian unos entre otros que aquellos que se avian dado por amistad no servian tan bien ni eran tan subjetos como los que eran

ganados de guerra; e questo sabe y a visto acerca de lo que a esta pregunta toca.

76. A las sétenta e seys preguntas dixo que dice lo que dicho tiene de suso, en que se afirmava e afirmó, e firmolo de su nombre.=*Andres de Tapia* =Pasó ante mi, *Juan de Cueva.*

El dicho Alonso de Montalvan, testigo jurado y presentado por el dicho Alvar Nuñez Cabeza de Vaca, e siendo preguntado por la primera pregunta del dicho ynterrogatorio, dixo lo siguiente:

1.ª A la primera pregunta del dicho ynterrogatorio dixo que conoce a los en ella contenidos, por vista y trato y conversacion que con ellos a tenido e tiene, e que de la provincia del Rio de la Plata no tiene noticia mas de le aver oydo decir.

Siendo preguntado por las preguntas generales de la ley, dixo qu' es de edad de quarenta años, poco más o menos, e que no es pariente de ninguna de las partes, ni a sido dadivado, corruto, ni atemorizado, ni ynducido por ninguna de las partes porque en su dicho oviese de decir al contrario de la verdad, mas de quanto querrá que venciese la parte que toviese justicia; e siendo preguntado por las quarenta, e setenta e una, y setenta y dos preguntas para en que fue presentado, dixo lo siguiente:

40. A las quarenta preguntas del dicho ynterrogatorio dixo este testigo que no a estado en la provincia del Rio de la Plata, pero que en la provincia de Uravá, qu' es en la provincia de Cartagena, donde este testigo a estado, a visto que los yndios de la dicha provincia, quando veen que ay

cristianos en la tierra queman sus casas e se van adonde les parece, e quando quieren las tornan a hacer muy brebe, porque son de paja e armadas sobre palos, que muy facilmente se hacen, e aun quando les parece las mudan a otros cavos y parte, y esto a visto que en la dicha provincia es muy ordinario entre los yndios, y a oydo decir que en otras provincias de las Yndias lo hacen asimismo los yndios, y es asi publico y notorio y publica voz y fama.

71. A las setenta y una preguntas del dicho ynterrogatorio dixo que en todo el tiempo que este testigo estuvo en la dicha provincia de las Yndias, vio que los yndios rresistian a los cristianos y no les daban obidencia sino veyan que los cristianos tenian mucha bentaja, e visto que se la tenian hacen paces con los cristianos, e estando en paces procuran de buscar trayciones para matar a los cristianos e los echar de la tierra, y ansi a oydo este testigo que lo hacen en todas las provincias de las Yndias, y es publico y notorio que se hace segun e como la pregunta dice; y desta pregunta esto es lo que sabe.

72. A las setenta y dos preguntas del dicho ynterrogatorio dixo que a lo que este testigo a conocido de los yndios, tiene por cierto y le parece que de su natural quieren muy mal a los cristianos e se querran ver libres, y esto sabe desta pregunta.

76. A las setenta y seys preguntas del dicho ynterrogatorio dixo que dice lo que dicho tiene de suso, en que se afirmava e afirmo, e retificava e rretifico, y firmolo de su nombre.—*Alonso de*

Montalvan.—Pasó ante mi, *Juan de Cueva, escrivano.*

El dicho Andres de Cobasrubias, testigo jurado y presentado por el dicho Alvar Nuñez Caveza de Vaca, e siendo preguntado por la primera pregunta del dicho ynterrogatorio dixo lo siguiente:

1. A la primera pregunta del dicho ynterrogatorio dixo que conoce a los en la dicha pregunta contenidos, por vista e trato y conversacion que con ellos a tenido e tiene, e que de la provincia del Rio de la Plata no tiene noticia mas de la aver oydo decir.

Siendo preguntado por las preguntas generales de la ley, dixo qu' es de edad de mas de veinte e cinco años, e que no es pariente de ninguna de las partes que letigan, ni padece ninguna de las preguntas generales de la ley, mas de que querrá que venciese la parte que toviere justicia; siendo preguntado por las quarenta, e setenta e una, y setenta y dos preguntas para en que fue presentado por testigo, dixo lo siguiente:

40. A las quarenta preguntas del dicho ynterrogatorio, dixo que como tiene dicho, este testigo no a estado en la dicha provincia del Rio de la Plata, pero que en la Nueva España, donde este testigo a estado, a visto que fuera de lo bueno della, todo lo demas quel a andado son las casas de pajiço, armadas muchas dellas en palillos, e que ay poco que hacer ni deshacer en ellas; e questo es lo que sabe desta pregunta.

71. A las setenta e una preguntas del dicho ynterrogatorio dixo queste testigo a oydo decir que

en muchas provincias de las Yndias tienen por costumbre lo contenido en la pregunta, quando los cristianos van á descubrir tierra, pero que en donde este testigo a estado e descobierto daban a los yndios de sus camisas e otros rescates, y a esta cabsa nunca se rrevelaron contra ellos, y no sabe otra cosa desta pregunta.

72. A las setenta y dos preguntas del dicho ynterrogatorio dixo queste testigo no sabe la voluntad de los yndios, e que no vio ni sabe otra cosa desta pregunta mas de que los yndios qu' estan revelados y dan guerra a los españoles, cree este testigo que lo hacen por querer mal a los cristianos, e por no les dar obidencia, sino ser libres.

76. A las setenta e seys preguntas dixo que dice lo que dicho tiene de suso, en que se afirmava e afirmó, e firmolo de su nombre. = *Andres de Cobasrrubias*. = Pasó ante mi, = *Juan de Cueva, escrivano*.

INFORMACION HECHA EN XEREZ

Á PEDIMENTO DE

CABEÇA DE VACA

PARA VERIFICAR ÇIERTAS CARTAS (1)

---

(1) Archivo general de Indias.—Simancas.—Justicia.—Distrito de la Audiencia de Charcas.—Autos Fiscales.—Año 1552.—Est. 52, Caj. 5, Leg. $\frac{2}{10}$.

En la muy noble e muy leal çibdad de Xerez de la Frontera, en treynta dias del mes de Septienbre, año del nasçimiento de nuestro Salbador Ihs. Xpo. de mill e quinyentos e quarenta e çinco años, antel virtuoso señor Bartolome Valeto de Morla, alcalde hordinario en esta dicha çibdad por el magnifico señor liçençiado Yñigo Ortiz de Ybarguen, juez de resydençia e justiçia mayor en esta dicha çibdad, y en presençia de my, Ximon Garçia Copin, escribano publico del numero desta dicha çibdad por Sus Magestades, e de los testigos de yuso escritos, paresçio Ruy Diaz de Guzman, vecino de esta dicha çibdad, e presento un escrito de pedimento con çiertas preguntas en el ynsertas, y dos cartas mesybas, su thenor de lo qual es este que se sigue.

Muy noble señor:

Ruy Diaz de Guzman, por mi y en nombre de Albar Nuñez Cabeça de Vaca, gobernador del Rio de la Plata, por Su Magestad, y como pariente suyo y conjunta persona, ante vuestra merced paresco e digo que para guarda de my derecho e del dicho Albar Nuñez Cabeça de Vaca, gobernador, conviene hacer ynformaçion en como estas cartas de que ante vuestra merced hago presentacion, la una dellas es escrita y firmada de letra y firma de

Pedro de Fuentes, hijo de Pedro de Fuentes, veçino de esta cibdad, y la otra escrita y firmada de Alonso Riquel de Guzman, veçino desta çibdad, e que la letra y firma della es del dicho Alonso Riquel de Guzman, e que los dichos Pedro de Fuentes e Alonso Riquel de Guzman fueron con el dicho Albar Nuñez, gobernador, y en su compañia, al Rio de la Plata, de donde escribieron las dichas cartas; por tanto pido á vuestra merced mande resçibir e resçiba la ynformaçion que çerca de lo susodicho yo diere, e resçibida me la mande dar en publica forma en manera que haga fée, para guarda de my derecho e del dicho Albar Nuñez Cabeça de Vaca, gobernador, y que las dichas cartas se me den originales para que yo las presente ante quyen al derecho del dicho gobernador convenga, o el las pueda presentar, mandando dexar en poder del escribano de la causa un treslado dellas; para todo pido justiçia e su noble ofiçio ynploro, e a los testigos que en razon de lo susodicho presentare sean esamynados por las preguntas siguyentes.

Primeramente si conoçen a my, el dicho Ruy Diaz de Guzman, e si conoçen a Albar Nuñez Cabeça de Vaca, gobernador de Su Magestad, de la provincia del Rio de la Plata, y si conosçieron y tubieron notiçia de Pedro de Fuentes, veçino desta çibdad, e Alonso Riquel de Guzman, veçino asymismo desta çibdad, y a cada uno de ellos, e que el dicho Ruy Diaz de Guzman es cuñado del dicho gobernador, casado con su hermana.

Yten, si saben que una de las dichas cartas,

qu' está firmada de un nombre que dice Pedro de Fuentes, la letra de la dicha carta e la firma della e letra de la firma es del dicho Pedro de Fuentes contenydo en la primera pregunta; esto digan los testigos porque vieron la letra e firma de la dicha carta e saben qu' es suya porque muchas vezes le vieron escrivir y firmar, y conosçen su letra e firma e saben que es suya.

Yten, si saben que la letra e firma de la otra carta que está firmada de un nombre que diçe Alonso Riquel de Guzman es la propia letra e firma del dicho Alonso Riquel de Guzman contenydo en la primera pregunta, e asi lo paresce; esto digan los testigos porque vieron la letra e firma de la dicha carta que les fue mostrada, e saben qu' es de la letra e firma del dicho Alonso Riquel de Guzman, porque muchas veçes lo vieron escrevir y firmar e tienen noticia de su letra y firma, e por esto les paresce e saben qu' es de la letra e firma del dicho Alonso Riquel de Guzman.

Ytèn, si saben que los dichos Pedro de Fuentes e Alonso Riquel de Guzman fueron en compañia del dicho Albar Nuñez Cabeça de Vaça, gobernador, al Rio de la Plata, en el viage que hizo para el Rio de la Plata el dicho gobernador, podra aver cinco años, poco mas o menos, de donde paresce que los dichos Pedro de Fuentes e Alonso Riquel de Guzman escribieron las dichas cartas y asy es publico e notorio.

Yten, si saben que los dichos Pedro de Fuentes y Alonsó Riquel de Guzman son personas muy onradas e de muy buena generacion e muy buenos cristianos e de muy buenas costumbres e de muy buena vida y fama, e tales que por ninguna cosa diran el contrario de la verdad, e de quyen se cree y tiene por cosa muy çierta que lo que en las dichas cartas escribieron es muy çierto y verdad, e que asy paso como en ellas se contiene lo que por ellas se diçe; digan lo que desto supieren.

Yten, si saben que de lo susodicho es publica voz y fama.=*El bachiller Argumedo.*

Señor:

Si las cosas que en Yndias acaeçen y suelen acaeçer las adibinasemos e pensasemos muy bien, primero creo que abia muy pocos que solamente osasen acometer a venyr; mas como los trabajos sean para los onbres, y mas los que [no] deseamos el descanso por no tenello ninguna cosa, a de bastar que delante se nos ponga que por temor se dexase, y esto digo por los grandes trabajos y hanbres y peligros de enemigos que en esta tierra se an pasado, no para que a los onbres pongan espanto, ny menos temor, pues que para ellos somos dedicados; ansi que, señor, como el que quisiera mas ver la persona de vuestra merced para muy mejor podellos contar, sin que nada por olvido quedase, que no avellos de escrevir segun los muchos que son; mas dexados todos a una parte, quiero de tres cosas dar quenta a vuestra merced, que son las prençipales, pues lo demas sabrá vuestra merced alla; lo primero, como el gobernador llego a Santa Catalina, e de aqui, siendo primero ynformado, entró por tierra con dozientos y çinquenta onbres y veynte e çinco de caballo a yr a dar al rio del Paraguay, donde llego en cinco meses rompiendo muy grandes bosques y subiendo muy grandes sierras e pasando muy anchos rios, donde se pasaron grandisimos trabajos; vino siempre por tierra poblada de yndios de generaçion guaranies, sin romper con ellos, y llegado a esta çibdad, que se llama de la Asunçion, fue obedeçido e resçibido por señor de todos porque Juan de Ayola hera muerto e le avian fecho las onras, el qual mataron una esclaveria que se llaman payaguaes, çient leguas desta cibdad el rio arriba, que venya cargado de oro e plata y por no hallar los bergantines que dexo lo mataron, lo qual se supo de un yndio quel traya, chanee, que por ser mochacho no lo mataron, y tornando los bergantines a esperallo se vino a ellos, del qual se supo e sabe cada dia mucho mas; la segunda es como el gobernador como llego aqui hizo luego su entrada con aver enbiado a descubrir un capitan por este rio a descubrir con tres nabios por donde se haria, y venydo salio el gobernador, dia de Nuestra Señora de Septiembre, año de quarenta y quatro, con diez vergantines donde llevaba tresçientos y ochenta onbres y diez cavallos, y sacó desta tierra de yndios nuestros amigos setecientos, que yvan en cient canoas; estos son guaranies y sirbennos como esclavos y nos dan sus hijas para que nos sirvan en casa y en el campo, de las quales e de nosotros ay mas de quatroçientos mestizos entre varones y henbras, porque vea vuestra merced si somos buenos pobladores, lo que no conquystadores; a mi, a lo menos, no me paresce bien; llegado el gobernador al puerto de los Reyes, que asy le pusieron por nombre, que es dozientas leguas de esta çibdad el rio arriba, luego entro la tierra dentro con trezientos cristianos muy bien armados de arcabuzes y ballestas e muy bien proveydos de bastimentos, porque no avia soldado que una yndia de las nuestras al cabo no le llevase una carga de çinquenta libras de harina que en esta tierra se haze de unas rayzes que se siembran, e todos los yndios nuestros amigos con sus arcos y flechas; llevava el gobernador una guia lengua guarani que en una esclaveria veynte leguas de aqui está, que se llaman Yariles, e dezia quel sabia el camyno y nos pondria en çinco dias en esclaveria labradora y tierra muy rica de oro e plata; con esto entramos y caminamos catorçe dias sin hallar ningun pueblo, al cabo de los quales dimos en unas dos casillas de yndios guaranyes, de los quales el gobernador se ynformo e le dixeron como desde alli a esclaveria avia veynte jornadas, que son veynte dias; en este tiempo mucha de la gente, como nueva en esta tierra, avia desperdiciado el mantenimiento que llevaban, con pensar que a los çinco dias hallarian poblado, y el gobernador, por no aventurar vida de un honbre, dio la buelta al puerto de los Reyes, do avia dexado ochenta onbres que lo esperasen con los navios, e de adonde se bolvio el governador enbio un onbre muy onrado, llamado Françisco de Ribera, con seys soldados y veynte yndios a que descubriesen todo el camino hasta dar en poblado; llegado el gobernador al puerto de los Reyes luego començo a adoleçer la gente, que con las grandes calores avia munchas aguas del çielo que hazian la tierra muy doliente, como lo hera; luego resgató el gobernador por estos pueblos que en este puerto estavan, mucho mantenimiento por su resgate, porque no nos vinyese a faltar; en este tiempo vinyeron los cristianos con nuevas como avian caminado veynte dias hasta que llegaron a un pueblo de esclaveria labradora, y no hallo lengua guarani con que pudiese saber ynformarse de la tierra, salbo que por señas le dieron a entender como de ay en adelante estava toda la tierra poblada y hera muy rica de oro e plata; luego el gobernador quisiera entrar, sino que se le atravesaron dos muy grandes yncobinyentes, que fueron estar la gente toda enferma, con muy mal refrigerio, y el otro estar las aguas creçidas e muy grandes pantanos que no se podian pasar; al fin, que hera forçado esperar a que abaxasen las aguas, y en este tiempo vino la gente a caer toda de golpe sin quedar onbre quando pensabamos que tornara en si, e deçian los yndios de la tierra no aver llegado el tiempo muy malo que ellos se morian, que hera dende en dos meses, y esto hera por Abril, e por Julio hera quando ellos se morian; digo a vuestra merced no aver estos desta tierra en todos ellos indio de çinquenta años, por las quales causas fue requerido el gobernador, de los ofiçiales del rey [y] de los demas capitanes que convenia bolverse, de lo qual fue el gobernador muy reziamente ynportunado, que el no queria bolver, mas viendo el poco remedio que avia para la gente e que no mejoraba, por no ponerse en aventura que perdiese algunos onbres por la maldad del tiempo que esperaba, determinó de baxarse a la çibdad del Asuncion, do avian quedado dosçientos cristianos [y] está un pueblo tan fundado y basteçido como esa cibdad para alla, y estotra para aca, de gallinas e puercos de España e mucho mantenimiento de lo de la tierra que dos vezes en el año se siembra y coge; llego el gobernador a esta çibdad de bueita, jueves de la Çena, y muy malo de siçiones como todos; despues que hera llegado el gobernador, esta es la terçera, un dia, viernes, dos oras de la noche, dia del señor San Marcos, fueron los quatro ofiçiales del Rey llevando las espaldas seguras y consigo sus amigos y otros engañados, y en fin con mano armada de arcabuzes y ballestas, e asy entraron y lo prendieron, que estaba echado malo con [no] mas de una muger que lo curaba, que todos sus criados estavan malos salvo uno que lo vendió, y asy lo sacaron de su casa a renpuxones y lo llevaron y metieron en casa de uno de ellos, que fue el tesorero, e asy lo an tenido preso con sus prisiones diez meses sin que nadie lo aya visto ny oydo sino sus enemigos, y una yndia le metia de comer; luego aquella misma noche que lo prendieron [mandaron] que nadie saliese de su casa, so pena de traydores, ansy que unos de myedo e otros de voluntad se estaban quedos [y] si algunos salian de sus casas topavan luego gente armada que de parte del Rey los mandavan bolver; por mi se deçir a vuestra merced que aunque malo salia yo y Mendes, con nuestras ballestas, y hallamos a la puerta de nuestra calle mas de diez onbres con sus armas y un alguaçil, que sy no me bolvia que me llevarian preso, y viendome solo, que mas no se podia haçer, me torné a mi casa; sele dezir a vuestra merced que en esta comunidad, los prençipales comuneros con sus texedores y espaderos y boneteros y çapateros, perailes, y el cura, que no falto, luego otro dia señalaron gobernador, que fue al que hallo aqui el gobernador quando vino, y quitaron las varas Reales y pusieron Justiçias de su mano; luego me prendieron a mi y otros debdos del gobernador y nos tobieron presos quatro meses con prisiones, al cabo de los quales nos hizieron andar sin armas; no se puede pensar ny escribir las trayçiones que estos traydores ynventan y levantan cada dia en dichos y fechos y falsedades que ynventan al gobernador, sin aver fecho, ny ahorcado, ny afrentado, ni quitado lo suyo a nadie, sino siempre trabajar y desear servir y aprovechar al rey como leal y buen gobernador, que por ser tan bueno a venydo a lo que está, sino por puras pasiones que entre el y ellos avian conpuesto la honra y corona de España debaxo de sus pies estos traydores, de pura enbidia; pesame, que quisiera estar alla por el castigo que el rey les manda dar; çierrannos las calles, tapiannos las puertas, persiguennos porque bolvemos por la onra del rey; sé dezir a vuestra merced que no a faltado mañas y diligençia para sacallo, y ansy pensamos que fuera con un capitan que se llama Salazar, metiendo y sacando cartas al gobernador, y al cabo vemos ser engaño e avernos traydo engañados; es tal la tierra que ny lo primero ny lo segundo se puede demandar, syno que hemos de callar; la tierra esta muy alborotada entre nosotros, porque unos se van desesperados y los que quedamos nos deseamos unos a otros matar, y los yndios con esto están muy vellacos; Dios lo remedie; esto e escrito a vuestra merced sumariamente porque allá mas largo del gobernador lo sabra; una relaçion enbio a vuestra merçed de las nuevas de la tierra quel gobernador... *(Un renglon no se pudo leer por estar maltratada la carta; al cabo deçia.)* Nuestro señor guarde la muy magnifica persona de vuestra merced; beso las manos de vuestra merced como umilde hijo. *Alonso Riquel de Guzman.*

Señor:

Si las cosas que acaeçen en Yndias las adevinasemos y pensasemos muy bien primero, creo que muy pocos abria que solamente acometiesen a venyr a ellas; mas como los trabajos sean para los onbres e mas para los que [no] deseamos el descanso, por no tenello nynguna cosa, a de bastar a que delante se nos ponga a dexar de lo hazer, y esto digo por los muchos trabajos que en esta tierra se an pasado e pasan cada dia; despues que de esa baya de Cadiz partimos, en setenta dias llegamos a la ysla de Santa Catalina, que es tierra de Yndias, de donde es Adelantado el gobernador Albaro Nuñez Cabeça de Vaca; alli desbarato la nao de Francisco Lopez, y una caravela, e dexo solamente la nao capitana para que fuese al Rio de la Plata con alguna gente, porquel gobernador entro con trezientos onbres la tierra adentro, e veynte e çinco de a caballo, en demanda de los cristianos que estavan en el Paraguay; estubo en esta jornada çinco meses; luego como llego le dieron la obediençia de tenyente de gobernador y capitan general; agora dare quenta a vuestra merçed de los que quedamos para yr en la nao al Rio de la Plata; quedó Pero Vaca por tenyente con ochenta onbres, y con el quedamos todos los de Xerez, e quedo un piloto que se dezia Antonio Lopez, para que metiese la nao por la boca del rio, que hera uno de los que vinieron con don Pedro de [Mendoza] a esta tierra, y fue Dios serbido por nuestros pecados que se nos muriese el piloto, de manera que obimos de yr a la ventura de un contramaestre que sabia un poco de la altura y estobimos muchas vezes por bolvernos a Santa Catalina porque entre los marineros unos dezian que abiamos pasado de la boca del rio, y otros dezian que no abiamos llegado; con estos debates obimos de hallarnos en el rio sin saber adonde estabamos, y fue Dios serbido que con estas çoçobras llegasemos a Buenos Ayres, donde pensabamos hallar un pueblo con çient onbres, y hallamoslo desbaratado, que toda la gente se abia recogido el rio arriba hasta juntarse con los otros cristianos que estavan en el Paraguay, que estan dozientas y sesenta leguas el rio arriba; aqui hallamos muchos padrones o palos hincados en diversas partes, horadados con escoplos y metidas cartas en ellos en que dezian que si por ventura llegasen algunos cristianos alli, que subiesen el rio arriba tantos grados, que estavan trezientos cristianos; tanbien dexaron de mayz que no pudieron subir, quinientas hanegas en una casa fecha de madera, en medio.

En una punta que salia a la mar [había] un palo en cruz que señalava en aquel derecho donde estava la casa del mayz; si no fuera por el buen reparo que hallamos en hallar este mayz, murieramos de hambre, porque bolver no podiamos, que estava la gente debilitada, e no se pudieran marear las velas; llegado que fue el gobernador, como arriba he dicho a vuestra merçed, al Paraguay, e sabido quel pueblo de Buenos Ayres estaba desbaratado, enbio dos bergantines con muncho bastimento para los que por el rio venymos, y como todos fuemos juntos en este pueblo de la Asunçion, luego adereço una entrada en que llevo diez vergantines y quatrozientos onbres e ochocientos yndios canoeros; subimos el rio arriba dozientas e çinquenta leguas hasta llegar a una generaçion que se dizen traycosies; aqui asentamos el real y pusose por nombre el puerto de los Reyes; e desde a ocho dias despues de llegados aqui, entramos la tierra adentro el gobernador con trezientos onbres e seteçientos yndios de los que trayamos, que los demas cristianos con otros çient yndios quedaron guardando el puerto; entramos nueve dias por tierra ynabitable, y visto que los bastimentos se nos acabavan e no sabiamos si avia poblado adelante, mas que nos dezia un yndio que llevavamos de la tierra que en veynte dias llegariamos a generaçiones, de manera que fue forçado bolvernos al puerto, e de aqui do nos bolvimos enbio el gobernador seys onbres con veynte yndios; estos fueron rompiendo bosque veynte e ocho dias, hasta llegar a una casa de yndios que se dizen por nombre tropecosees; aqui los reçibieron muy bien e sacaron de sus vinos que ellos hazen, e vieron que algunos de los yndios escondian planchas de oro e de plata por las pajas de la casa, e que otros se pintavan, que es señal de guerra, y visto esto se salieron y los yndios tras ellos flechandolos y ellos defendiendose hasta un bosque, donde los dexaron, ya todos heridos; llegados que fueron adondè el governador estaba, con estas nuevas, estaba la gente toda enferma e fue forçado esperar hasta que la gente se reformase, y en tanto enbio un vergantin con çinquenta onbres a descubrir el rio, y hallo este vergantin, setenta leguas de donde estavamos, una generaçion que se dizen los xaries; estos se dieron luego por amigos; es gente que tienen pueblos de a noveçientas casas y en cada casa estan solamente muger y hijos; es gente de mucha razon; comen en mesas y asientanse en bancos como nosotros, e visten las mugeres ropas de algodon hasta el suelo: es gente que no da guerra syno a quien se la haze; estos dieron nuevas que avia mucho oro e plata, e que estaba çerca, pero deciannos que heramos poquitos para ganarlo, que ay mucha gente donde está el oro, e tambien nos dieron nuevas que ay alli muy cerca dellos unas mugeres que tienen solamente una teta e son grandes flecheras, e dizen que la manera que tienen estas mugeres para engendrar es que a çierto tiempo del año tienen parte con una generaçion que confina con ellas, e que en pariendo, sy es varon enbianlo a su padre, y si es henbra quemanle una teta e crianla ellas; de estos xaries traxeron al gobernador muchas planchas de cobre que las an de otras generaçiones que estan junto a ellos, que no pueden aver el oro e danles el cobre por cosa desechada; traydas estas nuevas, todavia estava la gente enferma e dezian los yndios de aquella tierra que en entrando el ynvierno moria mucha gente de los naturales; aqui murio el padre Martin de Armença, hermano de Pedro de Sierra, de manera que le fue forçado al gobernador bolverse a reformar a este pueblo de la Asunçion, donde lo prendieron; vuestra merced sabra que la manera que tovieron fue que como llego con la gente enferma, desde a ocho dias o diez juntaronse los ofiçiales del rey y con hasta çient onbres amigos suyos, una noche a dos oras de la noche, bispera de Sant Marcos, y estando solo en su camara, lo prendieron; este es el menor daño que le pudo venir, porque otras veçes antes conçertaron de matallo, e prendieronlo por pensar que como estava enfermo, de puro enojo muriese; la causa de su prision fue porque les reprehendia sus viçios e pecados, que son tantos que eçeden a la seta de Mahoma, y es desta manera que ay unos que tienen diez yndias, otros de a treynta, y algunos de a çinquenta, y todas las tienen como mugeres, e a los yndios hermanos dellas les llaman cuñados, y entre estas tienen a dos y tres hermanas, mas no guardan el parentesco, antes lo afirman; todos los que de Xerez venimos perdimos mucho porque nos amava e favoresçia mucho; despues que la gente sanó començaronse a levantar muchos e tovose maña como se le metiesen cartas e se sacase un poder que dava a un capitan que se dize Salazar, e sacarase sino enbiara a dezir que si se pudiese hazer sin morir gente, que se hiziese, e sino que mejor hera que fuesen todos al rey; aca quedamos en grandes vandos: unos son Avilas, y otros Villavisencios; no doy mas larga quenta a vuestra merced de las cosas que aca an pasado, por faltarme el papel; a mi señora madre le suplico me perdone que alla le enbio una debda, e fue por gran nesçesidad que tengo, que yo vine de la entrada enfermo y con nescesidad, la qual me forço tomar çiertas cosas de un onbre que se dize Gonçalo de Acosta, en quarenta ducados; esto danlo a onbres que estan ahorcados que no pueden hazer otra cosa; lo que tomé fue una esclavilla que vale en esta tierra veynte e çinco cuñas, e una casa e dos almudes de roça, que ynnumerado todo puede valer hasta noventa cuñas, que son estas cuñas de peso de a ocho onças, e valen tanto que por un doblon de oro dan veynte libras de hierro, de que se hazen quarenta cuñas; atreviendome a la señora my tia, a la qual por madre tengo, tome esto alla, le podra dar por descargo de mi conçiençia hasta diez o quinze ducados, porque esto es vendido por mas del justo presçio e mas que veynte justos presçios; otros muchos an fecho lo mesmo con nesçesidad y atreviendose que por esta causa no se le pueda dar mas que lo que por descargo de sus conçiençias mandan en sus cartas; no l'e escrito particularmente porque escriviendo a vuestra merçed le escrivo, pues son una mesma cosa, y si mi señora fuere muerta vuestra merçed me enbie de esa probeza que alla tengo çinco o seys quintales de hierro e una capa e quatro o çinco libras de quentas que se llaman cristalinas, que son largas como el dedo, porque sé teniendo estas cosas, tenemos de lo que ay en la tierra, e si fuere biva enbieme lo que pudiere, porque si nada no me enbiase mas contento so yo de pasar aca la nesçesidad, como la he pasado hasta aqui, que no la pasen alla aunque con harta la dexe.

Al señor mi tio Alonso de Fuentes beso las manos de su merced, e le suplico aya esta por suya, que no le escrevi particularmente por la falta del papel; a mi señora doña Guiomar le beso las manos, e a mi señora tia Leonor Ximenez, e primas, y en sus oraçiones me encomyendo porque estoy en tierra que las he menester.

Al señor mi primo Hernando Riquel, Veynte e quatro, e a la señora doña Ynes, beso las manos. De sus merçedes Nuestro Señor guarde la vida y honra de vuestra merçed como por mi es deseado. Fecha primero dia de março, año de mill e quinientos e quarenta e çinco años.

Al señor mi tio Alonso de Fuentes, Françisco Galan, criado que fue del chantre, le da muchas encomyendas. Hijo de vuestra merced, *Pedro de Fuentes*. Y en el sobre escrito de la dicha carta dezia: A mi señor Juan de Fuentes, en Xerez de la Frontera. Dos reales de porte.

El dicho pedimento y preguntas e cartas mesibas asy presentado, luego el dicho Ruy Diaz de Guzman pidio e requirio al dicho señor alcalde le mande tomar e resçibir los testigos e ynformaçion que traxere e presentare, e se lo mande todo dar en publica forma para guarda de su derecho, e pidio justiçia e testimonio.

E luego el dicho señor alcalde dixo que trayga los testigos e ynformaçion de que se entiende aprovechar, e que está presto, si los resçibiere, á hazer justiçia. Testigo, Pedro de la Barrera, escribano de Su Magestad, e Anton Garcia Copin, el moço.

E para ynformacion de lo susodicho el dicho Ruy Diaz de Guzman dio e presento la ynformacion siguiente:

Juan de Fuentes, vezino desta çibdad, en la collaçion de San Matheo, testigo presentado en esta razon, juró segun derecho e dixo lo siguiente:

De la primera pregunta dixo que conosçe y conosçio a los contenidos en esta pregunta y la sabe y es asy verdad como en ella se contiene, por el conosçimiento que dellos tiene, e que es de edad este testigo de mas de setenta y çinco años.

De la segunda pregunta dixo siendole mostrada la dicha carta, que sabe que la letra e firma e nombre de ella es todo de la mano del dicho Pedro de Fuentes, porque esta carta la escrivio el dicho Pedro de Fuentes a este testigo, como otras muchas vezes le a escrito otras cartas; la letra de las otras e las firmas e la letra e firmas desta es toda de una manera, e sabe qu' es del dicho Pedro de Fuentes porque le vido escrivir e firmar muchas vezes.

De la tercera pregunta dixo que no la sabe, porque este testigo no vido escrivir al dicho Alonso Riquel ninguna vez, e por esto no tiene conosçimiento de la letra, ny sabe qual es.

De la quarta pregunta dixo que sabe lo contenido en esta pregunta como en ella se contiene, e lo sabe porque este testigo estorbaba al dicho Pedro de Fuentes, sobrino deste testigo, que no fuese en aquella jornada, e no pudo con el, e sabe que se fue con el y el dicho Alonso Riquel en el dicho viage, en compañia del dicho Alvar Nuñez, e asy es publico e notorio, e que desde el dicho Rio de la Plata el dicho Pedro de Fuentes escrivio a este testigo la dicha carta, como paresçe por la fecha della, e tanbien oyo decir este testigo a Pero Vaca, que vino de el mismo viage, como los dichos Pedro de Fuentes e Alonso Riquel avian quedado en el Rio de la Plata.

De la quinta pregunta dixo que sabe que los dichos Pedro de Fuentes e Alonso Riquel son de muy buena generaçion e hijos de buenos padres cristianos, e que no supieron dezir mentira, e los susodichos son onbres que acostumbran tratar y escrivir e dezir verdad en todas las cosas de que tienen notiçia, y por tales son tenydos e avidos y conosçidos, y este testigo los tiene, e por lo que dellos conosçe cree e tiene por çierto que ellos escrivieron toda la verdad de lo que pasaba sobre lo contenido en las dichas cartas, e por tal verdad la tiene este testigo, e que esta es la verdad por el juramento que hizo, e lo firmo de su nombre.= *Juan de Fuentes.*

Doña Blanca Riquel de Riquel, muger de Diego de Gallegos, vezina desta cibdad en la collaçion de Sant Matheo, testigo presentado en esta razon, juro segun derecho e dixo lo siguiente:

De la primera pregunta dixo que conosçe a todos los contenidos en esta pregunta e a cada uno dellos, y sabe lo contenido en la pregunta como en ella se contiene, porquel dicho Ruy Diaz de Guzman es hermano desta testigo, e que esta testigo es de hedad de quarenta años, poco mas o menos.

De la segunda pregunta dixo que no la sabe, porque no vido escrivir al dicho Pedro de Fuentes, mas de conocello a el y a su generaçion.

De la terçera pregunta dixo, siendole mostrada la carta, que sabe que la letra e firma de la dicha carta y el nombre della es de la mano del dicho Alonso Riquel de Guzman, porque el dicho Alonso Riquel es sobrino desta testigo e lo vido escrevir y firmar muchas vezes, e tiene conosçimiento de su letra e firma, e por esto sabe y es verdad que la letra e firma desta carta que le fue mostrada es de la mano del dicho Alonso Riquel, su sobrino.

De la quarta pregunta dixo que sabe lo contenido en la pregunta como en ella se contiene, e lo sabe porquel dicho Alonso Riquel es sobrino desta testigo, e lo vido partir desta çibdad al dicho viage y es publico e notorio qu' está en el dicho Rio de la Plata como la pregunta lo dize.

De la quinta pregunta dixo que sabe que los dichos Pedro de Fuentes e Alonso Riquel de Guzman son personas de muy honrada generaçion e hijos de buenos padres, e por sus personas honbres de verdad, e que la tratavan en esta çibdad, por el conosçimiento e debdo que con ellos tiene, e por lo que dellos conosçe cree e tiene por çierto que lo que escrivieron en las dichas cartas es la verdad, e que en ello no avra ny ay fraude alguno, y en tal posesion los tiene esta testigo, e questa es la verdad por el juramento que hizo, e no firmó porque dixo que no sabia.

Catalina de Rojas, muger de Pero Hernandez, portuguez, trabajadora, vezina de esta çibdad en casa de Diego de Gallegos, de la qual fue resçibido juramento en forma de derecho, e dixo lo siguiente.

De la primera pregunta dixo que esta testigo conosçe a todos los contenidos en esta pregunta y a cada uno dellos, y sabe lo contenido en esta pregunta porquel dicho Ruy Diaz es hermano de doña Blanca, muger del dicho Diego de Gallegos, donde esta testigo reside, e que es de hedad de treynta e ocho años.

De la segunda pregunta dixo que no la sabe porque no vido escrevir al dicho Pedro de Fuentes, e por esto no conosçe la dicha carta.

De la tercera pregunta dixo, siendole mostrada la dicha carta, que la letra e firma della es de la mano del dicho Alonso Riquel de Guzman, e lo sabe porque lo vido escrevir e firmar muchas vezes y tiene conosçimiento de su letra, e por esto sabe que la letra y firma desta carta es del dicho Alonso Riquel e de su mano, por el conosçimiento que con el tobo, e porque esta testigo se crio con el en su casa.

De la quarta pregunta dixo que sabe lo contenido en esta pregunta, porque esta testigo vido yr al dicho Alonso Riquel el dicho viage, e que por la fecha de la dicha carta paresçe que está en el dicho Rio de la Plata.

De la quinta pregunta dixo que esta testigo tiene a los dichos Pedro de Fuentes e Alonso Riquel por tales personas como en esta pregunta se contiene, y en tal posesion estan tenydos en esta cibdad, e por lo que dellos conosçe, cree y tiene por çierto que lo quel dicho Alonso Riquel e Pedro de Fuentes escrivieron es asy la verdad, porque sienpre la trataron, por el conosçimiento que dellos tiene, e que esta es la verdad por el juramento que hizo, e no firmo porque dixo que no sabia.

Francisco de Gallegos, hijo de Diego de Gallegos, vecino desta çibdad, del qual fue resçibido juramento en forma de derecho e prometio de decir verdad, e siendo preguntado dixo lo siguiente.

De la primera pregunta dixo que conosçe a todos los contenidos en esta pregunta y a cada uno dellos, y sabe quel dicho Ruy Diaz es casado con una hermana del dicho Alvar Nuñez Cabeça de Vaca, por el conosçimiento que con ellos tiene, e queste testigo es de hedad de mas de veynte años (1).

---

(1) Omitimos la contestación á las demás preguntas hechas á este testigo, y la declaración de Alonso de Fuentes, vecino de Jerez, porque nada añaden de nuevo á las anteriores.

E resçibida la dicha ynformaçion fue dada y entregada al dicho Ruy Diaz de Guzman, firmada del dicho señor alcalde, e por su mandado e signada de mi el dicho escribano publico, en la dicha çibdad de Xerez de la Frontera en siete dias del mes de Otubre del dicho año de mill e quinientos e quarenta e çinco años, siendo presentes por testigos Pedro de la Barrera, escribano de Su Magestad, e Antonio Garcia Copin, el moço, vezinos desta çibdad.

E yo, Ximon Garcia Copin, escribano publico del número, mayor, de la muy noble e muy leal çibdad de Xerez de la Frontera, lo fiçe escribir e fiçe aqui mi signo e soy testigo (1).=*Bartolomé Valeto de Morla*.

---

(1) Hay en el original un signo y una rúbrica.

RELACIÓN DE LAS COSAS SUCEDIDAS

EN EL

RIO DE LA PLATA

POR

PERO HERNANDEZ

AÑO 1545 (1)

---

(1) Archivo general de Indias.—Patronato.—Est. 1.°, Caj. 1.°, Leg. $\frac{2}{29}$.

Anotamos las variantes del texto publicado en la *Pequeña Biblioteca Histórica* (Asunción del Paraguay, 1895), volumen II, págs. 5 á 62.

Sacra Catolica Cesarea Magestad:

No he avisado antes a Vuestra Magestad porque no he tenido oportunidad, mayormente teniendo tanta obligacion, lo uno, por ser vasallo e criado de Vuestra Magestad; lo otro, por ser su escrivano en esta provincia del Rio de la Plata; a Vuestra Magestad suplico quando desocupado de cosas mayores se hallare, mande leer este aviso, del qual rresulta que Dios nuestro Señor será honrrado e Vuestra Magestad servido.

La perdicion de Don Pedro de Mendoça fue por venyr descuydado e mal proveydo de las cosas necesarias e que mas convenyan (1) e por no querer tomar consejo de los que tenyan ysperiencia de la tierra, que avian venydo en tiempo de Sebastian Gavoto; en esto y en la mayor parte de lo que adelante dixere a Vuestra Magestad hablo como testigo de vista. Dende a syete meses que Don Pedro uvo llegado a esta provincia enbio a Juan de Ayolas por su teniente de capitan general, con ciento e sesenta (2) ombres en tres navios, a descubrir esta tierra, y en cabo de otros tres meses enbio en su demanda e seguimyento al capitan Juan

(1) á que más convenia.—(2) cincuenta.

de Salazar con dos bergantines e sesenta ombres, el qual partio del puerto de Buenos Ayres a quince dias del mes de Enero del año de quinientos e treynta e siete años. Esperole Don Pedro quatro meses e por la enfermedad que le agravaua determinó bolverse a esos (1) rreynos e dexó el puerto mal proveydo de bastimentos, porque no los avia, e dexo por su tenyente general al dicho Juan de Ayolas, e hasta que este viniese o enviase, al capitan Francisco Ruiz Galan.

En su compañia de Don Pedro fueron Gonzalo de Alvarado, thesorero, e Juan de Caceres, contador, y dexaron por sus tenyentes (2) en los oficios a un Garcia Venegas, vecino de Cordoba, e a Felipe de Caceres.

El capitan que Don Pedro dexó fortaleció su rreal e con buena diligencia hizo yglesia e enbio mucho mayz, e porque la gente era poca mandó a estos que quedaron por tenyentes de oficiales le ayudasen a los trabaxos, los quales se escusaron diciendo que eran oficiales de Vuestra Magestad, e ansi se estuvieron en sus casas syn cuidado de lo que se devia hacer. Pasados seys meses despues de la partida de Don Pedro vino el capitan Juan de Salazar d'Espinosa e dixo como avia hallado que Juan de Ayolas se avia entrado por la tierra adentro e avia dexado los navios en el puerto que dicen de la Candelaria, que es en el rrio del Paraguay, donde biven unos yndios que se llaman payaguas; biven del pescado e caza; dexó por capi-

(1) estos.—(2) su teniente.

tan de los navios con treynta onbres a un Domyngo de Yrala, vizcayno, y entro a doze de Febrero del año de quynientos e treynta e syete años, e que por le hallar entrado se avia (1) abaxado por este rrio del Paraguay abaxo y en su rribera avia asentado un pueblo, en concordia de los naturales, de generacion carios, gente labradora e que crian (2) gallinas e patos en muy gran cantidad, donde dejaba treynta cristianos; dende (3) el rrio del Parana hasta llegar a este puerto ay trescientas leguas. Por el mes de Abril del año pasado de myll e quinientos e treynta e ocho años vino al puerto de Buenos Ayres una nao cargada de mercaderias e muchos vinos e algunos bastimentos, con lo (4) qual se rreformo la gente que alli rresydia; esta nao yva al estrecho y no pudo pasar y entro en el rrio; venia por piloto Leon Pancaldo, saones; destas mercaderias (5), cobraron los tenyentes de tesorero e contador derechos de almoxarifazgo en sedas, paños, lienzos, y estando la yglesia muy pobre no quisieron proveerla de cosa alguna; todo lo gastaron en sus casas. Por el mes de Octubre deste año de treinta e ocho años vino con una nao e cierta gente al puerto de Buenos Ayres Alonso Cabrera, veedor, y tubo muchas pasiones e contenciones (6) con el capitan Francisco Ruiz hasta en tanto que le dio parte de la governacion; e ambos juzgaban e determinavan los pleitos civiles e criminales, e por atraer a si a la gente traia una ce-

(1) habian.—(2) cria.—(3) treinta españoles; desde.—(4) la.—(5) piloto... Caldosa saones mercaderias.—(6) contentaciones.

dula firmada de la Real mano para que pudiese facer gente en Canarias, y enseñaba la cabeza e firma a muchas personas e deciales: *debaxo desta firma está lo que en su tiempo bereis;* e desta manera todos les (1) seguian, creyendo que avia de ser governador. Con siete bergantines e doscientos onbres partieron Alonso Cabrera e Francisco Ruiz para el rio del Paraguay, donde resydia el capitan Juan de Salazar, para dar socorro a Juan de Ayolas, e llegados al puerto hallaron alli a Domingo de Yrala, vizcaino, capitan de los dos (2) bergantines que Juan de Ayolas le dexo, que se avia abaxado del puerto, con el qual se concertó Alonso Cabrera, e por virtud de una instruccion que Juan de Ayolas le dexo al (3) tiempo de su entrada, le dio obidiencia de tenyente de gobernador, e desapodero a Francisco Ruiz; sobre esta razon obo pasiones e escandalos entre ellos.

Luego como fue recibido Domingo de Yrala, con parecer (4) de Alonso Cabrera e Garcia Benegas fue a las casas e pueblo (5) de una generacion de yndios que se llaman agaces, llebando en su compañia a los yndios carios, e dio de noche en ellos e mato muchos dellos, e los carios comieron muchos dellos en su presencia del capitan e oficiales.

Por el mes de Noviembre del año de treinta e nueve años se partio Domingo de Yrala con nueve navios e trescientos onbres a dar socorro a Juan de Ayolas, e por las muchas aguas no pudieron

(1) le.—(2) de los.—(3) del.—(4) compañero.—(5) pueblos.

pasar e se bolvieron; y antes de la entrada prendio en el rio seis yndios de los payaguas; los dos dellos fueron conocidos, que heran de los que fueron enviados en compañia de Juan de Ayolas para llevarle el carruaje (1) quando fue a hacer la entrada; buelto Domingo de Yrala de la entrada, estando en los bergantines se vino a nado de poder de los payaguas un yndio mancebo de hasta diez e seis (2) años, el qual, venido ante Domingo de Yrala dixo que hera de la generación de los chaneses, de la tierra adentro, e que Juan de Ayolas e los otros cristianos avian llegado a su tierra e alli le avian dado mucho oro e plata, e yndios e yndias de su generacion que se lo traxesen, e que este yndio abia sido uno de los que con el bolvieron, e llegado (3) al Paraguay, los yndios payaguas, debaxo de amistad, aviendo estado esperando los bergantines un mes, los avian muerto a todos a palos y les tomaron el metal, e solo este yndio dixo haver quedado vivo porque se escondio en el bosque; los yndios que prendio de los dichos payaguas luego se les tomo su confesion (4) e dixeron lo mismo, e ansi se comprobo la muerte del dicho Juan de Ayolas e cristianos (5) por les robar el oro e plata que trayan, a causa de no hallar en el puerto los dos (6) bergantines que dexo; los yndios payaguas que el dicho Domingo de Yrala avia tomado e tenia presos de la generacion de los payaguas, los dio e repartio entre los yndios carios, los quales en su

---

(1) carraje.—(2) á seis.—(3) llegados.—(4) conficion.—(5) Ayolas, cristiano.—(6) los dichos.

UNIV CALIFORNIA

presencia e de Alonso Cabrera e Garcia Benegas mataron e despedaçaron para comerselos en sus casas, no se lo estorbando.

Luego el dicho Domingo de Yrala mandó abrir el testamento de Juan de Ayolas e de don Carlos de Guevara, fator de Vuestra Magestad, e sus bienes se gastaron e distribuyeron en pagar sus debdas e cumplir las otras mandas; publicamente hera culpado Domingo de Yrala que por negligencia suya e por otras ocasiones que dio mataron a Juan de Ayolas e cristianos, especialmente que haviendole dado el principal de los mataraes ocho canoas que anduviesen (1) con el con hasta ochenta yndios e sus mujeres e hijos, para le (2) dar de comer, dio lugar e consentimiento a los yndios payaguas que los matasen a todos, a cuya cabsa los dichos payaguas tovieran (3) atrevimiento de se levantar contra el e no darle de comer, como lo hacian; de la entrada que hizo se le murieron sesenta e cinco ombres, de los trabajos e por malos tratamientos que Juan de Ortega, su capitan, les hizo.

A veinte e ocho dias del mes de jullio del año pasado de mill e quinientos e quarenta años embio Domingo de Yrala a Juan de Ortega con dos bergantines e cierta gente al puerto de Buenos Ayres para que tomase la posesion e se hiciese obedecer en su nombre, e ansi lo hizo, e hallando muerto a Leon Pancaldo, mercader, depositó las mercaderias en un Pero (4) Diaz del Valle, vecino de Tarifa,

(1) anduvieron.—(2) se.—(3) tuvieron.—(4) su... Pero.

el qual dio por su fiador a un Martyn Anos, atambor, e a otro, siendo de tanto valor que pasavan de diez mill ducados, y estando en el dicho puerto, el dicho Juan de Ortega quiso alzar el pueblo e pasarlo a otra parte, e no se lo consentieron los pobladores.

Estando Juan de Ortega en este puerto governando por Domingo de Yrala, hizo a la gente malos tratamientos, de cuya cabsa se fueron huyendo en un batel (1) honce cristianos, y por celos de una yndia suya dio de espaldarazos a un Rodrigo Gomez e lo ynjurio de palabra, e Juan de Burgos (2) por ser su amigo, dio d' espaldarazos a un clerigo de mysa, e no lo mando castigar, antes lo fizo alguacil del pueblo.

Por el mes de Marzo del año de quinientos e quarenta e un años, Domingo de Yrala se partio con dos bergantines al puerto de Buenos Ayres, donde estava Juan de Ortega, e porque se publicó antes que partiese (3) que lo yba a despoblar, fue requerido ante escrivano que no lo hiciese, por el gran daño e perdida que dello resultaria, maltrató de palabra al que le requirio (4). Llegado al puerto, Alonso Cabrera, veedor, que fue en su compañia, comenzo luego a dar orden como fuese despoblado el puerto, diciendo que no se podia sustentar, e que nunca aviamos de ser por Vuestra Magestad socorridos, e anduvo ynduciendo e ynvocando las personas mas principales, e hicieron fator al capitan Dubrin, e las mercaderias e haciendas que

(1) en... bajel.—(2) Vargas.—(3) partirse.—(4) requería.

estavan depositadas en Pero Dias del Valle las repartieron entre sí e sus amygos, y luego despoblaron el puerto, estando tan reformado de bastimentos e ganados e bien fortalecido, e para ello quemaron la nao que estava en tierra por fortaleza, e la yglesia e casas de madera, sin embargo del clamor e (1) querellas de los pobladores; los yndios comarcanos les dixeron que no despoblasen el puerto, porque venian presto muchos cristianos en quatro navios que estavan en el Brasil.

Despoblado el puerto de Buenos Ayres, Domingo de Yrala hizo alguacil mayor desta provincia a Juan de Ortega, e alcalde mayor a Pero Diaz del Valle, e hizo regidores el e Alonso Cabrera e Garcia Venegas; Pero Diaz oya, libraba e determinava los pleitos e cabsas, haciendo agravios a la gente (2) e malos tratamientos, llevandoles derechos ecesivos, sacandoles prendas por ellos, e porque tuvo celos de un Gonçalo Rodriguez por una india suya, fue una noche a las casas de su morada, donde en carnes, llamandole de vellaco, traidor, le echó mano de las barvas e pelandoselas lo truxo a la carcel e lo echó de cabeza en el cepo, e porque otro su compañero le truxo su ropa lo echó en el cepo, donde los tuvo aquella noche.

Quando Domingo de Yrala fue a despoblar a Buenos Ayres dexó por su teniente en el Paraguay a Garcia Venegas, theniente de thesorero, el qual hizo muchos agravios a la gente e a los naturales, mandandolos matar e quitar sus mugeres; espe-

---

(1) clamor de.—(2) las gentes.

cialmente mando a Pedro de Mendoça, yndio, que ahorcase dos yndios, los quales ahorcó junto al pueblo, y a otro yndio de casa de Lorenzo Moquirace (1), principal, le tomó su muger e la dio a Andres Hernandez el Romo, vecino de Cordova, y el dicho yndio vino a rogar a las lenguas que rogasen al (2) dicho Garcia Venegas que le diese su muger e que le daria una hija suya que truxo consigo, de hasta doce años, lo qual decia llorando, e el dicho Garcia Venegas no quiso, antes porque el indio anduvo ynportunando sobre ello e quexandose a Francisco de Andrada, clerigo, fue público que lo mando matar a palos a Lorenzo Moquirace (3), que era suegro de Garcia Venegas, e el yndio nunca mas parescio.

Domingo de Yrala vendio a Tristan de Vallartas, antes que despoblase á Buenos Ayres, una yndia libre, cario (4), por una capa de grana e un sayo de terciopelo, e otorgóle carta de venta ante Valdes, escrivano difunto; sus parientes de la yndia recibieron grande enojo por ello; en la qual el dicho Tristan de Vallartas (5) tiene dos o tres hijos. Otro si, vendio un yndio e una yndia de la generacion de los agaces por una capa de grana e una colcha a un frayle de la Orden de la Merced.

Otro si, a vendido e dado consentimiento que se vendiesen muy gran numero de yndias (6) libres, siendo cristianas (7), vasallos de Vuestra Magestad, a trueque de capas e otras ropas.

---

(1) Moquiran.—(2) del.—(3) Choquisas.—(4) caria.—(5) Vallestas.—(6) indios.—(7) cristianos.

Otro si, porque un Francisco de Ontiveros e Francisco de Zamora se quexaron que un yndio de los naturales avia pasado por su roza e que hacian por él camyno, mando el dicho Domingo de Yrala traer ante si el yndio, e traydo lo entregó manyatado a los susodichos e les dixo: *tomaldo y en vuestra roza* (1) *cortalde los brazos;* los quales le dieron grandes heridas; creyose que lo dexaron muerto, porque nunca mas parecio; y estos mesmos se le quexaron que una yndia les avia hurtado cierto bastimento (2) e les dixo: *pues tomá esa yndia y cavalgalda tantas veces hasta que seays pagados.*

Otro si, el dicho Domyngo de Yrala por celos que tuvo de Diego Portugues lo colgó de su natura, de lo qual quedó muy malo e lastimado.

Otro si, Juan Perez, lengua, cortó lo suyo a un yndio cristiano de casa de Moquirace (3) por celos que tuvo del.

Otro si, Antonio Pineda, cerrajero (4), mató a traycion a Valle, su compañero, vecino de Madrid, por celos de una yndia suya, e nunca fue por ello castigado.

El dicho Domyngo de Yrala en el tiempo que gobernó (5) dismuló muy feos e graves delitos e no los castigó; especialmente un Francisco Palomyno rronpio a una muchacha que tenya en su casa, de edad de seys o siete años, hija de su manceba, estando en el campo, e la madre la truxo (6) al pueblo

---

(1) rosa.—(2) ciertos vastimentos.—(3) casa de uno, quisa.—(4) estrangero.—(5) de su govierno.—(6) trajo.

corriendo sangre e llorando, publicando lo que avia fecho el dicho Palomyno, y toda la mayor parte de la gente vieron lo susodicho e no fue castigado por ser pariente de Alonso Cabrera e Garcia Venegas.

Otro si, un Lope (1) de los Rios, vecino de Cordova, siendo una noche centinela en un bergantin, decerrajó e abrió una caxa de rropa que alli estava de un Jacome Luis, piloto, e la rrobó e jugó todo lo que en ella estava, e el dicho Jacome Luis se fue a querellar al dicho Domyngo de Yrala e no le admytio la querella, e Garcia Venegas le amenazo sobre ello, e por temor no cobró su hacienda ny fue castigado el delito, e dende a cierto tiempo le dieron al dicho Garcia Venegas, porque en nyngun tiempo demandase al dicho Lope (2) de los Rios, una yndia libre, cristiana.

Otro si, el dicho Domingo de Yrala tenya muchas mujeres de la dicha generacion, hermanas e primas hermanas e otras parientas, tenyendo aceso carnal con ellas, celandolas como si fueran sus mujeres legitimas, por cuya cabsa hizo malos tratamyentos a muchas personas, y especialmente a Francisco Perez, que fue una noche a su casa desfrezado (3) e lo molio a palos, e ansimesmo a Juan de Santiago e a Gonzalo Chane (4), yndio de la tierra adentro, que truxo Juan de Ayolas quando bolvio, e ansi mandó pregonar que nynguno fuese osado de echarse con yndia agena,

(1) Lopez.—(2) Lopez.—(3) disfrasado.—(4) Chaves.

so graves penas. Porque Gregorio [cometió] (1) una falta, le reprehendió el dicho vicio a el e Alonso Cabrera e Garcia Venegas, estando haciendo centinela junto a su casa, le mandó dar de palos, e se los dieron Estevan de Vallejo (2) e Pero Mendez.

El principal de los agaces, que se dice Abacote (3), le dio una hija suya, con la qual se echó carnalmente (4), porque ansi (5) fue muy notorio, e dende (6) a pocos dias bynieron mas de ochenta yndios agazes con un atambor (7), e adelante de las casas de la morada del dicho Domingo de Yrala, en su presencia e de todo el pueblo hicieron gran rregocijo, e dixeron las lenguas que hacian la fiesta del birgo que avia sacado Domyngo de Yrala a la hija de Abacote.

Otro si, una yndia cristiana mató con yervas a Nuño (8) de Cabrera, su amo, vecino de Cazalla, e Pero Diaz, su alcalde, la prendio e procedio, e la yndia confesó el delito e a rruego de Sancho de Salinas, primo del muerto, hicieron soltadiza la yndia e se fue sin castigo.

En tiempo que goberno Domingo de Yrala mataron dos honbres, e nunca castigó a Pedro Bocanegra, que mató el uno dellos, ny a Juan Ruiz, que mató el otro.

Una yglesia que hizo de madera en el rrio del Paraguay Francisco Ruiz Galan, Domyngo de Yrala la vendio a los oficiales Cabrera e Garcia

(1) Roto el manuscrito. —(2) Vallejos.—(3) Abacoti.—(4) casualmente.—(5) cuasi. —(6) desde.—(7) tambor.—(8) Martin.

Venegas por cierto precio, e otorgoles (1) carta de venta della.

Los pregones e ordenanzas (2) que mando guardar en sus amigos e panyaguados e de los oficiales, no se executavan (3), salvo en los pobres o en los que tenya por enemigos.

Domyngo de Yrala tuvo muchas pasiones con personas particulares por celos de yndias con quien se echava, especialmente con (4) Francisco Gimenez, porque se echo con una yndia suya lo desafió e sacó al campo; otro (5) si, se echó con una esclava de Juan Perez, lengua, por lo qual echo mano a la espada contra el, e el dicho Juan Perez tomó a la esclava y en su presencia la colgo de los pies en un arbol, la cabeça abaxo, dende la mañana hasta la noche, e por ser tan amygo deste vicio desmanparava (6) el puerto donde lo dexo a esperar su venyda Juan de Ayolas e veniase a tierra de los carios, ochenta leguas el rrio abajo, a un puerto que se dice Tapua, donde tenya una hija de un principal de alli e estava alli quince e veynte dias, e los que con el andavan le llamavan al puerto el puerto (7) la hodienda. Otra cabsa muy grande dio para que los payaguas se alzasen e no le diesen de comer e despues matasen los cristianos; al tiempo que Juan de Ayolas asentó pazes con el principal, le dio una hija suya, la qual dexo en guarda de Domingo de Yrala hasta que el bolviese, e ydo se echó con ella e se estava todo el dia

---

(1) otorgole.— (2) ordenansas.— (3) acataban.— (4) un.— (5) e otro.— (6) desamparaba.—(7) de la.

con ella en la camara del bergantin, de que se alborotaron mucho los payaguas e se la quitaron.

Alonso Cabrera e Garcia Venegas cobraron dos veces debdas devidas a Su Magestad de los bienes de Hernando Barrionuevo, vecino de Granada, e de Agustin de Madrid, difuntos, [é se] davan a ejecutar por su propia abtoridad; pusieron ynpusiciones nuevas sobre la gente, cobrando quinto de la... (1) cueros (2), mayz, gallinas, myel e otras cosas que conpravan de los yndios para se mantener e alimentar (3), sobre lo qual les hicieron execuciones (4) e molestias.

Por el mes de Noviembre del año de quinientos e quarenta e un años, Domingo de Yrala mandó poner una vandera e pregonar (5) que todos los que quisiesen (6) entrar por la tierra adentro, se fuesen a escrivir, e mando adereçar los bergantines para partir por el mes de Marzo o Abril luego siguientes (7). Por el mes de Febrero del año de mill e quinientos e quarenta e dos años rrecibio una carta Domingo de Yrala, de Alvar Nuñez Cabeça de Vaca, por la qual decia que venia por tierra con cierta gente e cavallos a socorrer esta provincia por mandado de Vuestra Magestad; a honce dias del mes de Marzo luego siguiente, a las nueve de la mañana entro Alvar Nuñez Cabeça de Vaca en esta cibdad de la Asuncion, donde fue rrecibido é obedecido por los capitanes e oficiales

---

(1) Roto el manuscrito.—(2) de pescado, manteca, pellejos, cueros.—(3) aumentar.—(4) exenciones.—(5) á pregonar. —(6) quisieran. —(7) siguiente.

de Vuestra Magestad, e por toda la gente, por governador e capitan general en nombre de Vuestra Magestad.

Luego que fue obedecido el dicho Alvar Nuñez Cabeça de Vaca començo a entender en las cosas que convenyan para la buena gobernacion, e por se aber despoblado el puerto de Buenos Ayres rrecibio congoja y enbio luego a socorrer con navios, gente e bastimentos la gente que en su nao avia enviado a confianza del dicho puerto, e mando que lo tornasen a fundar e asentar nuevamente porque no se perdiesen los navios e gentes que al socorro de esta provincia vinyesen.

A toda la gente que el governador hallo en esta provincia, ansi capitanes como otros oficiales e personas, hizo buenos tratamyentos e dexo a cada uno en el oficio e cargo que le hallo, encargandoles sirviesen a Vuestra Magestad lealmente.

Al tiempo que el governador vino a esta provincia hallo la gente en malos usos e costumbres, e dende luego començo a quitar las costumbres e vicios malos, quitandoles las parientas, e ansi se quitaron e apartaron muy muchas yndias a muchas personas, de lo qual se agraviaron mucho.

Otro si, mando juntar todos los indios principales desta tierra y estando presentes los oficiales de Vuestra Magestad e los rreligiosos e clerigos, con ynterpetes (1) abiles e suficientes les mando e apercibio se apartasen de comer carne umana, avisandoles e haciendoles las protestaciones (2) ne-

(1) interpretes.— (2) monestaciones.

cesarias, segun se contiene en los abtos que sobre ello pasaron ante my como escrivano.

Otro si, mando leer e notificar a los rreligiosos e clerigos ciertos capitulos qu' estan en una carta e rreal mandamiento de Vuestra Magestad, que habla con los dichos clerigos rreligiosos para que tengan en encomyenda a los dichos yndios para que no consientan que sean maltratados, e les rrequirio e apercibio cumpliesen lo que Vuestra Magestad por ellos les manda, e mandoles dar un traslado de los dichos capitulos.

Por el mes de mayo del año pasado de myll e quinientos e quarenta e tres años, un Bernardo de Castañeda fue a un lugar de yndios e entro en la casa de uno dellos a media noche, e por fuerza, delante del propio yndio anduvo a los brazos con su muger para echarse con ella; el yndio se vino a quexar, su alcalde procedio e lo condeno en cien azotes, los quales se le dieron. La provanza que Domyngo de Yrala hizo de la muerte de Juan de Ayolas, el governador la (1) mando parecer ante sí e no pudo ser avida, ny se hallo entre las escripturas de un Antonio de Ayala, escrivano, ante quien avia pasado, defunto, por lo qual mandó tornarla hacer (2) e se hizo ante my como escryvano.

Luego el governador començo a buscar lunbre e camyno para ir a conquistar esta provincia, e enbio por dos partes ciertos cristianos e yndios que descubriesen por tierra, e por el rrio enbio a Do-

---

(1) lo.—(2) tomarla á facer.

mingo de Yrala con tres bergantines e noventa onbres; los que fueron por tierra (1) se bolvieron dende a dos meses syn poder descubrir camyno; Domyngo de Yrala subio doscientas e cinquenta leguas por el rrio arriba hasta llegar a tierra poblada donde le dieron aviso e truxo rrelacion del camyno e poblaciones de la tierra adentro, e bolvio a dar cuenta al governador de su descubrimyento.

Los pobladores e conquistadores que en esta provincia rresidian antes quel governador a ella vyniese, se le querellaron de los oficiales de Vuestra Magestad acerca de la cobrança del quinto del pescado e otros mantenymyentos, e pellejos e cueros que avian de los yndios, e cobrança de debdas, e otros agravios, para que lo impidiese e no diese lugar a ello, lo qual el governador les mando que no cobrasen hasta en tanto que Vuestra Magestad fuese avisado, e que si mandase que se cobrase, que todo lo que hasta en aquel punto oviesen dexado de cobrar lo asentasen a su cuenta para lo pagar de sus salarios, y en lo que tocava a la cobranza de las debdas, cesasen hasta que oviese oro e plata en la provincia, lo qual no quisieron hacer, antes se pusieron en dar ellos mandamyentos por su abtoridad para hacer ejecuciones (2) en los pobladores e conquistadores y el governador les fue a la mano e no se lo consyntio, e ansí por esto como por les ynpedir la cobranza del quinto, le hicieron

(1) Falta en la B. P. H. la conclusión de este párrafo.—(2) facer exenciones.

muchos rrequirimientos desacatados, donde el governador rrespondio e no dio lugar a la cobranza del quinto, y en lo que toca a las execuciones, que las pidiesen antel e que por birtud de sus mandamyentos se executaria e cobraria (1).

El governador procedio de oficio contra la yndia que mató a su amo con yervas, e la mandó prender e fue presa e por birtud de su confesyon e de lo contenido (2) en el primero proceso, que fue acomulado con el segundo, fue sentenciada a pena de muerte e fue hecha quartos.

Pasados los rrequerimientos de los oficiales sobre la cobrança de los quintos, a veynte e quatro dias del mes de mayo de mill e quinyentos e quarenta e tres años mando juntar los rreligiosos e clerigos e a los oficiales de Vuestra Magestad, e les mandó leer la rrelacion que Domyngo de Yrala avia traydo de la tierra adentro, e del camyno que hallo para entrar a conquistar, e ovo con ellos acuerdo e les pidio parecer, los quales dieron sus pareceres que devia entrar con brevedad a conquistar la tierra, segun por los dichos pareceres que presentaron ante my, paresce (3).

Para hacer la entrada e descubrimyento desta provincia, el governador mando hacer con toda diligencia diez bergantines, e ansimesmo mando traer tablazon e ligazon para hacer una caravela en que pudiese enviar a dar aviso a Vuestra Magestad, luego como bolviese de la conquista, de todo lo que le subcediese.

---

(1) executarian é cobrarian.—(2) mandado.—(3) mi parecer.

Apedimento de los naturales yndios vasallos de Vuestra Magestad, e con el parecer de los rreligiosos [fue a] hacer guerra a una generacion de yndios que se dicen guaycurus (1) e los desbarato e se traxeron (2) muchos dellos cabtivos y el governador solto un prisionero para que fuese a llamar su principal porque queria hacer paces con el, e ansí fué e bino (3) el principal e asento paces con el e le bolvio libremente los prisioneros todos que se havian traydo, con que fue contento e fueron amigos.

A todos los yndios naturales vasallos de Vuestra Magestad, el governador les hizo e les mando hacer buenos tratamientos, dandoles dadivas, pagandoles, e ansi mando que todos les pagasen sus trabajos, e persuadio e esforzo (4) a los rreligiosos clerigos tubiesen (5) especial cuidado en su doctrina y enseñamiento. Al tiempo que el governador llegó á la costa del Brasil hallo alli dos frayles franciscos que se dicen fray Bernardo de Armenta e fray Alonso [Lebron], los quales truxo en su compañia a esta provincia, e paresce que en el camino se le desmandaron e desordenaron con los yndios, e el governador les fue a la mano, de cuya cabsa los dichos frayles vinieron mal con el governador e decian que les avia hecho agravios en el camino; estos frayles son hombres de mal bivir, porque tienen mas de treynta mancebas. Como los oficiales de Vuestra Magestad vieron que el go-

(1) llaman guayeairis. — (2) trujeron. — (3) le vino. — (4) les forzó. — (5) tobieron.

vernador no les dava lugar a que hiciesen agravios e mandasen (1) como antes que el viniese lo hacian, se confederaron con los dichos fray Bernardo de Armenta e fray Alonso, para hacer todo mal e daño al governador, e para ello ansimesmo se junto con ellos Domingo de Yrala, vizcayno, debaxo de juramento que el dicho fray Bernardo les tomo en un libro mysal, para que callada e encubiertamente, syn lo descubrir a ninguna persona, los dichos frayles con ciertos cristianos amigos suyos se fuesen a la costa del Brasil, por tierra, de donde el governador los avia traydo, diciendo quan perjudicial era y en deservicio de Dios e de Vuestra Magestad que Alvar Nuñez Cabeça de Vaca fuese governador, e quan necesario hera que lo fuese el dicho Domingo de Yrala, e que el dicho fray Bernardo lo escriviese a Vuestra Magestad, porque siendo la persona que hera se le daria credito a sus cartas, e que para ello enbiase a fray Alonso, su compañero, a España, e que ellos lo enbiarian a pedir por obispo desta provincia, como oficiales de Vuestra Magestad, lo qual pusieron (2) en efetto e convocaron a ciertos yndios de la costa del Brasil para que se fuesen con ellos, que heran muy necesarios en esta provincia, e llevando cinco cristianos en su compañia e mas cantidad de treynta yndias cristianas, hijas e parientas de yndios principales desta tierra, sin licencia de sus padres, escondidamente se partieron al tiempo e sazon que todos en conformidad le avian dado

(1) mandase.—(2) fizieran.

sus paresceres para que fuese a hacer la entrada e descubrimiento desta tierra, e teniendo todos los navios, bastimentos e municiones todo a punto para partir, y el propio (1) dia de su partida el governador lo supo e mando ir en su seguimiento e fueron bueltos; de la yda destos frayles rresulto grande escandalo, asi entre los cristianos como entre los naturales, por les llevar sus hijas (2) de lo qual mostraron muy gran sentimiento y el governador los sosego e les dixo que no consentiria que se las llevasen e qu' estuviesen syguros.

El governador mando proceder contra los dichos oficiales e mando a Pedro Estopiñan Cabeza de Vaca, a quien cometio la cabsa, no procediese contra Domingo de Yrala, por apartar alteracion e desasosiego (3) e con buenos tratamyentos tornarlo (4) al servicio de Vuestra Magestad; contra los oficiales se procedio e fueron presos e encarcelados e suspendidos de los oficios e rremytidos a Vuestra Magestad, segun que por los dichos procesos parecera (5).

Por el mes de Septiembre del dicho año de quarenta e tres años, el governador partio con diez bergantines con muchos bastimentos, munyciones, diez cavallos e quatrocientos honbres, myll yndios en (6) cien canoas, que se ofrecieron de su voluntad para hir a conquistar esta provincia, por el puerto de los Reyes, y en su lugar, en nombre de Vuestra Magestad, nombró por su tenyente a Juan

---

(1) Principio.—(2) hijos.—(3) alteraciones é desociegos.—(4) tomarlo.
(5) aparecia.—(6) é.

de Salazar de Espinosa, el qual quedo en el puerto del Paraguay con doscientos honbres, al qual mando con toda diligencia hiciese la caravela para [que cuando] bolviese la hallase hecha para avisar a Vuestra Magestad de [todo lo subcedido]. Llegado el governador al puerto de los Reyes en concordia de los naturales de la tierra, como tierra que nuevamente descubria (1) en nombre de Vuestra Magestad tomo la posesion e hizo buenos tratamientos e dio dadivas a los naturales, e mando que no les fuesen fechos malos tratamientos e nombró por su maese de campo al dicho Domingo de Yrala, al qual encargo el buen tratamiento de los yndios, asi los que con el venian como los del dicho puerto, e que mirase lo que convenia al servicio de Vuestra Magestad.

A veinte e seys dias de Noviembre del dicho año el governador partio del dicho puerto a descubrir e conquistar la tierra con trescientos honbres e ochocientos yndios e diez cavallos, e llevando consigo por guia un yndio de aquella tierra que dixo que en cinco jornadas llegarian a las primeras poblaciones de la tierra adentro, y en el puerto dexo en guarda de los bergantines noventa hombres con un capitan (2).

A las nueve jornadas que el governador ovo entrado por la tierra sin hallar poblado alguno, hallo una casa donde bivian hasta catorce yndios con sus mujeres, de la generacion de los carios, los quales ynformaron e dixeron que dende (3) alli

(1) descubrian.—(2) con dos capitanes.—(3) desde.

hasta Itapua, donde comienzan las poblaciones, avia diez e seys jornadas, lo qual visto por el governador mando juntar los oficiales de Vuestra Magestad e capitanes, e ovo con ellos acuerdo si devia pasar adelante, e con su parecer se rretiro, e dende alli enbio a un (1) Francisco de Ribera con otros cristianos, que fueron seis e la guia que allí tomó, para que pasase adelante a descubrir aquel camino hasta llegar a la primera poblacion en el entretanto que yba al puerto de los Reyes a fornecerse de bastimentos para tornar a entrar descubierto el camino.

En el puerto de los Reyes hallo el governador atemorizada la jente, porque los naturales hacian un llamamiento para venirlos a matar, especialmente los yndios de la ysla que se dicen xaguetes, e los guaxarapos e los de un pueblo pequeño del dicho puerto; el governador procuro de los sosegar, pero todavia le mataron cinco cristianos e se los comieron, por lo que (2) el governador procedio contra ellos e con el parecer de los clerigos los pronuncio por esclavos e que se les hiciese la guerra e los que fuesen tomados fuesen esclavos, segun que mas largamente en (3) el proceso e sentencia (4) se contiene, a que me rrefiero, donde mataron e fueron cabtivos cierta cantidad de los que rresidian en la isla.

A veinte dias del mes de Diciembre deste (5) año enbio el governador a un Hernando de Ribera con un bergantin e cinquenta e dos honbres, a descu-

(1) á Don.—(2) lo cual.—(3) con.—(4) causa.—(5) del.

brir el rrio que llaman Ygatu, que pasa por el puerto de los Reyes, porque los naturales le informaron que por el bivian e estavan grandes pueblos de yndios con grandes mantenimientos e metal.

A doce dias del mes de Enero del año pasado de quinientos e quarenta e quatro años vino al puerto de los Reyes Francisco de Ribera con los seis cristianos con quien fue a descubrir, los cuales llegaron todos heridos; Francisco de Ribera informo al governador que avia ydo caminando por tierra de buenas arboledas e aguas e de mucha caza, puercos, venados, e frutas e miel, y en cabo de veynte dias llego a las poblaciones de Tapuaguacu (1) donde en un lugar de unos yndios que se llaman tarapecocis vido oro e plata e grandes bastimentos, e que estando en sus casas syntio que los querian matar e se salieron todos juntos para bolverse por donde avian venido e salieron a ellos hasta doscientos yndios e los flecharon, e sino se metieran en el bosque los mataran a todos, e que havia quince dias que havian partido e que dende alli hasta este puerto le parecio que abra setenta leguas, poco mas o menos, e que a la yda tardaron mucho en descubrir el dicho camino, porque el camino yva muy cerrado (2) de monte e lo fueron abriendo, e que un yndio orejon que les dio de beber como llegaron al pueblo de los tarapecocis, le dixo que [era paisano é que] estaria de alli su tierra dos jornadas, e le nombro otras generacio-

(1) tapisa quaca.—(2) cercado.

nes de yndios, desconocidas (1) donde dixo que poseyan metal.

Con estas nuevas e descubrimiento (2) el governador quisiera luego partirse a proseguir la conquista, pero no lo pudo hacer porque Francisco de Ribera le dixo que una laguna que estaba a diez leguas de alli, por donde forzosamente avia de pasar, estava muy crecida, que tenia ocupadas mas de dos leguas de tierra y era necesario esperar que abaxase; los naturales dixerón que hasta en fin del mes de Febrero no abaxaria, porque todos los años crecia e abaxava por el dicho tiempo.

Hernando de Ribera, que fue a descubrir con el bergantin el rio de Ygatu (3) escrivio al governador haciendole saber como avia llegado a unos pueblos de yndios que se dicen xarayes (4) e que por la rrelacion que dellos avia avido se avia determinado entrar por la tierra adentro, e ansi lo avia fecho con quarenta honbres e avia dejado el bergantin; el governador enbio a mandarle con gran diligencia que luego se bolviese e no pasase adelante, porque no le matasen, e porque no le havia enbiado a descubrir por tierra.

A treinta dias del mes de Enero vino Hernando de Ribera al puerto de los Reyes con el bergantin e gente que llevo; al (5) tiempo que vino hallo al governador mal dispuesto e (6) la mayor parte de la jente e de los yndios naturales; el governador le rreprehendio el atrevimiento que havia tenido en

(1) conocidas.—(2) nuevos descubrimientos.—(3) Igata.—(4) parayes.—(5) á.—(6) á.

no proseguir la navegacion e descubrimiento del rrio Ygatu e entrarse (1) por la tierra adentro, [y] no dio rrelacion de su descubrimiento.

Estando el governador en este puerto de los Reyes esperando que las aguas abaxasen para poder caminar ha hacer su entrada e conquista, toda la gente adolecio de calenturas en tal manera que no se (2) hallavan diez honbres sanos que guardasen el real.

Por los agravios que aqui se hacian a los naturales, de que se venian a quexar cada dia que los cristianos les hacian muchos daños en sus casas, tomandoles por fuerza sus haciendas, mando pregonar so ciertas penas que ninguno fuese a sus casas, e porque sin embargo desto todavia yvan, puso guardas en los caminos y en sus casas para que no les (3) consintiesen hacer agravios e lo denunciasen, e mando pregonar ansimismo que no se vendiesen ni contratasen las yndias libres, ni las trocasen por esclavos ni esclavas.

Por inducimiento de los ynterpretes e capitanes, los naturales deste puerto de los Reyes comenzaron a darles sus hijas, e al governador le truxeron (4) algunas, e como el governador fue avisado mandó que no se sacasen de sus casas, porque no se alborotasen e rrecibiesen alteracion de berlas tratar mal; por esta rrazon e por no dexarlos andar e enbiar por los lugares de los yndios, los oficiales e capitanes tomaron mucho odio contra el governador e comenzaron a yndueir e pre-

(1) entrase.—(2) que se.—(3) los.—(4) trageron.

dicar entre la gente que no hera bien hacer entrada, a fin de ympedir e estorbar al governador que no sacase oro e plata, viendo que la tierra era buena e avia tanto oro e plata, e comunicaron entre sí e dixeron: si el governador entra, a de traer oro e plata e perpetuará su gobernacion, e despues no seremos parte en la tierra contra el; lo qual platicaron e dixeron con muchas personas para matarlo, e aqui lo quisieron matar e pegarle fuego a la casa, lo qual dexaron de hacer porque a esta sazon adolecio Domingo de Yrala e Juan de Ortega e el contador Felipe de Caceres; a noticia del governador bino este motin; a cabsa de su enfermedad no hizo castigo, pero dicernio un (1) mandamiento en que mandaba que ninguno fuese osado de contradecir la entrada, segun paresce por el dicho mandamiento, al qual me refiero, e començo ha hacer proceso contra Domingo de Yrala, como principal amotinador, e al primero testigo que se tomo, yo, que era el escrivano, adoleci de calenturas e no se pudo yr adelante, e ansimesmo el governador adolecio.

A diez e ocho dias del mes de Marzo deste año de quarenta e quatro, ya que las aguas heran bajas para poder caminar, el contador Felipe de Caceres procuro ympedir e estorbar la dicha entrada e conquista, e que el governador se rretirase e bolviese e no esperase que el e la gente se rreformase alli, porque no viniese en efeto, e para ello rrequirio al governador se abaxase al Paraguay, de

(1) su.

donde avia salido, lo qual el gobernador hizo contra [su voluntad], e demas desto (1) el flaco e enfermo, e ansi le fue forzado bolverse porque fue avisado que si no (2) volvia le aviañ de matar, e rrecibio mucha pena de no poder castigar tan gran daño e deservicio de Dios e de Vuestra Magestad, ympedirle la entrada estando ya descubiertos los camynos e poblaciones de la tierra, e savia e veia lo que en ella avia, e que los yndios trayan oro e plata en orejeras, planchas e barvotes; aqui ovo el governador en este puerto de los Reyes media hacha de plata e algunas cuentas de oro e plata; los yndios todos decian que los de la tierra adentro tenian mucho (3) del dicho metal en vasijas de que se servian. A veinte e (4) tres deste dicho mes se partio el governador con los navios e gente, muy flacos (5) de la dicha (6) enfermedad.

Llegado el governador con sus navios e gente al Paraguay, enfermo de sus calenturas, hallo puesto en astillero el navio que dexo mandado hacer para enviar a esos rreinos a dar cuenta a Vuestra Magestad, e mando se acabase con diligencia. Domingo de Yrala tuvo maña de dañar las voluntades de la gente contra el governador, e ganarlas en su favor, e para ello tuvo grande aparejo porque el governador le tuvo siempre en mucho e le hizo maese de campo, y la maña que tuvo fue esta: llamava a los hombres e debaxo de juramento que no descubriesen nada, les decia: *el governador dice que os a de horcar porque soys*

(1) de eso.—(2) no se.—(3) muchas.—(4) y.—(5) flaco.—(6) otra.

un vellaco ladron; e que el se avia hallado presente e le avia dicho qu' estava mal informado e que hera honbre de honrra; por tanto que no le descubriesen; e luego a estos mesmos les enbiava de su casa dadivas con que los atraxo a su voluntad, e desta forma dañó a muchos las voluntades; algunos ovo que le dixeron al governador ¿porque los queria mal?, e el governador, como estaba ynocente del tal caso, decía que no avia tal cosa, e les pregunto quien se lo avia dicho e no lo quisieron decir aunque trabajó en ello por saber, pero como estavan juramentados e Domingo de Yrala favorecido, no lo quisieron descubrir; el governador no sabia la traycion qu' este urdia.

Dende a quince dias quel governador ovo llegado al Paraguay, estando flaco, enfermo, una noche del dia de San Marcos los oficiales de Vuestra Magestad, con favor e ayuda de Domingo de Yrala, con todos los vizcaynos e cordoveses que por ellos (1) fueron llamados, con las vallestas armadas e los arcabuces las mechas encendidas, e con otras armas e con grande alboroto e escandalo entraron en las casas de su morada haciendo muestras e acometimientos de lo (2) matar, se abrazaron con el en la cama donde estava enfermo, diciendo (3): *¡libertad, libertad!* e lo sacaron por fuerza e contra su voluntad de su casa e cama, donde le hallaron con un criado que se dice Pedro d'Oñate, vizcayno, el qual fue el mismo que lo espio quando estuviese solo e trató la traycion, e lo llevaron con

(1) ello.—(2) le.—(3) diciéndole.

muchas voces, diciendo: *¡libertad, libertad!* a las casas de la morada de los dichos Garcia Venegas e Alonso Cabrera, diciendole palabras feas, rrepresentandole como los avia avido presos, tratandolos mal, e ansimesmo un don Francisco de Mendoza, e Alonso de Angulo, vecino de Cordova, e Fernan d'Arias de Mansilla, vecino de Granada, e Galiano de Neyra, barbero (1), e Juan Xuarez, texedor, e Francisco Romero, zapatero, e Jaime Rasquin, valenciano, le dixeron: *agora vereis, Cabeça de Vaca, como tratavades los cavalleros;* metierolo en una camara, echaronle unos grillos, pusieronle gente armada que lo guardase, de los mesmos comuneros; al tiempo que lo sacaron de su casa los oficiales, dixeron a muchas personas que vinyeron e acudieron al alboroto: *señores, este honbre avemos preso por libertaros, porque os queria tomar las haciendas a todos y teneros por esclavos;* e luego Bartolome Gonzales (2), escrivano, e Hernando de Sosa, les dixeron: *señores, todos a una voz, deci: ¡libertad, libertad!;* e ansi todos a voces, como gente de pueblo, decian: *¡libertad, libertad!;* luego Domingo de Yrala enbio a decir a los dichos oficiales que enbiasen a prender al alcalde mayor e alguaciles, los quales enbiaron muchos (3) de los comuneros, e hallando al dicho alcalde mayor [Juan Juárez] texedor, le echo mano de las barvas, e otros le dieron de puñadas e bofetadas [é lo llevaron] arrastrando, diciendole de vellaco (4), traydor, e le quitaron (5) la vara, e pasandolo por las

(1) Neyra Barbeso.—(2) García.— (3) á muchos.—(4) vellacon.—(5) quitándole.

puertas de la casa de Gonzalo de Mendoça, de Baeza, donde el a la sazon se hallo, el dicho alcalde mayor, le dixo: *señor Gonzalo de Mendoça, mirá qual me llevan estos honbres; favorecé la justicia de Su Magestad, y quitame de su poder;* y el dicho Gonzalo de Mendoça rrespondio: *anda, anda, llevalde, llevalde, que bien va;* al qual llevaron ante de los dichos oficiales y el dicho Juan Xuarez les dixo: señores, ¿que mandan vuestras mercedes que hagamos de este ladron (1), traydor?; e dixeron que lo llevasen a la carcel, y el dicho alcalde mayor dixo al veedor Alonso Cabrera, que por amor de Dios, porqu' estava malo no lo mandase echar en la carcel, e el dicho veedor le dixo: *anda, anda, tener vos por bien estar donde yo estuve*; *llevalde*; e ansi lo llevaron a la carcel, donde estava preso un Luis de Vaillo sentenciado a muerte porque avia muerto a un Morales, vecino de Sevilla, e dando voces: ¡libertad, libertad!, soltaron al dicho Vayllo e a otros qu' estavan presos, y echaron de cabeza en el cepo al dicho alcalde mayor, tratandolo muy mal de palabras injuriosas, dandole con las manos.

Martin de Orue, vizcayno, escrivano, e Bartolome Gonzalez, escrivano, fueron luego a las casas de Francisco de Peralta, alguacil, e llegaron a el, e el dicho Martin de Orue le echo mano de la vara e le dixo: *dejad esta vara*, *que no la aveys vos de traer;* el dicho alguacil dixo a los qu' estavan presentes: *señores, sedme testigos como me quitan*

(1) este hombre.

la vara de Su Magestad; e luego lo llevaron a la carcel a el e a Sebastian de Fuente (1) el Rey, alguacil, e los pusieron en el cepo con el alcalde mayor.

Fueron luego a casa de mi, el escrivano, con gran alboroto e escandalo, Andres Fernandez el Romo, vecino de Cordova, e Francisco de Vergara, vizcayno, e Bartolome Gonzalez, escrivano, e otros muchos, con las espadas desnudas; me las pusieron a los pechos en la cama, donde estaba enfermo, diciendo: *¡libertad, libertad! ¡biva el rey!* e pasada la grita me dixeron que Domingo de Yrala enviaba por las escripturas e processos que el governador avia fecho contra el, e los oficiales que les dixese (2) donde estaban e se las diese; yo les dixe que no estavan en mi poder, qu' estavan en una caja en casa del gobernador, los quales se fueron; luego a la misma ora paso el atambor, pregonando, e con el Martin de Orue que le decia lo que pregonava: *mandan los señores oficiales de Su Magestad que ninguna persona sea osado de salir de su casa hasta la mañana, so pena de traydor;* y en acabando el pregon daban una grita los comuneros, diciendo: ¡libertad, libertad!; yban acompañando al atambor, Garcia Venegas, armado, con sus amigos, y desta manera fueron por todo el pueblo, haciendo a la gente que no saliesen de sus casas.

La manera (3) que estos oficiales y Domingo de Yrala para prender al governador tuvieron fue

(1) Fuentes.—(2) dijesen.—(3) maña.

que cada uno por su parte llamaron sus amigos que se amotinaron, e debaxo de juramento les dixeron que si prendian al governador serian señores de la tierra, e que de otra manera el governador les queria quitar sus haciendas e tenellos a todos como esclavos; que ellos, como oficiales de Vuestra Magestad lo podian prender y tenian poder para ello, e les leyeron los capitulos de las instrucciones, dandoles para ello falsos entendimientos, con lo qual e con otras cabtelas poniendolos (1) mal con el governador vinyeron en su voluntad; a otras personas de quien no tenian tanta confianza les dixeron que el governador les queria tratar mal e tomarles sus haciendas; que (2) ellos como oficiales le querian ir a requerir no lo hiciese, pero que porque el governador estava mal con ellos e se temian que por le ir a requerir les (3) mandaria prender, hera necesario que fuesen con ellos, pues se ponian a tanto peligro por lo que les cumplia; a (4) otros enbiaron a llamar a sus casas con sus criados e los encerraron en camaras sin decirles para que efeto, e unos a otros se preguntavan (5): ¿para que venimos aquí? ¿qu' es esto?; e ninguno supo la cabsa, de lo qual despues se han tenido por engañados, e al tiempo que sacaron al governador de su casa los mandaron salir, diciendoles: yd a favorecer los señores oficiales que traen preso al governador porque os queria tomar vuestras haciendas e teneros [por] esclavos;

---

(1) poseiendolos.—(2) é que.—(3) se le.—(4) é.—(5) preguntaran.

[en casa de Lope hay gente] encerrada, por ser amigos de Domingo de Yrala.

Otro dia, pasado lo susodicho, mandaron pregonar que todos fuesen delante de las casas de Domingo de Yrala, donde delante de mucha gente de los comuneros, Bartolome Gonzales, escrivano, leyo un libelo disfamatorio contra el governador, llamandole tirano, traidor e otras muchas injurias, e que queria rrobar e quitar a la gente (1) sus haciendas, de cuya cabsa los comuneros se tornaron a alborotar e quisieron yr a matar al governador a la prision donde estava.

Luego los dichos oficiales eligeron por teniente de governador e capitan general de la (2) provincia al dicho Domingo de Yrala, y todos los comuneros alborotadores le obedecieron, y el dicho Domingo de Yrala fizo su alcalde mayor a Pero Diaz del Valle, e alguaciles a Bartolome de la Marilla (3) e Sancho de Salinas, comuneros.

Luego Domingo de Yrala me torno a enbiar a pedir con Francisco de Coynbra (4) su mayordomo, los procesos que contra el e los oficiales avia fechos el governador, e la llave de la caxa donde estavan, e yo le dixe que la llave del caxon donde estavan la tenia el governador, e la llave principal de la caxa (5) la tenia Francisco Galan, a quien yo avia dexado a guarda al tiempo que fue a la entrada, e otro dia el dicho Francisco Galan me dixo como le avian (6) tomado la llave de la

---

(1) las gentes.—(2) desta.—(3) Amarilla.—(4) Imbra.—(5) casa.—(6) havia.

dicha caxa donde estavan los dichos procesos.

Luego tomaron e secrestaron (1) los bienes del governador e los comenzaron a distribuir e rrepartir entre sí e los otros comuneros, donde parescio el ynterese (2) de la cobdicia e no de la justicia.

En la prision del governador es muy publico e notorio que dieron su parecer e favor fray Bernardo de Armenta e fray Alonso Lebron su compañero, por temor que le tenian por los delitos por ellos cometidos, e ansimismo un Juan Gabriel de Lezcano, vecino de Valladolid, e Francisco de Andrada, portugues (3), e Martin Gonzales Fonseca, vecino de Canaria, clerigos, porque los corregia e hacia bivir onestamente, e creyendo despues bivir á su placer, y dixeron qu' estaria bien prenderlo, e ansimesmo dio su parecer fray Luis de Herrezuelo, de la Orden de San Jeronimo, hombre de mal bivir.

Preso el governador, el dicho Domingo de Yrala e oficiales de Vuestra Magestad e todos los comuneros fueron e enbiaron por los lugares e casas de los naturales vasallos de Vuestra Magestad, e les tomaron sus haciendas e les acian venir a palos a trabajar e servirse dellos, e les tomaron sus mujeres e hijas por fuerza e contra su voluntad, vendiendolas, trocandolas por rropas e rresgates (4) de manera que los yndios se alteraron e estovo a punto de perderse todo.

---

(1) sequestraron.—(2) interés.—(3) portugueses.—(4) rescates.

Luego començo (1) la gente a tener grandes alborotos e escandalos, pesandoles de la prision del governador, viendo la perdicion tan grande de la tierra, así de los naturales como de los cristianos que se yvan e desmanparavan (2) la tierra; todos los comuneros en publico e en secreto juraban que si se pusiesen en sacar e dar libertad al governador, que lo avian de matar e dar de puñaladas antes (3) que lo sacasen, porque no les cortase las cabezas (4), e para ello pusieron en su guarda al teniente de thesorero Garcia Venegas, e Alonso de Valenzuela, e Andres Fernandez, vecinos de Cordoba, los quales publicamente decian que le avian (5) de dar de puñaladas e cortarle la cabeza e arrojarsela a los que lo viniesen a sacar; bien quysieran los leales servidores de Vuestra Magestad darle libertad, vista la perdicion tan grande, lo qual ficieron saber al governador; lo mas secreto que pudieron les escrivian (6) donde rrogava a todos que se estuviesen quedos e no se moviesen, porque menos inconveniente hera venir preso ante Vuestra Magestad, donde se le haria justicia, que procurar la perdicion de la tierra, e que se sosegasen, porque lo tenian... (7) alborotos e escandalos, que su prision, donde le entravan (8) a decir que le avian de dar de puñaladas.

A los leales vasallos de Vuestra Magestad les comenzaron a hacer muy grandes vexaciones e

(1) empezó.—(2) desamparaban.—(3) ante.—(4) la cabeza.—(5) había.—(6) escrivia.—(7) Roto el manuscrito. En la B. P. H.: temian.—(8) mandavan.

agravios e malos tratamientos, quitandoles sus haciendas, dandolas a los comuneros, prendiendolos, echandolos en las carceles, llamandolos de traydores, haciendoles muy grandes amenazas, diciendoles que ¿por que heran de la parte del governador?, procurandolos con engaños e con estos malos tratamientos meter en su desatino, por lo qual, viendo que syn cabsa los prendian, algunos se yvan a favorecer a la yglesia, e a estos mandavan que no les diesen de comer, e lo mandaron a los que se lo enviaron por tomallos por hambre, para que no osasen hablar, ny facer cosa alguna en favor del governador.

Todas las noches andavan treynta o quarenta de los comuneros, armados, defendiendo que nynguno saliese de su casa, amenazando que avian de matar al que fuese de la parte del governador sy le (1) encontravan de noche, e ponianles grandes penas, mandandoles que no se hablasen unos con otros en publico ny en secreto, quitandoles a todos sus armas, e barricaron (2) e fortalecieron toda la calle donde estava preso el governador, e alli estavan todos los comuneros de dia e de noche con sus armas, guardandolo, con grandes temores e alborotos que rrecebia (3) solamente de ver hablar (4) un honbre con otro.

Preso el governador, visto por los oficiales el yerro e desatino que avian fecho, donde parescia e avian mostrado averlo fecho por averlos (5) tenido a ellos presos, e porque no los enbiase ante Vues-

(1) lo.—(2) barrieron.—(3) recibian.—(4) salir á.—(5) haberlo.

tra Magestad presos, con los procesos de sus culpas, acordaron e dixeron: *pues lo avemos preso, porque no quedemos por traydores e nos corten las cabezas, hagamos procesos contra el;* e comenzaron a hablar con los comuneros dandoles aviso de lo que avian de decir contra el governador, e con dadivas e promesas sobornaron otras muchas personas y en esto gastaron la hacienda del governador y el hierro que tenian (1) para sustentar e proveer la conquista, e de que se avia de acabar de hacer la caravela para enviar a dar aviso a Vuestra Magestad, la obra de la qual ceso luego é no curaron de mandarla acabar e pasaron siete meses que no tocaron en ella e mandaronla deshacer.

En las depusiciones de testigos que se tomavan contra el governador, por ser el alcalde comunero, en lo que hera en su favor no le asentavan ni escrivian, diciendo: *no os preguntan eso;* ynduciendoles (2) dixesen lo que a ellos les estava bien, haciendoselo firmar a muchos dellos por fuerza, e porque saliendo estos oficiales alborotadores e sus criados a rrobar por la tierra e viniendo a noticia (3) del governador saliese a rreprehendellos e mal tratallos, les dixo: *¿pareceos qu' es cosa justa que cada uno de vosotros quiera ser rrey en la tierra?; pues quiero que sepays que no ay otro rrey, ny le a de aber, ny otro señor, syno Su* (4) *Magestad e yo en su nombre;* con rrazones yndiretas hacia Pero Diaz del Valle, alcalde, que

---

(1) tenia.—(2) induziéndole.—(3) noticias.— (4) que Su.

dijesen quel governador avia dicho que era rrey, e sobre esto hacian provanzas, sobornando a los testigos que lo dixesen.

Siendo preso el governador despacharon a los frailes franciscos fray Bernardo e fray Alonso a la costa del Brasil, al qual cometieron qu' escriviese a Vuestra Magestad contra el gobernador, porque siendo rreligioso e la persona (1) que hera se le daria credito a sus cartas e conprovarian (2) sus provanzas; para (3) ello les dieron cinco cristianos y llevaron mas de cinquenta yndias cristianas, hijas de yndios desta tierra, a las quales llevaron por fuerza contra la voluntad suya e de sus padres e parientes, aprisionadas con cuerdas, atadas las manos, e de noche con grillos, porque no se les fuesen; sus padres e madres quedaron llorando el destierro de sus hijas.

Antes quel dicho fray Bernardo se partiera vendio yndios (4) libres por esclavos (5), con hombres que avian preso el governador, que no se lo podia yn[pedir] (6) Domingo de Yrala e oficiales.

Despues de la prision del governador a avido muchos honbres que an cometido delitos dando heridas e matando honbres e quebrantando casas de honbres casados, e los ha disimulado Domingo de Yrala e su alcalde, e no los ha castigado ni preso pudiendolos prender; solamente ha perseguido e molestado a los que heran servidores de Vuestra Magestad, porque les pesava de la prision del

(1) las personas.—(2) comprovaria.—(3) é para.—(4) indias.—(5) esclavas.—(6) Roto el ms.

governador, e sacó de la yglesia a un Ambrosio Eusebio porque se yva a la costa del Brasil a buscar rremedio para avisar a Vuestra Magestad de la traycion e levantamiento desta tierra, e porque un fray Juan de Salazar e Francisco Gonzales Panyagua, clerigo, se lo quisieron rresistir rrequiriendo no quebrantase las yglesias, los trato mal de palabra Domingo de Yrala e le echo mano a las barvas e les dixo: rreniego de la leche que mamé si no me la (1) aveys de pagar; lo qual hizo con mucho alboroto una noche a media noche, con arcabuces e vallestas e gente armada de los comuneros que le acompañavan a fin de tener la tierra tiranizada.

A un clerigo de mysa que se dice Luis de Miranda, por decir que hera mal fecho prender al governador, le prendio Domingo de Yrala e lo puso en una carcel en una casa donde tenya preso al alcalde mayor del governador, e alli los a tenydo tiempo de ocho meses con malos tratamientos.

Otro si, mando dar cien azotes a un Cristoval Bravo porque queria dar libertad al governador; el pregon decia: *esta es la justicia que manda hacer* (2) *el señor Domingo de Yrala a este hombre, por traydor e aleve a Su Magestad;* e con engaños, por tener ocasion de prender gente de los leales, le dixeron que lo soltarian libre si encartava (3) a los que el contador le señaló y asi (4) se lo prometio el propio contador y el alcalde; e fecha la declaracion lo azotaron e prendieron a

(1) lo.—(2) facer.—(3) encerraba.—(4) ansi.

otras muchas personas, sin tener culpa, mas de la que ellos arguyeron (1).

Los dichos oficiales echaron echadizos de los traydores comuneros que afrentasen e matasen a los que dixesen mal de la prision del governador, y con almagra (2) les señalavan las espaldas e les decian traydores almagrados, e porque un Pedro de Castro, honbre casado, dixo que hera mal preso el governador, el contador le enbio a llamar e lo deshonrro e le dixo que jurava a Dios que lo avia de mandar enpozar; e luego (3) otro dia, saliendo de la yglesia echó mano para el Andres de Montalvo e le tiro de cuchilladas, diciendo que siendo un vellaco (4) tenia atrevimiento de decir ninguna cosa contra los señores oficiales; el dicho Pedro de Castro se defendio e Domingo de Yrala lo mando prender e procedio contra el, e por rruego de personas lo solto dende a cinco dias, e el dicho Montalvo se fue a casa de los oficiales donde estaba haciendo guarda al (5) governador, por manera que a los libres que no avian (6) culpa condegnavan e molestavan con prisiones, e a los (7) delinquentes absolvian.

Otro si, dende a pocos dias que el governador fue preso entro Bartolome Gonzalez, escrivano, a hacer ciertos abtos con el, e ante muchos testigos le rrequirio e mando asentase e diese fee como en nombre de Vuestra Magestad otorgava su poder al capitan Juan de Salazar para que fuese tenien-

---

(1) argulleron.—(2) almaquia.—(3) él negó.—(4) villano.—(5) el.—(6) tenian.—(7) é los.

te de governador desta (1) provincia, e el dicho Bartolome Gonzalez no lo quiso hacer, e el dicho Domingo de Yrala ante el propio Bartolome Gonzalez, escrivano (2) a los testigos qu' estuvieron (3) presentes les mando debaxo de juramento e les mando so graves penas e amenazandolos, no dixesen ni descubriesen lo susodicho a ninguna persona.

A un Garcia de Jaen, e Juan de Sotelo, e Francisco Delgadillo, e Anton Higuera (4) e Gonzalo Portillo, e Melchor Nuñez, e Alonso del Castillo, e Antonio del Castillo, e Francisco de Londoño, e Pedro d'Esquibel, e a otros muchos, an amenazado (5) echando mano a las espadas, diciendo que los avian de matar sy hablavan en favor del governador.

Un Gregorio de Acosta, portugues, en la pared de su casa hizo unas letras cavadas con un cuchillo, que decian: *por tu ley e por tu rrey* (6) *e por tu casa moriras;* e pasando por allí Juan Xuarez (7) e Lope d'Ugarte (8) vizcayno, e otros comuneros, las (9) leyeron e hicieron gran pesquisa... (10) diciendo que juravan a Dios que hera muy mal fecho, porque en un tiempo como aquel no se avian de escrivir semejantes cosas [é que era] gran (11) traydor vellaco el que las avia escripto, e merecia ser castigado, e el dicho Gregorio (12) de Acosta se encubrio (13) porque no lo matasen, e los susodichos

---

(1) de la. — (2) escribanos. — (3) tuvieron. — (4) Antonio Hequera.— (5) ansi amenazando.—(6) tus reyes.—(7) Suarez.—(8) Dagarte.—(9) los.— (10) Roto el ms.—(11) algún.—(12) Gonzalo.—(13) escabulló.

lo fueron a decir a Domingo de Yrala e luego bolvieron e con un clavo desicieron las letras dandoles muchos rrasgos, de manera que no se pudieron mas leer.

Un Pedro de Molina, rregidor, viendo la perdicion tan grande por la prision del governador, como se divulgase que lo querian sacar desta provincia vino a hacer un rrequerimiento a los oficiales, rrequiriendoles lo soltasen, pues ya estavan bien pagados e satisfechos del con la larga e aspera prision en que le avian tenydo e tenyan, porque la tierra no se perdiese e despoblase; donde no, que antes que lo sacasen desta tierra le diesen lugar que nombrase una persona que con su poder, en nombre de Vuestra Magestad gobernase esta provincia; Martin de Orue, escrivano, no quiso leerlo; los oficiales amenazaron a Pedro de Molina, e diciendole que se fuese, con palabras afrentosas, muchos comuneros quisieron poner en el las manos, diciendo que avia sido grande atrevimiento venyr a rrequerir a los señores oficiales, e que lo ahorcasen, que bien lo merecia porque otros no se atreviesen; e desta manera enbiaron afrentosamente al dicho Pedro de Molina e lo an tenydo (1) e tienen preso.

Otro si, acordaron que Martin de Orue vaya en esos rreynos a acusar al governador e a escusarse a sí e a los otros comuneros, de las trayciones e rrobos de la tierra, temyendo que Vuestra Magestad no los mandase castigar quando costasen (2)

---

(1) mantenido.—(2) contasen.

sus delitos, e con cabtelas e vias yndirectas ficieron otorgar un poder a muchas personas al (1) dicho Martin de Orue, diciendo que en su nombre pediria mercedes e libertades para esta provincia, e con esta cabtela, en nombre de todos acusar al governador, el qual poder les fecieron otorgar por fuerza; serian los que le otorgaron hasta cien honbres, poco mas o menos.

Preso el governador, Domingo de Yrala e los oficiales an dado licencias a los yndios principales naturales desta tierra, siendo cristianos, que comiesen carne humana matando en su casa yndios enemygos suyos.

Gonzalo Mendoça pidio licencia para Tinbua y su suegro, e mató un (2) agaz e vinieron a comelle mas de dos mill yndios.

Otro si, estando en misa Domingo de Yrala un dia de fiesta, en presencia suya e de todo el pueblo, un criado suyo que se dice Juan Vizcayno començo a meter las manos entre las tetas a las yndias, y un Baltasar de Sevilla se lo rreprehendio, por lo qual le dixo malas palabras, e el dicho Baltasar de Sevilla le dio un bofeton delante del dicho Domingo de Yrala; por ello no procedio con (3) justicia, antes lo amenazo jurando a Dios que se lo avia de pagar porque lo avia afrentado, e donde a ocho dias vyno a mysa, muy acompañado, e saliendo, acabada la mysa, el dicho Juan Vizcayno dio de palos, a la puerta de la yglesia, delante de su amo, al dicho Baltasar de Sevilla, e lo derribo en el sue-

---

(1) á.—(2) su.—(3) por.

lo, descalabrado, sobre lo qual no se hizo nyngun castigo, pudiendolo (1) prender, antes tenya como antes en su casa al dicho Juan Vizcayno.

Cada dia por las calles amanecian por los cantones fixadas cedulas que decian: *quien a su* (2) *rey no fuere* (3) *leal, ny le valdria* (4) *Castilla ny Portugal;* sobre saber quien lo facia (5) llamandolos de traydores e que los avia de castigar, tuvo presos Domingo de Yrala a Anton Martin del Castillo e Melchor Nuñez e hizo proceso contra ellos.

Otro si, el dicho Domingo de Yrala, despues de preso el governador, todas las mugeres que tenya parientas las saco de su casa e las enbio a su heredad, dos leguas del pueblo, por la rreprehensyon que le hizo el bachiller Nuñez, clerigo, y muchos dias se yva a estar con ellas, e ansi lo hizo el dia de Corpus Cristi e otros dias (6) de fiesta.

Un Zoylo de Solorzano, comunero, se enamoro de una yndia criada de maestre (7) Myguel, herrero, e preso el governador fue a su casa e se la tomo por fuerza e la puso en casa de Domingo de Yrala, e dello se le fue a quexar maestre (8) Myguel, e mando que rrecibiese otra yndia por ella, e el dicho Solorzano tiene por su manceba la dicha yndia, é dijo... (9) este es buen tiempo donde los buenos son bien tratados.

Otro si, Garcia Venegas, thenyente de thesorero, se enamoro de una yndia de Pedro Gallego e rrogo al dicho Domingo de Yrala que se la hicie-

(1) pudiendolos.—(2) un.—(3) fuese.—(4) valdrá.—(5) haria.—(6) otro día.—(7) maestro.—(8) maestro.—(9) Roto el manuscrito.

se aber, e dio por ella dos yndias libres por yntercesion del dicho Domingo de Yrala, e la ha tenido e tiene por su manceba e tiene hijos en ella.

Otro si, Pero Benitez de Lugo, con celos que tubo de un yndio cristiano, que se echaba con su manceba, le dio de cuchilladas, e no se procedio contra el, ny quiso curar al yndio; e un Leonardo Aleman lo llevo a su casa e lo curo e enbio a rogar al dicho Pero Benytes que pagase la cura, e no quiso, e fue a Domingo de Yrala que se la mandase pagar e rrespondio que era cavallero e no se lo podia mandar, e el cirujano pidio la cura al dicho Leonardo ante su alcalde e mandole que se la pagase, e la pagó.

Muchos de los alborotadores comuneros, despues de preso el governador an vendido yndias libres por esclavas e esclavos, e por dineros a pagar en esos rreynos, especialmente Domingo de Yrala, Pedro Dorantes, Gonzalo de Acosta, Gonzalo Morano (1), Gonzalo de Mendoza, e Rodrigo Garcia, e el contador Felipe de Caceres, e dio un esclavo a Francisco Alvarez Gaytan porque le diese una yndia que tenya hermosa, e un tocino e otras cosas, porque le parescio bien, la qual tiene por su manceba.

Otro si, Francisco Alvarez, vecino de Talavera, comunero, ahorcó una yndia suya e la echo muerta en la rribera del rrio junto a su casa de Domingo de Yrala, e no lo castigo por ello, antes quito una yndia a un (2) servidor vasallo de Vues-

(1) Marañon.—(2) su.

tra Magestad e se la dio al dicho Francisco Alvarez.

Otro si, Domingo de Yrala e oficiales ordenaron un capitulo para que todos los comuneros e los otros que pudiesen engañarlo, escriviesen en sus cartas (1) contra el governador diciendo mucho mal del, e a los que escrivia (2) por su parte y a un Aguilera, rregidor, dieron cargo que hiciesen escrivir e escrivieron (3) aqueste capitulo disfamatorio contra el governador en todas las cartas que vinyesen a sus manos para estos (4) rreynos, e ansi (5) ordenaron e escrivieron muchas; esto me dixo Damyan d'Onis, vecino de Sevilla, diciendo que a el se lo avian encargado e avia escrito muchas cartas, e que se lo pagaron los oficiales en uños calzones de algodon que le dieron.

Preso el governador, don Francisco de Mendoça, tomó por fuerza a un maese Diego una vallesta que tenya muy buena, e yendose a quexar dello le dixo Domyngo de Yrala que era cavallero e no podia ser conpelido por justicia, e se quedo con la vallesta.

Otro si, el dicho don Francisco tomo un esclavo a Francisco Suarez (6), aserrador, so color que por el le mandaria hacer una casa, e nunca se la quiso hacer; fuese a quexar dello a Domyngo de Yrala e a su alcalde, e dixeronle que hera cavallero e no tenya la justicia que hacer con el, e se quedo con el esclavo.

---

(1) estuviesen en su casa.—(2) estavan.—(3) le embiaron este.—(4) esos.—(5) a mi.—(6) Sánchez.

Otro si, pidio maese Diego una vallesta e otros bienes que dejo a guardar a Anton Nuñez Caso (1) quando fue al descubrimiento con el gobernador, e no quiso dar, e pidiolo (2) ante Pero Diaz, alcalde, e dixole que tuviese enpacho de pedir tal cosa, porque era honbre honrrado escaso, e que pues de su volvntad no se lo dava, que no le devia nada, e no pudo alcanzar justicia por ser comunero escaso.

Rodrigo de Osuna pidio ante Domyngo de Yrala e su alcalde, á Luis Osorio, comunero, dos camysas que le devia, e dixeronle que hera cavallero e no le podian apremiar, por manera que se quedo sin su hacienda; todo lo que los comuneros pedian ante Domyngo de Yrala e su alcalde, justo o ynjusto, se hacia como lo querian e pedian, e los leales va[sallos, ninguno] (3) podian alcanzar justicia, antes les decian traydores los del vando de [Irala] (4).

Un Francisco de Sepulveda mató una hija suya e fue preso e molestado sobre ello hasta que les prometio de no ser contra ellos, e luego lo soltaron libre.

Por parte de Francisco Lopez se pidio execucion de los bienes del governador, ante Pero Diaz, alcalde, el qual dicernyo su mandamiento de execucion contra los bienes.

Domyngo de Yrala e los oficiales an pedido al governador, segun yo he sido avisado, que dé po-

---

(1) Martin Escaso.—(2) pidiole.—(3) Roto el manuscrito.—(4) Roto el manuscrito.

der al dicho Domingo de Yrala para que govierne, e no lo ha querido hacer, e a my como escrivano me pidieron ordenase e escryviese el poder, e escryviese al gobernador que lo firmase, porque hera cosa que le cumplia, e porque no lo quyse hacer me an hecho muy malos tratamyientos, e me tuvieron preso por decir que avia sido mal hecho prender (1) al governador.

Otro si, el dicho Domyngo de Yrala e su alcalde tomaron todas mys escrituras, procesos e rregistros e el proceso quel governador avia fecho contra el, e syn cuenta ny rrazon alguna las entregaron a Juan Fernandèz (2) comunero, e ansimesmo an visto los procesos que estavan cerrados contra los oficiales de Vuestra Magestad e los an leydo e visto.

Otro si, Domingo de Yrala, preso el governador, se pronuncio (3) por sentencia de su alcalde por heredero de los bienes de Hance (4) aleman, e no (5) a querido hasta agora pagar las debdas (6) e dexo pobre a un (7) hijo natural del difunto; valdrian los bienes myll ducados.

Porque con larga rrelacion de los agravios e sinjusticias (8) que han fecho e de presente hacen podria ser que Vuestra Magestad rrecibiese algun desabrimiento, acuerdo de callar muy gran parte dello, e aun por la falta que de presente tengo de papel, e ansi Vuesta Magestad suplira el defeto si alguna parte borrada se hallare; y Vuestra Mages-

---

(1) prenderlo.—(2) Sanchez.—(3) procedio.—(4) Llance.—(5) que no.—(6) debidas.—(7) su.—(8) injusticias.

tad crea que no me mueve pasion alguna a escrivir lo que escrivo, salvo celo de cristiano e lealtad al servicio de Vuestra Magestad, la qual prospere e ensalce (1) Nuestro Señor por largos tiempos como Vuestra Magestad desea e sus vasallos e criados deseamos porque la santa fee catolica sea ensalzada en sus prosperos e felices dias y este nuevo mundo qu' está por descubrir sea rreducido a la santa fee catolica.

Del puerto de la Asuncion, que es en el rrio del Paraguay, a veynte e ocho dias del mes de Enero de myll e quinientos e quarenta e cinco años.

Va escripta esta rrelacion en diez fojas de pliego entéro, con esta en que se concluye.

Sacra Catolica Cesarea Magestad, el umylde criado e vasallo de Vuestra Magestad que sus rreales pies y manos besa=*Pero Hernandez.*

---

(1) ensalzará.

RELACIÓN QUE DEJÓ
DOMINGO MARTINEZ DE YRALA
EN EL PUERTO DE BUENOS AIRES
QUANDO LO DESPOBLÓ Á INSTANCIAS DEL REQUERIMIENTO
QUE LE HIZO
ALONSO DE CABRERA
1541

La relacion que dexó Yrala en Buenos Ayres quando la despoblo por el rrequerimyento que le hizo Cabrera, que está aqui (1).

La relacion que dexó Domingo Martinez de Yrala en Buenos Aires al tiempo que la despobló.

Por quanto yo, Domingo Martinez de Yrala, theniente de governador por el muy magnifico señor Juan de Ayolas, governador y capitan general desta provincia del Rio de la Plata, por Su Magestad, he determinado de llevar la gente que estava en el puerto de Buenos Ayres, para la juntar con la que esta arriba en el Paraguay, conformandome en esto con lo que por parte de Alonso Cabrera, beedor de fundiziones en esta provincia, me fue requerido, e ansimesmo con los paresceres de la gente mas principal que presente se hallo en este puerto de Buenos Aires, asi de la que conmigo de arriba vyno, como de la que aqui estava, por las causas y rrazones que para ello me dieron, asy

(1) Archivo de Indias. — Simancas. — Justicia. — Consejo. — Distrito de la Audiencia de Charcas. — Autos fiscales. — Año 1552. — Est. 52. — Caj. 5. — Leg. $\frac{2}{10}$.

de ser mas seguro para la conservacion de la gente desta provincia e servicio de Su Magestad e governador della, qu' esté junta, como por escusar los daños que la gente que en el dicho puerto de Buenos Ayres resydia contynuamente rrecibia de los yndios de las comarcas, y ellos ally no hazer mas fruto de estar para dar rrazon a la gente que de España vinyese, de la parte y lugar donde podrian hallar al governador y gente desta provincia, porque esto se podria hazer y dar aviso a la gente que asy de España viniere, como a los que de otras partes aqui aportaren, deliberé de dexar señales y scripturas por donde se puedan avisar para nos seguir e hallar, lo qual podran hacer guardando la ynstrucion siguiente:

Primeramente an de saber que en el Paraguay, en veinte y cinco grados y un tercio, está fundado y poblado un pueblo en que estaran con los que de aqui vamos al presente, quatrocientos españoles; thenemos de paz como vasallos de Su Magestad los yndios guaranys, siquyer caryos, que biven treinta leguas alderredor de aquel puerto, los quales sirven a los christianos, asy con sus personas como con sus mugeres, en todas las cosas del servicio necesarias, y an dado para el servicio de los xpianos setezientas mugeres para que les sirvan en sus casas y en las rroças, por el travajo de las quales y porque Dios ha sydo servido dello, principalmente, se tyene tanta abundancia de mantenimyentos que no solo ay para la gente que alli rreside, mas para mas de otros tres mill hombres enzima; siempre que se rrequiere hazer alguna guerra van en nuestra compañia mill yndios en sus canoas, e si por tierra los queremos llevar, llevamos los mas que queremos; con el ayuda de Dios y con el servicio destos yndios avemos destruido muchas generaciones de otros yndios que no han sido amigos, especialmente a los agaces, de los quales avemos avydo cantidad de plata y mucho oro que nos pareze vaxo; avemos corrido mas adentro por la tierra azia el Hueste o Es-Norueste, donde hallamos tanta gente que me parece que los que estamos somos poca parte para los acometer, asy por ser ellos muchos como por la falta que tenemos de aderezos e munyciones; con qualquier ayuda o socorro que nos venga, entendemos, mediante la ayuda de Nuestro Señor, gozar de tantas grandes cosas de que Su Magestad pueda ser muy bien servido, y los xpianos sus vasallos muy aprovechados; los nombres de los yndios que en esta tierra abitan son muchos; de ellos dire los mas principales que mas cerca thenemos los xpianos; se llama mayas, qu' es muy gran generazion y muy valientes y pequeños de cuerpos; despues dellos son chanes, y despues los carcaras; estos son los mas rricos e gente mas poderosa y que tiene mas policia, y los pueblos cercados; segund thenemos notizia otros muchos ay en tanta cantidad que seria prolixidad dezillos todos; son labradores y gente que siembra.

Todos los yndios que por este rryo arriba ay, que biven en la ribera dél, no son gente que siembra, ny de ninguna polizia; an de guardarse mucho dellos, especialmente al tiempo del rrescatar, porque estando avisados y los vergantines apartados de tierra algund tanto, podran rrescatar con ellos y seran proveydos de pescado e de manteca e pellejos e carne, qu' es lo que ellos tyenen e pueden dar; anse de guardar en todo de los guaranys de las yslas, e quirandys, que son mortales enemig os nuestros.

Los que quisyeren buscarnos, si fueren dos bergantines, o uno, podra yr yendo siempre por el rrio grande, sin meterse por esteros, ni contratar con nadie, ecepto con los mecarotaes, y a de ser con muy grand recaudo; sy tres bergantines y dende arriba fueren, podran entrar por el estero de los tymbus, que empieça desde Santi Espiritus, y rrescataran con ellos con mucho recabdo, como dicho es, especialmente con el armada que está arriba en el cabo del Estero, y con los quyluacas, que estan por algo nuestros amigos; siendo los vergantines en este numero y dende arriba, podran rrescatar con los meperies y con todas las otras generaciones que el rrio arriba hallaran, con buen rrecaudo; anse de guardar, donde hallaren varrancas, no los flechen los yndios, especialmente en el estero de los tymbus, porque alli lo han hecho otras veces los quyrandys, y an de llevar siempre en los vergantines sus barandillas de rropa o pellejos, puestas, especialmente por este estero, e cada que rrescataren con yndios, an de tener sus sotanas puestas.

Pasados de los tymbus an de seguir siempre el rio grande, cerca de la tierra, que es a la rribera de este ryo, a la parte d'España, asta donde por la marca que traeran en la carta de marear hallaran la boca del Paraguay; la señal que thernan para conozerla es que siguiendo esta costa, como tengo dicho, despues de aver pasado unas varranqueras de piedra e unas puntas de piedra donde ay algunas grandes corrientes, que son despues de ellas, hallaran una ysla por entre la qual y la tierra firme de la parte d'España se an de meter, e sy hallaren que la ysla tyene piedras, desde alli, pasando della an de atrabesar al Norte y daran en la boca del Paraguay; desde la boca del Paraguay arriba no ay donde horrar hasta el pueblo de los xpianos, el qual está sesenta leguas de alli, en la boca del Paraguay; hasta el Ypeti, que es un rio turbyo que entra en él, biven los coñameguas, e son yndios que no nos an hecho dapño; pueden rrescatar con ellos con gran rrecaudo; dende arriba son los agazes que han quedado, y mechereses e quenaes e otras gentes que no son nuestros amigos; an de yr con muy gran aviso, especialmente quando syrgaren o quando llegaren por cerca de varrancas, para que no los hagan mal.

Los mejores lugares e puertos que ay donde poner las naos, e para que esté mas segura la gente que quedare en ellas, son en el puerto de San Grabiel, o en un rryo qu' está tres legoas mas arriba; en aquella costa, donde se acavan las barrancas, en una punta gruesa que se dize el rryo de San Joan, tiene en vaxa mar un yslote; en la boca tiene una buena tierra para sembrar, especialmente un monte que está entrando en el a la mano derecha; asymismo la ysla de Martyn Garcia tiene a la vanda del Ues Norueste buen surgidor y de mucho fondo; de esto podran ver lo que mejor les parecera para seguridad de las naos y de la gente; sy hizieren pueblo anlo de hazer de palizada o cerca, de manera que no puedan quemallo de noche los enemigos, e no los coman los tigres, que ay muchos.

Han de sembrar desde principios de setyembre hasta en fin del, si fuere mayz; e si fuere trigo o ortalizas pueden sembrallas en el mes de mayo y junyo e julyo; la tierra que tyene monte es mejor para maizes.

Los tiempos mas dispuestos para yr arriba e que contynan mas los vientos, será desde mediado março hasta mediado mayo; travajen de partir en tiempo que puedan llegar alla hasta mediado julyo, porque le servira mas la vela que en otro tiempo, segund lo que avemos visto.

Sy biniere poca gente que no se atreban a enbydarse para dexar proveydo lo de las naos e yr arriba, en una de las partes ya dichas hagan su asiento; entiendan en sembrar para tener en abundanzia las cosas necesaryas e esperen ally, porque mediante Nuestro Señor para en todo el mes de abril del año de quarenta y tres verná ally navyo para que pueda yr a España, quando no hallare recabdo de navios que puedan yr y quien los guie y lleve arriva, e para entonces entendemos, mediante Nuestro Señor, de lo thener hecho e aprestado, de velas y xarcias y lo mejor que podremos, de lo que ay en la tierra, porque para este fin se lleva toda la gente arriba.

Rogamos y pidimos por merced a qualquier

xpiano que esta carta nuestra viere, que sy no se hallare en tiempo de poder hazer ninguna de las cosas que arryba dezimos con que nos socorrer, y se determinare bolver para España o para otra parte de las Yndias, que buelva a poner esta como la hallare, para que sy otro despues del vinyere nos pueda seguir, y lleve consigo el traslado para que por el pueda hazer relazion a Su Magestad o a los señores de la Contratacion de las Yndias de la cibdad de Sevylla, para que sabydo como estamos nos mande socorrer, sy fuere servydo, porque por falta de navyo no se a ymbiado con que traer socorro de las cosas necesarias a esta tierra.

Este puerto es el mejor que ay en este ryo para naos y gente, adonde cualquiera que vinyere podra dexar la gente y naos que le pareziere, avisandose syempre de se guardar de tigres, porque ay muchos.

En las yslas de Sant Gabriel, en una dellas hallaran una casa de tabla donde quedan quinyentas fanegas: de mayz e frisoles son las cien fanegas, noventa de maiz y diez de frisoles, de Su Magestad; estas podran dar a los oficiales del rrey, sy ovyere, y sino, ellas y todo lo demas se podra gastar en la provysion de la gente.

Asymismo, sy por caso no truxere tablazon para hazer vergantines, corra esta costa del rryo arriba e hallara madera de sauce, e asymismo en la misma costa hazia San Gabriel, en la ligazon podra cortar en las yslas, y esto con mucho rrecabdo porque los yndios desta parte hasta agora no se an dado por enemigos, ny amigos, porque no se ha contratado con ellos, que son charruas, y beguas, e maones, e toparas, y asimesmo corren la costa chanas y guaranys, que son henemigos, a los quales y a los quyrandis que arriba digo les podra hazer todo el daño que pudiere, por amystad o enemystad, rescatando con ellos o no rrescatando, porque asy hazen ellos.

Quedan en una ysla de las de San Gabryel un puerco y una puerca para casta; no los maten, y si oviere muchos tomen los que ovieren menester y dexen siempre para casta, y asimismo de camino echar en la ysla de Martyn Garcia un puerco y una puerca, y en las demas que les pareziere, para que hagan casta.

Requerimyento del veedor Cabrera á Yrala, que se vaya de Buenos Ayres a la Asumpcion, y dize qu' es bien y ponelo por obra.

"En el puerto de Nuestra Señora de Santa Marya de Buenos Ayres, qu' es en la provyncia del Rio de la Plata, en diez dias del mes de Abril, año del nascimyento de nuestro señor Jesu Christo de mill e quinyentos e quarenta y un años, en presenzia de my, Juan Valdes de Palenzuela, escrivano de Sus Magestades e su notario publico en la su corte e en todos los sus reinos y señorios, e de los testigos de yuso escriptos, el señor Alonso Cabrera, veedor de fundiciones en esta provyncia por Sus Magestades, requerio al muy magnifico señor Domingo Martinez de Yrala, thenyente de governador destas provincias por Sus Magestades, con un requerimiento por escrito, firmado, cuyo thenor es este que se sigue, syendo presentes por testigos Fernando de Prado, alferez, e Juan Romero, e Pero Diaz del Valle, estantes en el dicho puerto: Escrivano que presente estays, dadme por testimonio signado con vuestro signo en manera que haga fee, en como yo, Alonso Cabrera, veedor de fundiciones en esta provincia del Rio de la Plata, por Sus Magestades, por my e por los otros oficiales de Su Magestad que al presente estan ausentes, en como pido e requiero al muy magnifico señor Domingo Martinez de Yrala, thenyente de governador desta provincia por Sus Magestades, que por quanto a este tiempo y sazon estan en estado los negocios desta tierra, en que consiste las vydas y buena pacificacion y poblacion della, y es a punto e tiempo que convyene a saber muy maduro consejo para la forma que se deve thener en nos governar de oy en adelante, porque avyendo venydo los xpianos que en esta provincia an estado, en tanta diminuzion por tantas muertes e perdidas como hasta aqui sobre ellos an acaescido, porque de quantos a ella an benydo hasta oy, no remanecen ny quedan bivos mas de trezientos e zinquenta hombres, y por otra parte los enemigos an crescido e crescen en grande numero, e visto que de cada dia nos apocamos siempre muestran crecerles el animo y osadia para nos acabar, porque conbyene que con maduro consejo se entienda en el remedio y reparo destas cosas, y en lo que en nosotros falta de ser muchos en número, se cumpla y provea con nos congregar y estar juntos para que mejor nos podamos aprovechar dellos en nos defender, y porque yo en cumplimiento de lo que Su Magestad me encarga y manda acerca de la buena poblacion e pacificacion desta tierra, visto que en esta coyuntura es tiempo y sazón para dar, medio en las cosas susodichas, munchas vezes acerca del remedio dello lo e platicado e consultado con el dicho señor thenyente de governador, el qual no parece averse querydo llegar a my parecer, porque ha dado nomyna de la gente que determyna dexar aqui, e porque yo quiero que para lo que sucediere esté claro y manifiesto lo que en este caso yo he dicho, e digo qu' es publico y notorio que los yndios caryos, con quien en el Paraguay vivimos, son muchos en grande numero, y ansimismo gente muy belicosa, astuta, deseosa de matar, en especial a los xpianos, como se ha parezido en el tiempo pasado por muchas vezes, asi con Atanbene y su hijo Xuaray, e despues Suacany y los que con el se juntaron, e quisieron hazer ansymesmo los de Jujuy, e los que son comarcanos al puerto de la Conceçion, al tiempo quel señor theniente de governador estaba la tierra adentro se convocaban y juntaban para matar los xpianos que ally quedaron, y ansy estas gentes no conocian ni veen que por ser muchos no nos podran acabar, está claro tentarán y procurarán lo que tantas vezes an començado en nos matar, y quando no nos matasen, dandoles ocasion que por ser pocos se nos atrevan, perderemos el servycio e ayuda que dellos thenemos, y apartarse an de nosotros a nos hazer la guerra, que quando della otro peligro no se siguiese sino perder su servicio e ayuda, sera parte para nos destruyr e acabar, por no thener, como no thenemos, otros yndios amigos sy a ellos no; y ansymismo para los conservar y tener siguros en nuestra amistad nos convyene y es muy necesario hazer guerra a los yndios que son sus enemigos y nuestros, la qual no se podra hazer de manera que la podamos acabar con la reputacion que nos convyene, porque syendo nosotros pocos, por nos dividir e apartar por dexar gente en este puerto, no seremos parte para hazer ny cometer ningun negozio grande, donde claro se les manifestara thener temor, el qual les dara atrevimyento e cabsa para nos thener en poco, ó como no les demos guerra contra aquellos a quyen ellos tienen por enemigos y desean destruyr y matar, bolveran las armas y guerras contra nosotros, por pensar que como gente poco poderosa nos podran acabar y echar de la tierra; ansymesmo su merced sabe como por parte de los dichos yndios ha sido rrequerido muchas vezes que vamos a la guerra contra los yndios que dizen ser señores del metal, ofreciendose yr en su compañya, y se les ha respondido dandoles esperanças que a plazos muy breves se concedera a su deseo, e yremos ellos e su merced juntos, diziendoles que nuestra venida a esta tierra no es a otra cosa sino a hazer la dicha jornada, y si ellos vyesen que tardase mucho tiempo y no se hiziese, serya cierto el lebantamiento contra nosotros, y pues para hazer la dicha jornada como conviene es necesario numero de gente, que su merced no deve dar lugar a que se dividan ny aparten los xpianos que en esta tierra residimos, porque quando aqui haya dexado los que tiene señalados y los que sera forzado queden en el pueblo e casa de la Asuncion y en los bergantines donde partyere, esta claro y notorio que no terná gente para poder conquyrir a los enemigos, mas ny aun para se poder guardar de los que llevara por amigos; por las quales razones me parece su merced no debe dexar en este puerto la gente que tiene señalada, ny otra ninguna, antes la llevar toda consigo para se emplear con ella en las cosas susodichas que tan necesarias son para complir con el servicio de Nuestro Señor y de Su Magestad y al bien y conservacion e acrecentamyento de los xpianos que en esta tierra estamos, pues de la quedada aqui [de] la gente que quiere dexar no se sigue otro fin ni efeto sino que esten para dar razon de nosotros á los que de España, podran venyr, lo qual se podra hazer dexando señales y cartas, asy en este puerto, como en otros donde las naos podran venyr, para que por ellas vean y sepan asy el estado de nuestros negocios como lo que en los suyos les converná hazer.

Otro si, digo que en caso que el dicho señor Theniente de governador no se quiera conformar con mi parecer en lo hazer y cumplir como dicho tengo, no deve ni es bien que dexe en este puerto menos de ochenta hombres para que puedan sembrar y coger lo que sembraren para su mantenimiento, e se proveer de leña y las cosas necesarias a sus vidas, porque syn menos numero es cierto que todos moriran, o porque los yndios de esta comarca los mataran, como munchas bezes han hecho e se trabajan de lo hazer, o quando no pudiesen, por estar cercados de palizadas, es cierto que les arrancaran y cojeran y destruyran las çementeras, de cuya cabsa abran de morir de hambre.

Otro sy, su merced, en caso que dexe gente, deve dexar gente que tenga vestidos que les puedan durar dos o tres años, para que sy hasta tiempo no nos binyere de España, por falta de ropa no mueran de frio, por ser esta tierra, como es, muy fria, y la mayor parte de la gente está tan desnuda que no tiene con que cubrir sus carnes, y los que estan desnudos podran mejor bivir lo que les durase la vida, en el Paraguay, que no aqui, por ser, como es, tierra calyente; todo lo qual pido e requiero al dicho señor Theniente de governador haga e cumpla asy como lo tengo dicho, porque es cosa cumplidera al servicio de Su Magestad y al bien de la republica de los xpianos que en esta provincia estamos, e necesaria a la buena población e pacificacion de esta tierra; e si ansy lo hiciere, hara lo que debe; e lo contraryo es notoria perdida e daños; protesto contra su persona y anyma lo que protestar me combyene, y que seran a su culpa y cargo las perdidas y muertes e daños que por no lo hazer ansy se recrecieren, e de como lo pido e requiero, pido a vos el presente escrivano me lo deys por testimonio, e a los presentes ruego de ello sean testigos.

Otro sy, pido que sy, caso que no debe, se determynare a dexar e dexare gentes en este puerto, que juntamente con el alarde que les acostumbra tomar de las armas les tome alarde de la ropa, todo lo qual haga por ante escrivano para que me lo de por testimonyo, para que Su Magestad sepa y pueda ser ynformado como se cumple y entiende en las cosas de su servicio; y ansimismo me mande dar el traslado de la nomina de los mantenimyentos y municiones que les dexa, porque quedan en partes que quando no quedasen bien proveydos destas cosas, es cierto no las pueden aber, e si por falta dellas perecieren se le puede dar la pena que por no les aver proveydo debidamente deve aver, e pidolo por testimonio.=*Alonso Cabrera.*

Ansi presentado el dicho requerimyento e leydo por my al dicho señor Thenyiente de governador en su persona, el dicho señor Alonso Cabrera dixo que requerya e requirio con dicho requerimyento al dicho señor Teniente de governador, segun e como en el se contiene, e pidiolo por testimonio; el dicho señor Thenyente de governador dixo que lo oya e que el responderia. Testigos, los dichos.

En el puerto de Nuestra Señora de Buenos Ayres, en la provincia del Rio de la Plata, en diez y seis dias del mes de Abrill de mill y quinientos e quarenta e un años, estando en la plaza publica del dicho puerto, estando presentes muchas personas, en presencia de my, Juan Valdes de Palenzuela, escrivano de Su Magestad, e de los testigos de yuso scriptos, el muy magnifico señor Domingo

Martinez de Yrala, Thenyente de governador de esta provincia por Sus Magestades, para en respuesta de un requerimyento que le fue fecho por el señor Alonso de Cabrera, veedor de Su Magestad, presento un escripto firmado, de respuesta, su thenor del qual es este que se sigue; testigos, el capitan Carlos Dabryn, e Fernando de Prado, alferez, e Diego de Tovalyna, e Antonyo de Ayala, escrivano de Su Magestad, e Alonso Agudo, e otra mucha gente, el qual fue publicamente leydo e visto por todos los que le quisieron ver e leer.

Respondiendo al parecer e requerimyento del dicho veedor, digo que para mejor me determynar en lo que en tal caso devya hazer e mas complidero fuese al servicio de Dios Nuestro Señor y de Su Magestad y bien de los xpianos que en esta provincia estamos, y para la mejor poblacion e pasificacion de esta tierra, lo he platicado y consultado con muchas personas, asy clerigos e frayles e capitanes e alferez, como con otras personas principales y mas necesarias que en este puerto a esta sazon se hallaron, todos los quales me han dicho y aconsejado haga lo que el dicho veedor me pide y requiere, como mas largamente parecera por sus dichos y parezeres que en mi poder estan, firmados de sus nombres; por tanto, digo que abyendo presupuesto conforme a los dichos pareceres ser mas complidero que este puerto se despueble y la gente toda se junte, que se haga y cumpla asy, e mando que se diga y publique que todas las personas que en el estan al presente se aderecen e apresten para partir e yr en mi compañya para el puerto de Nuestra Señora de la Asuncion, que es en el rio del Paraguay, donde esta la restante de la gente, para diez dias del mes de mayo, al qual tiempo entyendo de estar presto con ayuda de Nuestro Señor, y que en lo que toca a las señales que el dicho veedor dize que se pongan para que los que vinyeren o puedan venyr de España sepan donde estamos, estoy presto de las poner; por tanto, que si le pareciere que demas de las quc en este puerto quedaran es necesario que queden en otras partes, diga e declare los lugares donde a el le paresca ser mas convenyente, que el esta presto de las poner e dexar de manera que mediante Nuestro Señor vengan a mano e noticia de los xpianos que a esta tierra vinyeren, e que esto dava e dio por su respuesta, no consyntiendo en sus protestaciones.=*Domingo de Yrala.*

Ansy presentado e leydo por mi el dicho escrivano el dicho escripto e respuesta, el dicho señor thenyente de governador dixo que esto dava e dio por su respuesta al requerimiento fecho por el dicho señor Alonso Cabrera, e que mandava e mando a my el dicho escrivano no dé el dicho requerimyento syn esta respuesta, salbo todo junto. Testigos, los susodichos.

E yo, Juan Valdes de Palenzuela, escrivano susodicho, que presente fui a todo lo que dicho es, juntamente con los dichos testigos, e de pedimento del dicho Alonso Cabrera, veedor, el dicho requerimyento lei e notifiqué al dicho señor thenyente de governador, e de mandamiento del dicho señor thenyente de governador, ansymesmo la dicha respuesta ley publicamente e la junté con el dicho requerimyento e abtos en mi registro, e del lo saqué en limpio segund que ante my pasó, en esta dos foxas de papel con esta en que va mi signo, todas rubricadas de my firma; por ende fize aqui mi signo en testimonyo de verdad.=*Juan Valdes de Palenzuela.*

CARTA

DE

DOMINGO DE YRALA Á S. M.

DANDO EXTENSA CUENTA

DEL ESTADO DE LAS PROVINCIAS DEL RIO DE LA PLATA,

PRISION DE CABEZA DE VACA, ETC. (1)

1545

(1) Archivo de Indias.—Simancas.—Justicia.—Consejo.—Distrito de la Audiencia de Charcas.—Autos Fiscales.—Año de 1552. Est. 52. Caj. 5. Leg. $\frac{2}{10}$.

Sacra, Cesarea, Catolica Magestad:

Don Pedro de Mendoça, governador que fue desta provincia, embyo a Jhoan de Ayolas, su lugarthenyente, a catorce dias del mes de Octubre del año pasado de quinyentos e treynta y siete, con dos bergantines y una caravela con ciento setenta hombres, desde el puerto de Buena Esperança, a descubrir este rrio y a que viesè por vista de ojos donde ovyese cantidad de metal, o minas de donde se saca, y en cumplimyento de lo que le era mandado, con la maior diligencia que pudo aunque se le ofrecieron grandes estorbos, asi por perdersele la caravela, como por aversele trastornado un vergantin, con temporal, llego al puerto de la Candelaria, que es en este rrio del Paragoay, en diez y nueve grados y dos tercios, donde hallo una generacion de yndios que se llaman payagoas y con ellos un esclavo que avya sido de un Garcia, x̃piano, que llevo a la ysla de Santa Catalyna cierta cantidad de metal, el qual se ofrecio de guiarle donde el dicho Garcia hubo el dicho metal; y con esta rrelacion determino de seguir el camino que el esclavo dezia, y para lo hazer mejor el mayoral de los payagoas le dio treinta yndios para que le llevasen las cargas, y con esto se partio con ciento treinta hombres a doce de hebrero del año de treinta y siete, dexandome a my con los dos vergantines y treinta y tres hombres en su lugar, mandando a todas las personas quel no fuese, temiendo ovedecer por mandado de Vuestra Magestad o del dicho governador me obedeciesen, y que le esperase todo el tiempo que me pudiese sustentar en los vergantines, y para ello me dexo seys o siete hanegas de mayz, y que lo demas procurase del mayoral, a quien me dexaba por amigo, y asi con ellos me sostuve con harto trabajo por ser gente pescadora, rrio abaxo, rrio arriba, hasta veinte y tres de Junio del dicho año que vino en seguimiento de Juan de Ayolas, por mandado del governador, el capitan Jhoan de Zalazar de Espinosa con dos vergantines; visto por los yndios su venida, rrescibieron tanta alteracion que se huyeron, y faltandome los mantenimyientos y porque los navios en que yo andava estaban tales que no los podia sostener sobre el agua, acordamos que me rretruxese a esta generacion, asi para rehazerme de bastimentos, como para adereçar los navios para tornar a subir al dicho puerto, y asi se hizo, y visto que al servicio de Vuestra Magestad y a la pacificacion y poblacion de esta tierra convenya, hizimos una casa en este puerto, donde al presente rresidimos, que es en treynta y cinco grados y medio, en tierra de los guarenys, para que fuese refugio nuestro y posada para los que de abaxo vinyesen, la qual se hizo con toda diligencia, y hecha, el capitan Joan de Zalazar se partio a dar quenta al governador de lo que aca quedava, dexando por capitan en la dicha fortaleza a un Gonçalo de Mendoça, e yo bolvi con un poco de bastimento que fize al puerto de la Candelaria, a esperar a saver nuevas del dicho Juan de Ayolas, donde hube habla de los dichos payagoas, y a cavo de doce dias se me tornaron a esconder, y porque se me acavava el bastimento y los navios se yvan á fondo por no aver sido tan bien adereçados por la falta que avya de las cosas necesarias, y tambien porque me dixeron estar Jhoan de Ayolas muy lexos del rrio, baje a este puerto, donde en llegando se me anegaron, que no se pudieron mas sostener; sucedio que dende a pocos dias vino a este puerto Francisco Ruyz Galan, a quien el dicho governador avya dexado por su theniente en el puerto de Buenos Ayres con toda la gente, y vista la mucha nescesidad que avya en la tierra, de mantenymientos, a causa de la langosta que destruyo todo, se hubo de tornar abajo dexando al capitan Joan de Zalazar con cinquenta hombres en este puerto, y a my me dio un vergantyn en que pudiese yr al puerto de la Candelaria a saber nuevas de Jhoan de Ayolas, y hecho un poco de bastimento subi al puerto de la Candelaria y llegue en el a veinte y tres de Agosto del año pasado de treinta y ocho, donde me salieron los payagoas y estando en nuestra acostumbrada amistad me mataron quatro hombres y hirieron a mi e a toda la otra gente, a cuya causa hube de baxar a este puerto a buscar de comer, y estando aqui juntos el capitan Salazar e yo, a diez y nueve de Junio del año pasado de treinta y nueve vinieron Francisco Ruiz Galan y el veedor Alonso Cabrera con una provision de Vuestra Magestad en que le mandava ovedeciese y favoreciese a la persona y personas en ella contenidas, y por ser muy notorio Juan de Ayolas e yo en su nombre, segun constava de la dicha provision y los poderes que dexo el dicho governador don Pedro de Mendoça, e de mi poder y instrucion, les requeri, y despues de vistas y examinadas las dichas escripturas, el dicho Alonso Cabrera me dio la ovediencia y se ofrecio a darme el favor y ayuda que Vuestra Magestad mandava, y por la misma forma y manera hizieron todos los capitanes y gentes; yo, vista la necesidad que el governador Jhoan de Ayolas thenia de ser socorrido, aparejado mantenymiento y las otras cosas nescesarias para la jornada subi el rrio arriba en su busca y seguimiento con doscientos ochenta hombres y llegue al puerto de la Candelaria a diez y seis de Henero del año de quarenta, y por que en el camyno fui ynformado de estos yndios caryos, que avyan venido xpianos de los que fueron con el governador Jhoan de Ayolas, y para certificarme de ello, dexando en el puerto de San Sebastian, que es ocho leguas mas abaxo de la Candelaria, tres vergantines con ochenta hombres, aderesçando las cosas necesarias para el camino, en el entretanto con todo lo rrestante fui en busca de los payagoas para me ynformar de la mayor certeza que acerca desto pudiese aver, los quales estavan huydos, segun parescia, porque en los lugares que solian andar no los hallava; plugo a Nuestro Señor que hubimos una canoa en que se tomaron seys, entre los quales era uno de los que avyan ydo con el governador Jhoan de Ayolas; dixeron ser bivo y casi toda la gente; que thenia hecha una casa fuerte en una generacion de yndios que se dizen mayas, y avya embiado ciertos xpianos con cantidad de metal, y que este yndio avya venydo con ellos y los dichos payagoas los avyan muerto estando en su casa; señalavan ser hasta diez o doze, y por socorrer a lo principal, porque no me faltasen los bastimentos andando en busca de estos payagoas, me di toda la diligencia y brevedad que pude en me despachar, y ansi, dexando en el dicho puerto a un Joan de Ortega con setenta hombres y los vergantines, con lo rrestante parti en seguimyento y socorro del dicho governador, llevando por guia a los dichos payagoas; a catorce dias del mes de Hebrero del dicho año de cuarenta fue Dios servido de dar aquel año tantas agoas que como la tierra es baxa y despoblada se hizieron tan grandes pantanos que en diez y ocho dias que caminamos por ellos jamas salimos del agoa hasta la cinta, y aun acaecernos dia de no hallar donde guisar de comer, a cavo de los quales, viendo la flaqueza de la gente y que yvan creciendo mas los pantanos y faltando los bastimentos, con parecer de los oficiales de Vuestra Magestad y religiosos y capitanes di la buelta y bolvimos al dicho puerto, donde estando adereçando para me baxar a este puerto para tornarme a rrehazer, vino a los vergantines un moço de hasta quinze o diez y seis años, el qual dixo ser de la tierra adentro, de una generacion que se llama chane, y dixo que el governador Jhoan de Aiolas, con toda la gente que le avya quedado, se le avya vuelto al puerto, y que los paiagoas, sobre amistad, como venian dolientes y travajados y acavadas las municiones, asi polvora como xarcias y cuerdas de vallesta, atreviendose a su flaqueza los avian muerto y con ellos a muchos yndios de su generacion que venian cargados del metal que traya, y señalo hasta veinte cargas, y que a el le avian dexado porque era mochacho, y que tanvien havian muerto el esclavo de Garcia que llevo por guia, porque les dixo que avya de descubrir, si xpianos vinyesen, como los avyan muerto, y el venya escondido de los paiagoas porque no queria bivir con ellos, y asi despues acá está conmigo; nombró por sus propios nombres hasta obra de doce xpianos; a los paiagoas que yo tenya presos les peso mucho quando le vieron, y en fin vinieron a conceder con el en todo, y con estas nuevas baxe a este puerto de la Asuncion porque savia de los oficiales de Vuestra Magestad que no avya quedado a la gente de Buenos Ayres mas de ciento cincuenta fanegas de maiz, y que si se huviese herrado la sementera estarian en peligro de se perder.

Hize rrecoger en esta tierra todo el mantenimyento que pude y embie con ello a Joan de Ortega en el mes de agosto del dicho año, con dos vergantines cargados, y porque si Vuestra Magestad uviese sido servido de mandar socorrer esta tierra de gente que viniese, no pereciese de hambre y por falta de navios en el puerto de Buenos Ayres, como suele acaecer, por ser, como es, tierra despoblada; y en este medio, porque fuy ynformado que ál tiempo que el veedor Alonso Cabrera vino de la ysla de Santa Catalina, Gonçalo de Mendoça, que avya ydo por mantenimyento para la gente de Buenos Aires, traxo consigo un prencipal de aquella tierra, llamado Domingo, a quien el comisaryo de San Francisco avya bautizado alli, y a otro su sobrino llamado Miguel, los embie por el camino que Garcia vino, que fuesen a su tierra y llevasen mis cartas al dicho comisario, haciendo rrelacion de las cosas desta tierra, y por algunas causas el Domingo se bolvio de la mitad del camino y embio a Miguel, su sobrino, que fuese a la dicha ysla, con el qual, segund lo que paresce, encontro junto a la mar Caveça de Vaca y le guio hasta traelle aqui.

Venida la cosecha, con todo el mas mantenimyento que pude fui con tres navyos al dicho puerto de Buenos Ayres en fin de henero del año de cuarenta y uno, donde estuve hasta el mes de junio del dicho año agoardando si armada viniese, y visto que entrava el ynvierno y que ya no era tiempo para que armada aquel año pudiese venir, themiendo qu'el navio que avya hido a dar a Vuestra Magestad aviso podia ser que fuese perdido, pues avya mas de dos años que hera ydo y no avya del rrespuesta, y que convenia entender en yalernos de las fuerzas de nosotros mismos, y que avya mucha gente enferma de la entrada pasada, allende de mas de cinquenta que heran fallecidos, y que convenya antes que se nos acavasen los navios y municiones y fuerças que nos quedavan, hacer una entrada para aver alguna cantidad de oro y plata para embiar a Vuestra Magestad todo aviso y certificarme de lo sucedido a Jhoan de Aiolas, en el entretanto que en el Paragoay se hazia un navio pequeño en que pudiesemos dar aviso a Vuestra Magestad [de] lo que avia sucedido y del estado en que estava la tierra, determine de tomar de la gente que havia quedado en el puerto de Buenos Ayres, la más rezia, y dexar hasta sesenta hombres de los que no eran tan dispuestos para los trabajos, sobre lo qual el veedor Alonso Cabrera, que a la sazon alli estaba, me rrequirio que porque aquella tierra es muy fria y la gente que alli esta muy vellicosa, que dexase ochenta hombres vestidos y de manera que se pudiesen sostener, y donde no, que juntase toda la gente en el Paragoay, porque mas convenya a la conservacion de todos, sobre lo qual tome parecer con los rreligiosos y capitanes y otras personas viejos de los que alli se hallaron, a los quales por la mayor parte les parecio se devia subir la gente aca arriba, ansi porque eramos todos pocos para sustentarnos estando divididos, como por la falta de rropa y otras cosas, y se podian mejor compadescer y rremediar en el Paragoay, que es tierra caliente y donde ay algodon, mayormente siendo la gente española que a la sazon quedava en estas provincias trezientos y cinquenta hombres, contando en ellos los rreligiosos y viejos y enfermos, y thenyendo que para el servicio de

Vuestra Magestad y a la conservacion de todos, y que don Pedro de Mendoça lo dexo asi mandado, era conveniente que nos juntasemos, determine subir aca toda la gente y dexar en muchas partes escripto, ansy en piedras como en señales y cartas, lo que convenya hazer a la gente que Vuestra Magestad fuese servido de mandar embiar a esta provincia, y dandoles cuentas de algunas causas que tuvimos para juntarnos todos, y porque tuvyesen mas ganas de nos seguir y buscar, encubri en la relacion que dexava lo sucedido a Jhoan de Aiolas, e dixe que en nuestro poder theniamos mucho oro y plata, como creo lo huviera si Dios fuera servido que el governador Jhoan de Aiolas vinièra en salvo; y ansimesmo dexé en la ysla de San Grabiel una casa de tablas en la que puse quinyentas hanegas de maiz y frisoles que havian sobrado de lo que yo avya menester para mi camino, para que si la gente que viniese le huviese menester, lo hallase a la mano. Venido al Paragoay a dos de Setiembre del dicho año, entendi luego en rrefrescar y adereçar los navios que estavan ya viejos, y hazer otros con que me partir a descubrir con doscientos ombres e yndios desta tierra, a buscar lo que a Vuestra Magestad tengo dicho; estando casi despachado para hazer mi jornada, dia de Santo Matya del año pasado de quarenta y dos vino un yndio por tierra con una carta que me enviava Cabeça de Vaca, en que me hazia saver como Vuestra Magestad nos avya hecho merced de enviarnos socorro, y que porque el entendia embiar por el Parana abaxo hasta la boca de este rrio del Paragoay la mitad de la gente que traia consigo, por venir cansados y fatigados del camino, le socorriese con navios, asi para esto como para pasar el Parana, porque se temia de aquellos yndios que savia que no eran nuestros amigos, a lo qual yo envie luego a Garci Venegas con tres navios de los que avia adereçado, con el mantenymiento necesario, el qual allo a la gente que el dicho Cabeça de Vaca avya embiado por el Parana abaxo en canoas, en mucha necesidad de mantenimiento y de ser socorridos, porque los yndios de aquella tierra los avyan flechado y se juntavan para los matar, lo qual pudieron aver hecho antes que los vergantines llegasen si no fuera por que los socorrio con mantenimyentos un yndio que avya sido esclavo de Gonçalo de Acosta y nuestro amigo, que avya quedado ally de tiempo de Diego Garcia, y ansimismo envie por tierra a rrecibir al dicho Cabeça de Vaca, un xpiano, lengua, con yndios amigos, que mandase adereçar los caminos y sacar comida a ellos e hiziese todo servicio.

Caveça de Vaca llego aqui a doce de Marzo del dicho año y nos mostro una provision de Vuestra Magestad por la qual en muerte del governador Jhoan de Aiolas mandava le obedeciesemos como governador de esta tierra, y porque de la muerte de Jhoan de Aiolas no se tenya mas certeza de lo que el moço chane avya dicho, y podia ser bivo, porque el dezia que en su tierra avyan quedado xpianos y podria ser estar bivo entre ellos, por esta provision no le rrecivimos; mostro otra en que Vuestra Magestad mandava que en caso de duda de vida o muerte de Jhoan de Aiolas le rrecibiesemos por su thenyente y en nombre de Vuestra Magestad; vista, luego se obedecio y fue rrecibido conforme a sus provisiones, el qual, luego que llego me pidio que le diese favor e ayuda para enviar a Buenos Ayres navios en socorro de la nao y gente que venya por la mar desde la ysla de Santa Catalina; yo, visto quan conviniente era al servicio de Vuestra Magestad y bien de esta tierra, le adereçe dos de los dichos navios, y cargados de bastimentos a mi costa los embie en socorro de la dicha gente, y partidos estos hize hazer de nuevo un vergantin grande, de la ligazon y tablazon que yo tenya al tiempo que llegó a mi costa, y cargado juntamente con otros de los navios los torne a embiar en socorro de la dicha nao y gente, los quales, asi con esto que se les llevo, como con lo que yo les avya dexado, fueron socorridos.

Luego torné a adereçar otros dos navios de los que yo tenya, y con otro nuevo que el hizo hazer, cargados de bastimentos a mi costa, a veinte de octubre del dicho año el dicho Caveça de Vaca me embio con noventa y tres hombres el rrio arriva a descubrir tierra poblada desde donde se pudiese hazer entrada a la parte de Poniente deste rrio, porque partiendo por desiertos no se yncurriese en lo que al governador Jhoan de Aiolas se dize que acaescio al tiempo de su tornada, la qual yo halle en diez y seis grados y medio, tal y tan buena y abastada quanto antes no habiamos visto, y gente de mas policia, porque cada uno bivia por sy en su casa, y allé entre ellos muchos yndios que avyan sido esclavos de Garcia, que avyan aportado despues que esta gente guareny le mataron, con los quales entré la tierra adentro tres dias a hablar a unos yndios guarenys que estavan en unos montes haziendo guerra a todas las otras generaciones, de los quales supe que desde ally donde ellos estavan, hasta la tierra poblada, avrya quinze jornadas, y que aquel desierto avya hecho Garcia quando entro por ally, que mataron y destruyeron mucha gente de aquella tierra y los demas se avian rrecogido a otros pueblos la tierra adentro, la qual dezia ser muy poblada; con esto y porque no llebava comision para entrar mas de tres dias, bolvi, dexando toda la tierra en paz, a dalle relacion a Cabeça de Vaca, y al camino me embio [en] una carta que si ser pudiese hiciese justicia de un yndio principal que estava treinta legoas deste puerto, que se llamava Aracare, porque asi convenia al servicio de Vuestra Magestad, e yo por su mandado lo fize y venido le di quenta de lo que pasava, y a causa de averse quemado el pueblo con todos los bastimentos y pasar necesidad, embio cien hombres al puerto que llaman de Gijuy, y por capitan de ellos a un Gonçalo de Mendoça, el qual, llegado ally le hiço saber como toda la tierra estava levantada por la muerte del dicho Aracare, principal, a cuya causa Cabeça de Vaca me embyo con cient ombres a la apaciguar y traer a la obediencia de Vuestra Magestad como antes lo estava, y yo lo hize aunque con harto travajo y peligro de mi persona, porque fue necesario primero destruir dos pueblos que estavan cercados con muy rrezias palizadas y dentro mas de siete u ocho mill yndios, donde me mataron quatro xpianos y hirieron mas de quarenta, y dexando todo en paz y rreducidos todos los yndios principales de la tierra a la ovediencia de Vuestra Magestad, baxe a este puerto a darle cuenta de todo.

Partió Caveça de Vaca deste puerto para hazer su entrada, con diez velas y quatrozientos hombres, dia de Nuestra Señora de Setiembre del año de quarenta y tres, y en el camino le salieron á hablar y a traelle de comer todos los dichos yndios alçados, y entró al puerto de los Reyes, adonde hallo a todos los yndios de paz y le rrecibieron muy bien trayendo mucha comida y le dieron yndios que le llevasen las cargas la tierra adentro, y a cavo de once dias dio la buelta y bolvio al dicho puerto y de alli embio un vergantin con cinquenta hombres el rrio arriva a saver de una generacion que se llaman los Xarayes, donde yo hube rrelacion que avya metal, y en el entretanto mando hazer ciertas guerras á unos yndios comarcanos, y estando las cosas en este estado, toda la gente se le adolecio tanto que en todo el campo no quedaron sanos sino fueron dos; creo que lo causava el agoa que bevimos, que era de laguna, y visto esto y un rrequerimyento que Felipe de Caçeres, contador de Vuestra Magestad, le hizo, baxo a este puerto, donde llego miercoles de semana santa del año de cuarenta y cuatro, y pareciendo a los oficiales de Vuestra Magestad y a toda la gente que ecedia en muchas cosas de las que convenian a su servicio y a la pacificacion de la tierra, y que no avya cumplido lo que con Vuestra Magestad avya capitulado, le prendieron y le llevan preso y van a dar quenta de todo, y en el entretanto, pareciendoles que convenia al servicio de Vuestra Magestad y a la pacificacion de la tierra, me rrequirieron aceptase el cargo de tenyente de governador, como lo solia tener, por Vuestra Magestad, hasta que proveiese otra cosa en contraryo, y a los capitanes, rregidores y gente eligiesen a quien querian, e hizieron la dicha elecion en my; y asi quedo en nombre de Vuestra Magestad adereçando navios para hazer una entrada con trescientos hombres y mill quinyentos yndios amigos, donde espero servir mucho a Vuestra Magestad y salir con gran victoria, y para esto he hecho salitre, con arto trabajo y costa, con que se podra rrefinar la poca polvora que antes avya y hazer de nuevo mas.

Las cosas que Vuestra Magestad deve mandar proveer para esta tierra, mas necesarias, son polvora fina y buena y en cantidad; escopetas, y no de municion, y vallestas y hilos para cuerdas, y brea y paño basto, y calçado y lienço casero para la gente, y sobre todo un medico y un boticario con todas medicinas.

Y porque las del cuerpo no son nada sin las del anima, Vuestra Magestad deve proveer de un pastor para la yglesia, asy para clerigos como para legos, y que sea tal que a su vida, castigo y exemplo tengamos todos temor y verguença, y la rreal conciencia de Vuestra Magestad quede descargada, cuya sacra, cesarea, catolica persona Nuestro

Señor guarde y aumente con acrecentamyento de muchos mas reynos e señorios. Del Paragoai, primero de Março de mil quinientos cuarenta y cinco.=De Vuestra Magestad humill basallo que sus rreales pies y manos vesa, *Domingo de Yrala*.

ÍNDICE

DE LOS

NOMBRES PROPIOS DE PERSONAS

QUE SE CITAN EN LOS DOS TOMOS DE ESTA OBRA

Páginas

Páginas.

Páginas.

Páginas.

Páginas.

Páginas.

Páginas.

Páginas.

Páginas.

Páginas.

Páginas.

Páginas.

Páginas.

ÍNDICE

DE LOS

NOMBRES PROPIOS GEOGRÁFICOS

CITADOS EN LOS DOS TOMOS DE ESTA OBRA

Páginas.

Páginas.

Páginas.

Páginas

Páginas.

Páginas.

Páginas.

Páginas.

ÍNDICE

Páginas.

*Aquí da fin
el tomo segundo
de la* RELACIÓN DE
LOS NAUFRAGIOS Y CO-
MENTARIOS *de* ALVAR NÚÑEZ CABEZA
DE VACA. *Fué impreso en la muy noble y
coronada villa de Madrid, en la oficina
tipográfica de Idamor Moreno.
Acabóse á quince días de
Junio de mil y nove-
cientos seis
años.*

FINITO LIBRO SIT LAUS ET GLORIA
CHRISTO.

LISTA

DE LOS

SUSCRIPTORES Á LA *COLECCIÓN DE LIBROS Y DOCUMENTOS REFERENTES Á LA HISTORIA DE AMÉRICA*

La Biblioteca particular de S. M. el Rey.
British Museum.
El Instituto General y Técnico de Barcelona.
D. José A. Escoto.
Dr. N. León.
La Biblioteca Nacional.—*Buenos Aires.*
D. Manuel de Oliveira Lima.
D. Alfonso López de Miranda.
La Biblioteca Nacional.—*Río Janeiro.*
La Biblioteca Pública.—*La Plata.*
Mr. David Nutt.
Mr. Jas A. Robertson.
La Real Academia de la Historia.
D. Eduardo Vivas.
Dr. Pedro N. Arata.
Dr. Salvador de Mendonça.
Mr. Thomas C. Dawson.
D. Manuel E. Ballesteros.
D. Mariano Murillo.
Sres. P. J. Guirola y Compañía.
D. Antonio Muñoz.
Mr. George Parker Winship.
D. José Calvo y Ramos.
D. Telasco Castellanos.
La Biblioteca Nacional.—*Lima.*
D. Severo G. del Castillo.
Sres. G. Mendesky é Hijos.
D. E. Rosay.
D. Jenaro García.
Excmo. Sr. General D. Fernando González.

D. Antonio Lehmann.
La Biblioteca Nacional.—*Montevideo.*
Subsecretaria de Justicia é Instrucción pública.—*México.*
D. M. V. Ballivian.
La Biblioteca del Senado.
D. Nicolás Palacios.
Señora Viuda de Rico.
D. Miguel Luis Amunátegui.
La Biblioteca Nacional.—*Santiago de Chile.*
D. Ramón A. Laval.
D. Agustín S. Palma.
La Biblioteca del Instituto Nacional.—*Santiago de Chile.*
La Biblioteca Nacional.—*Habana.*
Mr. Otto Harrassowitz.
D. Ismael Calvo.
D. Manuel Sales y Ferré.
D. C. Navarro Lamarca.
La Biblioteca de la Real Academia Española.
D. A. Barreiro y Ramos.
D. Manuel Albto Lares.
La Dirección de Estadística de México.
D. José Manuel de Garamendi.
La Oficina Nacional de Estadística de Bolivia.
Dr. Antonio Peñafiel.
Dr. Isidoro Ruiz Moreno.
D. Adrián Romo.
D. Enrique Peña.
D. Jesús Menéndez.
Sres. Janer é Hijo.
Sres. Montero, Herrero y Compañía.
Mr. Louis J. Francisco.
D. M. Antonio Román.
D. Manuel de Ostiz, Universidad de Deusto.
Sra. Viuda de Ch. Bouret.
Decanato de Filosofía y Letras de la Universidad Central.
La Real Sociedad Geográfica de Madrid.
Mr. Hiram Bingham.
La Universidad Nacional de Córdoba (R. A.).
Mr. H. Le Soudier.
D. E. Capdeville.
D. Francisco Pagés.
Mr. Martinus Nijhoff.
Sres. F. Briguiet y Compañía.
D. Joaquín Nabuco.
D. Emilio Amorós.
Mr. Karl. W. Hiersemann.

D. Arturo Beyer.
Ilmo. Sr. Obispo Dr. Francisco Plancarte.
La Biblioteca Nacional.—*Tegucigalpa.*
D. Ramón J. Cárcano.
D. Tomás A. Sanmiguel.
D. Cesáreo García.
D. Felipe de Osma.
D. Fernando Fe.
D. Ramón Orbea.
D. José Ruiz.
D. Manuel María Polit.
Mrs. Simmel & C.º

LIBRARY OF THE UNIVERSITY

RETURN TO → MAIN CIRCULATION

ALL BOOKS ARE SUBJECT TO RECALL
RENEW BOOKS BY CALLING 642-3405

DUE AS STAMPED BELOW

9/11/97		

FORM NO. DD6

UNIVERSITY OF CALIFORNIA, BERKELEY
BERKELEY, CA 94720

C031222418
.C6
v.6
181121

ImTheStory.com

Personalized Classic Books in many genre's

Unique gift for kids, partners, friends, colleagues

Customize:

- **Character Names**
- **Upload your own front/back cover images (optional)**
- **Inscribe a personal message/dedication on the inside page (optional)**

Customize many titles Including

- Alice in Wonderland
- Romeo and Juliet
- The Wizard of Oz
- A Christmas Carol
- Dracula
- Dr. Jekyll & Mr. Hyde
- And more...